SUPERAÇÃO

JOYCE SMITH COM GINGER KOLBABA

SUPERAÇÃO
O MILAGRE DA FÉ

Tradução
Clóvis Marques

1ª edição

Rio de Janeiro | 2019

CIP-BRASIL. CATALOGAÇÃO NA FONTE
SINDICATO NACIONAL DOS EDITORES DE LIVROS, RJ.

S646s

Smith, Joyce
Superação: o milagre da fé / Joyce Smith, Ginger Kolbaba; tradução
Clóvis Marques. – 1ª ed. – Rio de Janeiro: BestSeller, 2019.

Tradução de: Breakthrough
ISBN 978-85-465-0187-8

1. Vida cristã. 2. Fé. I. Kolbaba, Ginger. II. Marques, Clóvis. III. Título.

CDD 234.23
CDU 27-184.3

19-55229

Gleice Rodrigues de Souza – Bibliotecária –CRB-7/6439

Texto revisado segundo o novo Acordo Ortográfico da Língua Portuguesa.

Título original:
Breakthrough
Copyright © 2019 by Joyce Smith.
Copyright da tradução © 2019 by Editora BestSeller Ltda.

Arte para o filme BREAKTHROUGH © 2019 Twentieth Century Fox Film Corporation.
Todos os direitos reservados. Fotos by Allen Fraser.
Capa original © 2019 by Hachette Book Group, Inc.

Todos os direitos reservados. Proibida a reprodução,
no todo ou em parte, sem autorização prévia por escrito da editora,
sejam quais forem os meios empregados.

Direitos exclusivos de publicação em língua portuguesa para o Brasil
adquiridos pela
Editora Best Seller Ltda.
Rua Argentina, 171, parte, São Cristóvão
Rio de Janeiro, RJ – 20921-380
que se reserva a propriedade literária desta tradução

Impresso no Brasil

ISBN 978-85-465-0187-8

Seja um leitor preferencial Record.
Cadastre-se no site www.record.com.br e receba informações
sobre nossos lançamentos e nossas promoções.

Atendimento e venda direta ao leitor:
sac@record.com.br

SUMÁRIO

Prefácio de John Smith 7

Capítulo 1 — Um mau pressentimento 11

Capítulo 2 — No gelo fino 19

Capítulo 3 — Corrida para o hospital 28

Capítulo 4 — A oração de uma mãe 35

Capítulo 5 — O som mais lindo do mundo 43

Capítulo 6 — Um coração pulsando... e nada mais 47

Capítulo 7 — "Não quero mais saber disso!" 54

Capítulo 8 — A gente só fala de vida 59

Capítulo 9 — Anjos montando guarda 66

Capítulo 10 — A noite mais longa 71

Capítulo 11 — "Eu estava errado" 77

Capítulo 12 — Dia de polegar para cima 91

Capítulo 13 — A paz que protege 104

Capítulo 14 — Um dia ruim, imprestável, horroroso, podre 117

Capítulo 15 — Uma visita inesperada à emergência 129

Capítulo 16 — Trocando o medo pela fé 144

Capítulo 17 — Deixando de lado a vingança 152

Capítulo 18 — Os limites da medicina moderna 161

Capítulo 19 — Segurando a mão firmemente — 169

Capítulo 20 — Uma descoberta incrível — 181

Capítulo 21 — De pé mas nem tanto ainda — 194

Capítulo 22 — Quero sair daqui! — 202

Capítulo 23 — Por que ele? — 212

Capítulo 24 — "Tem a ciência e tem Deus. No caso, é Deus." — 222

Epílogo — 237

Posfácio do pastor Jason Noble — 245

Nota da autora — 249

Apêndice A: Agarrada às Escrituras — 251

Apêndice B: Carta do Dr. Sutterer — 255

Agradecimentos — 259

PREFÁCIO

Sou um adolescente normal, como qualquer outro. Fui abençoado por poder crescer em uma boa família e em uma boa comunidade. Mas não tem mesmo nada de tão especial a meu respeito, então não sei muito bem por que Deus resolveu me trazer de volta à vida. E tem sido difícil responder a essa pergunta, pois as pessoas estão sempre querendo saber qual é meu propósito na vida e por que estou vivo.

Elas dizem: "Deus deve tê-lo curado por alguma razão. Você está destinado a fazer coisas importantes." Para ser sincero, quando ouvi isso pela primeira vez, fiquei frustrado. É um peso muito grande para alguém de 14 anos. Sobretudo porque eu não queria aquela atenção toda e não sabia mesmo como responder à pergunta. Na verdade, só vou saber quando chegar ao paraíso. Portanto, como as pessoas continuavam perguntando, eu respondia que estava feliz por estar vivo, mas o que eu não dizia era que só queria voltar a ser um adolescente normal como outro qualquer.

Com o tempo, contudo, pude ver o grande dom que Deus *de fato* me concedeu. Ele me mostrou o quanto minha família é maravilhosa. Mostrou o grande pastor e mentor que encontrei em Jason Noble e em tantas outras pessoas que ficaram ao meu lado e me apoiaram, encorajaram e confortaram minha mãe e meu pai. E, sobretudo, me mostrou que Ele é mesmo quem diz ser, uma frase que minha mãe me ensinou a entender e na qual me ensinou a acreditar completamente, pois... bem, a gente sentiu na própria pele.

Antes do acidente, eu só queria jogar basquete. Agora vejo que Deus me deu uma segunda chance de proclamar Seu nome. Minha história é incrível, sim. Mas compartilhar a história *Dele* e mostrar ao mundo que *Ele* ainda está vivo é muito mais. O Deus que abriu o mar e fez Lázaro se erguer do túmulo — e que trouxe um garoto comum de 14 anos de volta à vida — ainda está vivo e ativo hoje.

As pessoas me perguntam o tempo todo o que *Superação* significou para mim e que impacto teve na minha vida. Eu poderia falar por horas das coisas milagrosas que aconteceram porque minha família e eu levamos adiante essa história que Deus nos enviou. Mas o que minha mãe fez questão de que eu entendesse é que todos esses milagres foram além do nosso pequeno círculo. Este livro e o filme tratam da comunidade que Deus uniu por meio desse milagre. É impressionante a quantidade de pessoas no mundo todo que foram tocadas por essa história ou tiveram algum envolvimento com ela. O que foi, então, que Deus usou para unir todas essas pessoas? A oração.

Minha mãe orou por mim antes de eu nascer, orou por mim quando morri e continua orando por mim. Deus agiu na nossa vida a cada oração. Vimos Sua fidelidade ser comprovada repetidas vezes.

Sou grato pela minha mãe. Grato por ela ser uma mulher de oração, por ter força de vontade e me amar, e porque ela e meu pai me apresentaram ao maravilhoso Doador de todas as boas dádivas e à incrível dádiva da oração.

A oração que ficará na lembrança das pessoas depois de vivenciar esta história é a da minha mãe na emergência do hospital, mas as orações que eu gostaria que elas lembrassem são as que fizeram individualmente a Deus. O Salmo 116:1-2 diz: "Amo ao SENHOR, porque ele ouviu a minha voz e a

Prefácio

minha súplica. Porque inclinou a mim os seus ouvidos; portanto, o invocarei enquanto viver." Eu os incentivo a orar enquanto respirarem. Ele de fato ouve nosso clamor, nossas súplicas e nosso louvor. O Senhor haverá de se mostrar fiel e digno. Rezo para que Deus lhes revele a importância da oração e da comunhão à medida que avançarem nestas páginas.

Sei que ele atende às orações. Sou prova viva disso.

Que Deus os abençoe,
John Smith

CAPÍTULO 1

Um mau pressentimento

Domingo, 18 de janeiro de 2015

O ar estava pesado de tanta tensão. O ginásio da Living Word Christian Middle School costumava reverberar com uma zoeira de gritos e comemorações de alunos e seus irmãos, dos pais gritando conselhos, dos juízes apitando e treinadores berrando instruções durante um jogo de basquete. Mas aquele jogo estava rolando em silêncio. Ninguém gritava nem comemorava. O único som era o dos jogadores falando uns com os outros, a bola quicando no piso de madeira e os guinchos dos tênis dos jogadores correndo e manobrando em volta das cestas. Nosso time principal da oitava série dos Eagles estava empatado com os Duchesne Pioneers. Não conseguíamos passar à frente. Até agora nosso time não andava bem na temporada, por isso precisávamos muito de uma vitória. Mas o time do Duchesne não queria mesmo deixar a gente vencer! A cada ponto que nosso time fazia, os Pioneers empatavam. Onze, onze. Quinze, quinze. Vinte e dois, vinte e dois.

Meus olhos estavam grudados no garoto bonito de cabelos pretos e pele morena usando o uniforme preto, azul e branco com o número 4 nas costas. Como armador e ala-armador, meu filho John preparava as jogadas, controlava o andamento do jogo e conversava com o juiz se algum jogador apresentasse alguma reclamação. E também era o cestinha do time. Nada mau para um menino de 1,62m de altura. Dizer que eu me orgulhava dele seria o eufemismo do século. Eu o achava simplesmente incrível. Achava, não: eu sabia que ele era incrível! O que não queria dizer que fizesse vista grossa aos seus caprichos. E um deles — a mania de discutir com o treinador quando recebia instruções para determinada jogada e sair revirando os olhos — o tinha deixado no banco dos reservas no jogo anterior.

Embora estivesse feliz por vê-lo jogando de novo, eu sabia que John ainda estava sofrendo com a tensão do jogo anterior. Mas estava focado. Sua competitividade estava a mil enquanto ele cortava e driblava, correndo com vontade. O basquete era sua vida. Desde os três anos ele tinha uma bola de basquete nas mãos. Todo jogo era matar ou morrer.

Finalmente o jogo estava chegando ao fim — e continuava empatado. Se meu marido, Brian, e eu já estávamos exaustos daquela tensão toda, eu só podia imaginar o que John e o resto do time estavam sentindo. O placar marcava trinta e três a trinta e três, e pelo cronômetro faltavam quarenta segundos para terminar o último quarto. De repente, do nada, John pegou a bola e saiu correndo pela quadra, driblando na direção da cesta. Armou uma bandeja e arremessou. A bola subiu alto e entrou com um assovio.

Trinta e cinco a trinta e três.

Brian e eu começamos a pular junto com as outras cinquenta ou sessenta pessoas na arquibancada, gritando feito loucos. Os nossos Eagles iam vencer!

A contagem regressiva continuava no cronômetro enquanto os Pioneers tentavam marcar de novo, até que o sinal enfim tocou, anunciando o fim do jogo. Living Word tinha vencido. E meu filho tinha feito a cesta da vitória.

O time inteiro começou a comemorar: abraços, gritos, risadas. Eles tinham brigado muito pela vitória; estava mesmo na hora de comemorar. E tinham o feriado de Martin Luther King Jr. na segunda-feira exatamente para isso.

Brian e eu descemos da arquibancada. Sabíamos que os garotos levariam tempo para se acalmar e voltar para o vestiário para se trocar e sair, então ficamos esperando pacientemente ali por perto. Mas John e dois amigos e companheiros de time, Josh Rieger e Josh Sander, vieram direto até nós.

Comecei a resmungar internamente, já sabendo o que queriam. Durante o fim de semana inteiro John insistira em dormir na casa de Josh Rieger

Um mau pressentimento

depois do jogo. E eu tentara desconversar o fim de semana inteiro, pois não queria que ele fosse. Não sabia dizer por quê; simplesmente estava com uma sensação estranha.

Eu não costumava ter maus pressentimentos, mas quando aconteciam eu sabia que tinha de escutar, pois sempre indicavam que algo ruim aconteceria. Certa vez, quando um dos meus filhos mais velhos, Tom, era calouro no colégio, o treinador de futebol americano apareceu lá em casa perguntando se Tom podia acampar com o time. Alguma coisa nesse treinador não batia bem em mim. Parecia uma boa pessoa, mas eu não conseguia afastar uma sensação ruim em relação à situação, e disse que não. Meses depois o treinador foi preso por abuso sexual contra meninos.

— Por favor, Sra. Smith! Por favor, deixa o John ir! Deixa ele dormir lá em casa. Por favoooor!

Os dois Josh não largavam do meu pé e do pé de Brian. Sabiam que Brian era permissivo, de modo que precisavam pegar pesado com a mamãe.

— Deixa, mãe?... Deixa?

Todas as células do meu corpo queriam gritar não, abraçar o corpinho suado dele e levá-lo em segurança para casa — segurança de que, eu não sabia... mas fiquei olhando para aqueles grandes olhos escuros e lindos do meu doce menino, tão empolgados. Como poderia dizer não? Eles tinham acabado de vencer o jogo. Eram meninos ótimos. Ele já tinha dormido na casa de Josh Rieger muitas vezes. Josh vinha de uma boa família, e os pais, Kurt e Cindy, eram pessoas responsáveis e atenciosas. Eu gostava dos dois e confiava neles. E John adorava ficar lá.

Tenho certeza de que estou sendo superprotetora, pensei. Olhei para aqueles garotos de 14 anos à minha frente, tão ansiosos para continuar comemorando e se divertir um pouco. *Deixa de ser estraga-prazeres, Joyce. Não precisa ser esse tipo de mãe.*

— Mãe? — John esperava uma resposta.

Dei um suspiro e concordei, contrariando minha intuição, sabendo que não podia negar a ele algo tão simples, e convencida de que estava exagerando em relação ao pressentimento.

— Tudo bem. Pode ir.

Os garotos gritaram satisfeitos.

— Oba! Obrigado, Sra. Smith. Que máximo! A gente vai...

— Tomem cuidado. E não façam besteiras.

Rá, pensei. *Quatorze anos. São meninos.* Claro *que vão fazer alguma besteira. Desde que não seja uma besteira perigosa...*

— Obrigado, mamãe! Obrigado, papai!

— Mas mantenha contato — falei, pegando o casaco, junto com Brian, para ir embora.

— Vou, sim. Tchau!

Ele virou e foi correndo até a equipe, que ainda comemorava com o técnico.

John manteve a palavra e me mandou mensagem naquela noite dizendo que estavam se divertindo com a família de Josh Rieger, comendo pizza, bebendo refrigerante e jogando *Call of Duty*. Nada de mais.

Sorri, aliviada. Eram bons meninos. Eu não entendia por que minha alma estava tão inquieta por John passar a noite lá. *Não precisa se preocupar,* lembrei a mim mesma.

O que John *não* me contou foi que, horas antes, os garotos, sem nada para fazer, tinham resolvido ir andando até o lago Ste. Louise, um lugar que eles gostavam de visitar no bairro dos Rieger, a dois quarteirões de distância. Viram que o lago estava congelado e tiveram a brilhante ideia de caminhar no gelo, se sentar, tirar uma selfie coletiva e postar no Instagram. Eles usavam roupas leves. Sem casaco. John estava de short e regata. Sim, estava excepcionalmente quente para o inverno na região de St. Louis, mas mesmo assim... short e regata? Se eu soubesse dessa indumentária — ou pior, da aventura no gelo — havia pegado o carro na hora para buscá-lo. Mas eu não sabia. É muito raro os pais saberem tudo o que os filhos de 14 anos estão fazendo, infelizmente.

Naquela noite, então, depois de mandar mensagem dizendo que o amávamos, Brian e eu fomos dormir em total tranquilidade, achando que John estava apenas comendo pizza e jogando videogame.

Um mau pressentimento

Segunda-feira, 19 de janeiro de 2015

A manhã seguinte transcorreu normalmente. Brian foi para o trabalho; era especialista em eventos de mídia corporativa na Boeing, e a empresa não dava folga no feriado de Martin Luther King. Dei comida ao nosso cão, Cuddles, brinquei com ele, conversei com minha irmã, Janice, tomei café da manhã lendo a minha Bíblia e me sentei na cozinha para um momento de recolhimento com Deus.

Olhei a hora no celular. Eram quase 11h20. A mãe de Josh Rieger, Cindy, e eu tínhamos combinado de fazer a "troca de filhos" à tarde, então ainda faltava algum tempo para buscar John. Cindy disse que ligaria quando eles estivessem a caminho. Em geral eu a encontrava em um shopping ou em algum outro lugar no meio do caminho, pois eu morava em St. Charles, Missouri, e ela, a quase vinte minutos, em Lake St. Louis, cerca de 65 quilômetros depois de St. Louis. Marcando o encontro no meio caminho fazíamos a troca sem que nenhuma das duas precisasse dirigir a distância toda.

Depois de pegar John, eu imaginava que ele ia querer ir ao centro recreativo para praticar cestas e se exercitar, pois essa era sua rotina nos dias de folga. Mas eu não sabia ao certo se ele ia preferir ir direto para lá ou passar em casa antes, e decidi perguntar. O relógio do celular informava que eram 11h23, e eu precisava saber o que faríamos. Mandei uma mensagem: "Oi, ainda vamos ao centro ou você vem primeiro aqui, e a que horas?"

John imediatamente respondeu: "Pergunta à Cindy, não sei."

O que a Cindy tem a ver com isso?, fiquei pensando. Então respondi: "Não, estou perguntando o que você quer fazer. Centro recreativo ou não?"

"Tanto faz. O papai vai?"

Eu sorri. John e o pai adoravam sair juntos. Praticavam esportes, iam juntos ao centro recreativo. E desde que John tinha 8 anos tinham o hábito de tomar um café da manhã só os dois, aos sábados, na Waffle House.

"Não, ele está no trabalho. Só volta para casa mais tarde. Talvez vá depois. Não sei."

"Ok", respondeu ele. E pronto, mais nada. Dei um suspiro, frustrada. Não sabia a que se referia aquele "Ok", nem obtive a resposta que queria. *Esse menino vai me deixar louca*, pensei. *Vou ligar.*

Às 11h26 digitei o número dele, decidida a resolver aquilo de uma vez. Ele atendeu imediatamente.

— Oi.

— Você não me respondeu. Vai querer ir ao centro recreativo ou não? Se quiser, peço à Cindy para deixá-lo lá e vou pegá-lo mais tarde.

— É... ok, tá bem — respondeu ele parecendo alegre, como se o dia estivesse correndo bem até ali.

— Então tá, nos vemos lá. Te amo.

Resolvida a questão, voltei a atenção de novo para o celular, mas dessa vez por um motivo diferente — e mais tranquilo. Abri o Facebook e fui para a página de Mark Callaway. Mark tinha sido pastor juvenil do meu filho mais velho em uma igreja que a nossa família frequentava anos atrás, quando morávamos em Indianápolis. Ele e sua mulher, Leslie, eram amigos muito queridos. Diariamente Mark postava textos religiosos no Facebook, e eu gostava de lê-los toda manhã. Parecia que ele sempre tinha o pensamento certo para cada dia.

O que fazer quando estamos em crise, seja causada por nós mesmos ou pelos atos de outras pessoas? Podemos simplesmente ficar furiosos, pensando que fomos enganados ou que somos um verdadeiro fracasso... o que de NADA adiantará (exceto fugir da questão). Davi escreveu: "Deus meu, Deus meu, por que me desamparaste? Por que se acham longe de minha salvação as palavras de meu bramido?" Mas praticamente no segundo seguinte disse que DEUS seria exaltado [no louvor do SEU povo] (Salmo 22). Mais adiante dizem as Escrituras: "Em tudo, dai graças." A preocupação e o desânimo são uma primeira reação natural, mas o que fazemos depois é que importa. Ficamos paralizados ou vamos em frente? Ir em frente em um grande problema, na direção de nosso GRANDIOSO DEUS, começa a nos dar uma perspectiva e nos move além da miopia emocional. E então ir mais à frente, agradecendo a Deus pelo desafio, dá início ao processo

Um mau pressentimento

de vitória. Quando vemos Deus como MAIOR e começamos a agradecer a Ele pelo desafio, estamos aceitando o desafio como algo que nós e DEUS podemos enfrentar... E que conheceremos mais Deus ao sair desse transe do que conhecíamos ao entrar.

Neste momento, às 11h51, o telefone tocou. Era Cindy.

O dia de John tinha começado bem. O país inteiro homenageava Martin Luther King Jr., sua vida e suas conquistas no campo dos direitos civis, em um feriado dedicado a ele. Mas para John e seus dois amigos, era apenas um bem-vindo e divertido dia de folga no colégio. Eles acordaram tarde e decidiram que, como o gelo no lago Ste. Louise estava bem espesso na noite anterior, quando tiraram a foto, iam voltar lá para checar, dessa vez levando a irmã mais velha de Josh, Jamie. O fascínio de um lago congelado — algo que raramente acontece na nossa região — era forte demais para ser ignorado.

O sol brilhava forte no gelo, fazendo-o parecer uma camada de vidro. O dia estava excepcionalmente quente, prometendo chegar a dez graus. Um dia perfeito para meados de janeiro e uma providencial trégua de uma onda de frio que andava em temperaturas negativas.

Vestindo apenas camisetas regata e shorts, os garotos começaram pegando pedras na margem e jogando no gelo para testar a resistência. Vendo que ainda estava bem sólido para suportá-los de novo, eles foram em frente, a cada passo se afastando mais da margem, enquanto Jamie decidia ficar bem segura em terra firme. Eles riam muito, deslizando e curtindo a habilidade de "caminhar na água".

Na comunidade de Lake St. Louis, Missouri, há dois lagos próximos, sendo o lago St. Louis o maior deles, com 2,6 quilômetros quadrados. Embora o outro lago, o St. Louise, não seja muito grande, com apenas trezentos metros quadrados, ainda assim é profundo, alcançando na maior parte da extensão entre quinze e dezoito metros, com um lodaçal no fundo coberto de limo e sedimentos. Em ambientes aquáticos, tamanho não é documento. Dependendo das condições, uma pessoa pode enfrentar problemas igualmente sérios em uma piscina ou no oceano. Era o que John tinha descoberto no verão anterior, quando ele e Josh Rieger foram nadar nesse mesmo lago e precisaram ser socorridos porque não conseguiam voltar à margem.

Mas John nem estava pensando nos problemas enfrentados naquela época de calor enquanto continuava deslizando na superfície de gelo. Enquanto ele e os amigos escorregavam e pulavam, para ver se o lago aguentava, sentindo-se desafiados a ver até onde podiam chegar, no clube associativo do lago Ste. Louise, a poucos metros da margem oeste, o gerente Ron Wilson olhou pela janela do escritório, viu o que os garotos estavam fazendo e saiu para chamar-lhes a atenção.

— Ei! — berrou. — Saiam daí! Saiam do gelo! É muito perigoso! Saiam daí!

Eles mostraram que tinham ouvido, mas não pareciam ter a menor pressa de obedecer, e Ron voltou ao escritório. Enquanto isso, eu tinha começado a mandar mensagem para John. Quando pedi que ele resolvesse o que queria fazer em relação ao complexo recreativo, sem que eu soubesse ele estava a uns quinze metros da margem.

Todos os meus filhos têm uma característica em comum: não param de andar quando estão falando ao telefone. Prenda-os por tempo suficiente no telefone e, eles podem chegar à Califórnia a pé! Às 11h26 daquela manhã, enquanto eu estava sentada em terra bem firme falando com John, ele andava distraidamente em direção a gelo fino.

Instantes depois de desligar o telefone, estalidos assustadores de rachadura começaram a ser ouvidos no lago. O gelo quebrou sob os pés de John e a água tragou meu filho. Josh Sanders caiu de quatro, mas quando pegou a mão de John, o gelo cedeu embaixo dele também. Josh Rieger, que estava mais afastado, imediatamente tentou ajudar os amigos. Deitado de barriga para baixo, ele tentou puxar John, mas também caiu na água. Os meninos se debatiam freneticamente, tentando desesperados escapar das águas escuras e geladas.

Às 11h33, Ron Wilson mais uma vez olhou pela janela, mas dessa vez viu o gelo se abrindo e engolindo os meninos. Imediatamente ligou para o socorro, que por sua vez avisou à polícia de Lake St. Louis.

— Chama a emergência! — gritava John para Jamie Rieger. — Não quero morrer!

CAPÍTULO 2

No gelo fino

Segunda-feira, 19 de janeiro de 2015

Às 11h35, o alarme soou no Corpo de Bombeiros de Lake St. Louis e também no da comunidade vizinha de Wentzville.

Enquanto os primeiros socorros se encaminhavam para o lago, Josh Sander conseguiu se segurar a um pedaço de gelo, se impulsionar e sair meio rastejando, meio escorregando em direção ao desembarcadouro da associação, que ficava mais perto deles. John e Josh Rieger continuavam se debatendo na água, afundando e subindo; John empurrava Josh para uma borda do gelo e ao mesmo tempo tentava sair.

Enquanto isso, os policiais Rick Frauenfelder e Ryan Hall estavam em suas escrivaninhas na delegacia de Lake St. Louis escrevendo relatórios e cuidando de papelada, quando receberam o aviso de que três adolescentes estavam no lago Ste. Louise e tinham sido tragados no gelo quebrado. Eles pararam imediatamente o que estavam fazendo e correram para suas viaturas. Ligando as luzes e a sirene, os dois seguiram em alta velocidade para o lago, que não ficava longe. O policial Hall foi na direção do extremo oposto do lago e o policial Frauenfelder para o embarcadouro junto ao prédio do clube do lago Ste. Louise. Nenhum dos dois sabia exatamente onde os garotos tinham caído, e esperavam que ao se separarem um deles encontrasse mais rapidamente a localização dos meninos.

SUPERAÇÃO: O MILAGRE DA FÉ

Enquanto os policiais chegavam ao lago, o comandante dos bombeiros de Wentzville, Mike Marlo, estava no carro com sua esposa, Kathy, indo para a parada do Dia de Martin Luther King no centro de Wentzville. Eles iam representar os socorristas da comunidade, que tanto Mike quanto Kathy amavam apoiar. Os participantes ainda estavam se alinhando quando a sirene dos bombeiros deu o alarme e Mike ouviu atentamente a mensagem: "Resgate no gelo, três adolescentes entre 13 e 15 anos, lago Ste. Louise." O comandante não costuma atender pessoalmente aos chamados, mas algo o levou a reagir diferente nesse caso. Ele não sabia explicar por que, só sabia que tinha de ir.

Olhou então para a esposa.

— Vou atender a esse chamado.

Enquanto isso, Tommy Shine, há onze anos no Corpo de Bombeiros de Wentzville, acabara de começar seu turno de 48 horas com o pessoal da unidade, e, portanto, era o momento ideal para dar um pulo no mercado e fazer compras para a hora do rodízio. Mal tinham começado a andar pelos corredores do Dierbergs Market quando receberam o chamado de que os garotos estavam na água e que um deles estava completamente submerso.

Tommy e os outros três largaram os carrinhos e correram para o caminhão.

Minutos depois do chamado da emergência, o policial Frauenfelder foi o primeiro a chegar ao local, às 11h38, seguido dos policiais Ryan Hall, Tyler Christeson, Cody Fry e o detetive sargento Bret Carbray. Josh Sanders ia deslizando pelo gelo, já se aproximando do embarcadouro, encharcado da água gelada, porém são e salvo. Os policiais viram que Josh Rieger se agarrava desesperadamente ao bloco de gelo — um aglomerado maior e mais resistente —, mas tinha dificuldade de se segurar, pois ficava cada vez mais fraco. John afundava e subia na água, se debatendo, agitando e batendo os braços na água, tentando se agarrar a qualquer coisa sólida. Mas, sempre que conseguia se segurar no gelo, um pedaço se partia, e ele ficava sem nada estável em que pudesse se impulsionar.

— Socorro! Socorro! — começaram a gritar Josh e John assim que viram os homens.

Imediatamente Rick Frauenfelder e Ryan Hall tiraram os cinturões com as armas, os coletes e outros equipamentos e correram para a margem do lago.

No gelo fino

Sem tempo a perder, Rick e Ryan dispararam na direção do gelo, sabendo que Bret Carbray atiraria coletes salva-vidas e cordas presos às malas das viaturas. Quando já tinham avançado quase quatro metros, Bret jogou os coletes e as cordas. Eles os vestiram depressa e começaram a rastejar, mas Rick notou que o gelo estava derretendo — o que não era um bom sinal. A cada movimento, o gelo começava a ceder. Em quinze anos na polícia — oito dos quais na delegacia de Lake St. Louis —, ele tinha atendido a muitos chamados de emergência nesse lago, mas nunca nada tão grave. Os garotos estavam correndo grave perigo, e ele não sabia se poderia ajudá-los. Mas ia tentar.

— Boiem de costas! — ordenou aos garotos. — Fiquem calmos e não tentem sair.

A preocupação dele era que o pânico só piorasse as coisas. Dava para perceber que eles já estavam histéricos e não ouviam seus comandos. Ele tentou rastejar mais rápido, mas a superfície de gelo já formava poças de água e ficava mais fina à medida que ele avançava.

A essa altura, John, já muito fraco e congelando em uma água que não chegava a cinco graus, submergia por períodos mais longos, até que desapareceu completamente.

Quando a ambulância do município de St. Charles e os bombeiros da Unidade 9224 de Lake St. Charles chegaram, às 11h43, encontraram um garoto que tinha apenas a cabeça fora da água, tentando se agarrar já meio sem forças ao gelo fino que ameaçava se partir. Como a esta altura ele já estava há dez minutos na água, seus músculos estavam debilitados, a coordenação e a força rapidamente diminuíam e o sangue começara a se mover das extremidades para o centro do corpo, seu tronco, para mantê-lo vivo. Mas em questão de segundos ele poderia afundar. Enquanto isso, os técnicos em emergências médicas socorriam Josh Sander, que tinha conseguido chegar à margem, aquecendo-o com um Bair Hugger, uma manta cirúrgica de corpo inteiro usada para o aquecimento de pacientes, e tratando sua hipotermia. Os bombeiros entraram na água usando trajes especiais de flutuação, munidos de uma prancha de *wakeboarding*. Os policiais Frauenfelder e Hall, já molhados e com frio, ainda estavam a meio caminho dos dois outros meninos.

— Temos de voltar — disse Rick a Ryan ao ver as pernas molhadas do companheiro.

Eles lentamente retornaram à margem.

Instantes depois, o comandante Marlo estacionou e passou pela aglomeração cada vez maior de socorristas e curiosos, para assumir o comando das operações. Enquanto avaliava a situação no lago, com o gelo quebrado e a água ganhando terreno por todo o lado, seu coração quase parou. Um garoto estava sendo atendido. Outro estava por um fio. Já do terceiro menino, não havia nem sinal. Se houvesse apenas um buraco no gelo, seria possível supor onde John estava, mas o que tinham era uma enorme área de gelo quebrado e nenhuma pista da localização. Ele podia estar *em qualquer lugar*, arrastado por ondas subterrâneas. E chegava a doze minutos em submersão...

O comandante Marlo *tinha* de descobrir onde estava o terceiro garoto. Pediu que Ron Wilson lhe desse mais detalhes do que vira.

— Onde viu os garotos? Especialmente da última vez?

— Naquela direção — respondeu Ron, apontando.

— Claro que foi naquela direção! — exclamou o comandante Marlo, frustrado. — Mas *onde* naquela direção?

Cem metros? Trinta metros?

O policial Frauenfelder se aproximou do comandante Marlo e apontou. Um dos bombeiros então gritou:

— Comandante, quando a quatorze chegar, manda procurarem lá. — E apontou para uma área a cerca de vinte metros do embarcadouro. Com "quatorze" ele se referia à unidade de Wentzville. — Achamos que ali a água tem profundidade de dois metros e meio a três metros.

Três metros de profundidade certamente era um cenário melhor que quinze metros. Em uma emergência de afogamento de um adolescente, poderiam até ser cento e cinquenta metros.

O comandante ainda não estava considerando que se tratasse de uma recuperação de corpo. Mas era uma realidade que começava a se configurar, e a equipe de mergulho e busca estava a caminho. Se ainda havia alguma chance

No gelo fino

de o garoto estar vivo, os socorristas fariam o possível para encontrá-lo e resgatá-lo.

O comandante Marlo enviou instruções por rádio ao seu pessoal.

— Tragam os croques de três metros. Vocês darão busca em uma área de até três metros de profundidade. E vão logo botar as roupas de gelo!

Já a caminho, no carro dos bombeiros de Wentzville, Tommy Shine ouviu o comandante Marlo, pegou os trajes de flutuar no gelo e começou a se trocar. Não queria perder um segundo sequer quando chegasse ao lago, e assim, enquanto as sirenes do caminhão tocavam e o veículo se dirigia ao local, ele se despiu do uniforme de combate a incêndios e se livrou dos equipamentos para esse fim. Tommy se enfiou em um traje amarelo vivo emborrachado e à prova d'água e de frio que o fazia parecer como se estivesse indo para o espaço sideral.

Tommy estava feliz porque uma semana antes sua unidade tinha feito treinamento para resgate no gelo no lago St. Louis. O treinamento viera na hora certa, e ele se concentrou na respiração e no nervosismo para preparar a resistência. Ele tinha um trabalho a fazer. Não ia pensar no seu filho adolescente, que apenas uma semana antes tinha jogado hóquei no gelo em um lago particular. Podia muito bem ter sido ele ali com esses meninos. Não ia pensar em todo o barulho e nas mil coisas acontecendo ao seu redor. Não ia pensar na pressão que sofreria assim que entrasse na água; pressão para encontrar o garoto *vivo*. E se recusava a levar em conta que a equipe de mergulho e resgate de corpos também estava indo para o lago e lá chegaria instantes depois da sua chegada — esperando, se preparando para o pior.

Quando o caminhão dos bombeiros chegou ao lago, já havia no local mais de uma dúzia de socorristas em ação, orientando, coordenando e se preparando para ressuscitar os garotos e transportá-los para o hospital local, o St. Joseph West. Com o croque na mão, Tommy saltou do caminhão quando ainda nem havia parado completamente e, feito um papa-léguas, passou disparado pelo comandante Marlo e os outros.

SUPERAÇÃO: O MILAGRE DA FÉ

Em muitos pontos o gelo tinha menos de cinco centímetros de espessura, e Tommy entendeu que, por mais pressa que tivesse de chegar, precisava tomar cuidado para não cair também e perder tempo precioso tentando se salvar. A cada passo ele ouvia o estalar do gelo. Seis metros evoluíram para quinze metros, que evoluíram para 22... até que Tommy parou a uma distância de 45 metros da margem. Embora os garotos tivessem caído na água naquela área, o buraco aumentara cada vez mais à medida que eles tentavam sair.

Enquanto isso, os bombeiros Joe Marrow e Mike Terranova, de Lake St. Louis, já haviam chegado à abertura na água. Enquanto Joe começava a buscar John, Mike cuidava do salvamento de Josh. A esta altura, Josh Rieger estava confuso e desorientado por causa do frio. Não conseguira mais se alçar a uma área segura nem agarrar-se a uma corda ou qualquer outra coisa, pois não tinha mais força nos membros. Mike Terranova mergulhou, parou atrás de Josh e deu aquele abraço de urso. Fazendo-o rolar, conseguiu passá-lo do gelo para a prancha de salvamento. Depois de sair também da água, Mike prendeu bem Josh, e os policiais e outros bombeiros puxaram a corda de segurança, trazendo-os de volta à margem, onde o pessoal da emergência médica imediatamente começou a tratar Josh.

O segundo garoto estava salvo. Mas continuavam sem sinal do último. Nenhum sinal do meu filho.

Tommy deitou cuidadosamente de barriga para baixo e foi rolando até a água, quebrando o gelo ao seu redor. Ele se contraiu todo. Seus movimentos estavam perturbando as condições do local, e conforme o gelo se quebrava ampliava a área de busca.

Seu traje flutuante fez seu corpo oscilar um pouco para cima e para baixo durante alguns instantes, até que ele se estabilizou, com a água batendo nos ombros. Ele então deu início a uma busca metódica no lado do buraco oposto àquele em que Joe Marrow investigava. Joe, que havia treinado exatamente naquele lago, sabia como era o fundo. Lamacento em muitos pontos, cheio de lodo. Mais em outros pontos era rochoso. Tommy e Joe estavam na região rochosa, e gratos por isso. Esperavam encontrar John nessa parte, mais rasa; seria mais fácil salvá-lo do fundo do que ter de içar um corpo coberto de lama.

No gelo fino

— Você vai sentir a diferença entre uma pedra e uma pessoa — disse Joe a Tommy.

Mesmo com a pressão do tempo passando, eles tinham de trabalhar lentamente. Os trajes impermeáveis e as luvas de borracha grossas e de tamanho exagerado dificultavam os movimentos, mas, além disso, eles precisavam agitar a água o menos possível — não só para não turvá-la, revolvendo a lama do fundo, mas também porque o mais leve movimento ou menor onda podia afastar deles o corpo de John. Devagar e meticulosamente, eles cobriram uma circunferência de aproximadamente trinta metros em busca do meu filho. Por causa do tamanho da área, Tommy e Joe dividiram o anel pelo meio e deram início à busca.

Tommy buscava às cegas, mas a água de qualquer maneira não oferecia visibilidade, apenas redemoinhos escuros e turvos. A claridade do sol a pino refletida no gelo e na água também não ajudava. Ele pegou o croque, que tinha dois grandes ganchos — um em uma das extremidades e o outro, ligeiramente menor, um pouco mais para cima — e o enfiou no fundo do lago. A água respingou no seu rosto, e a temperatura gélida o lembrou da urgência da situação. A água voltou em uma onda para o alto do croque. Repetidas vezes, com meticulosa precisão e lentidão, Tommy golpeava o fundo, enxergando apenas escuridão.

Mike Terranova voltou para ajudá-los, ficando na superfície com a prancha de salvamento, para conduzir John rapidamente para a margem quando o encontrassem — *se* o encontrassem, *se* estivessem, inclusive, procurando no lugar certo.

Cada golpe, cada batida trazia apenas pedras. E a cada tentativa, mais um precioso segundo de vida se esvaía. Nessas situações de salvamento de vida ou morte, os socorristas costumam se referir a essa etapa como a Hora Crítica: a teoria de que os pacientes que recebem tratamento completo na primeira hora têm chance muito maior de sobreviver.

John já estava na água havia mais de quinze minutos.

Tommy Shine respirou fundo, se obrigando a ficar calmo e focado, se isolando de todo ruído e agitação no resto da cena. *Vamos*, pensou. *Você consegue. Foi para isso que treinou semana passada... Vamos lá, garoto. Onde está você?*

SUPERAÇÃO: O MILAGRE DA FÉ

Tudo conspirava contra John. As condições. O tempo. Não havia hipótese de ele sobreviver depois de tanto tempo na água — mesmo não estando completamente submerso — mas Tommy não queria saber desses pensamentos.

Ele e Joe buscavam fora do perímetro, entrando para o meio do buraco. Mas, apesar de continuar golpeando o fundo, Tommy não encontrava nada.

Vamos lá. Onde você está? Faltavam poucos minutos para os mergulhadores da equipe de resgate chegarem.

De repente, alguma coisa em Tommy — uma sensação de que alguém estava ali o guiando — o levou, quase o forçou, para outra direção, direto para o banco de gelo.

Por que ir para lá?, pensou ele. *Já estou aqui. Se o garoto estiver para aquele lado, não vai conseguir.*

A sensação persistiu, e Tommy se afastou mais do meio, aproximando-se da borda do banco de gelo, onde sabia que ninguém poderia sobreviver, se o corpo tivesse ido bater por baixo dele.

Ele bateu no fundo com o gancho. Nada.

Afastou-se alguns centímetros, ficou de costas para o banco de gelo e golpeou de novo. O gancho bateu em algo que não parecia pedra nem lama. Seu coração acelerou, esperançoso.

Não se empolgue muito, pensou ele. *Pode ser minha bota... Não, espera aí, não pode ser, pois não estou de pé no fundo.*

Ele começou a levantar a haste lentamente, e o gancho resistiu.

Por favor, que seja o menino. Nada de pneus ou coisas assim.

Ele começou a puxar, com as duas mãos, e a haste pesava muito. Ele tomou cuidado para não deixar escapar o que havia fisgado. À medida que a haste subia, Tommy viu de relance algo branco.

A camiseta de John.

Eram 11h51, mais de vinte minutos desde que John caíra no lago.

— Peguei! — berrou Tommy enquanto tirava da água o corpo sem vida do meu filho.

O gancho tinha o corpo de John bem no meio, puxando-o pela camiseta.

No gelo fino

John estava a menos de meio metro do banco de gelo. Qualquer agitação das águas, mesmo leve, o teria empurrado para baixo, e aí tudo estaria acabado. O resto do trabalho teria sido feito pelos mergulhadores de resgate de corpos. Que por sinal acabavam de chegar ao local no momento em que Tommy tirou John da água.

Mike Terranova colocou meu filho congelado na prancha de salvamento, subiu também, e os caras no embarcadouro o puxaram de volta para a margem na velocidade de um motor a jato. Todo mundo entrou em ação enquanto a prancha era erguida para o embarcadouro mais próximo e tinha início a reanimação cardiorrespiratória. A pele de John tinha adquirido uma coloração cinza-azulada. O corpo estava mole como espaguete, e rapidamente se tornava frígido, dadas as condições. As narinas e a cavidade bucal estavam cheias de detritos do lago. Dos cabelos enrijecidos pendiam pontas de gelo, os dedos e as extremidades estavam rígidos, e a pele, tão congelada que os paramédicos não conseguiam que os equipamentos salva-vidas aderissem.

Um cobertor de aquecimento foi jogado sobre ele, aplicaram uma infusão intravenosa em seu braço e tiveram início as compressões do peito. À primeira pressão, tanta água jorrou dos pulmões de John que parecia que uma fonte tinha sido aberta. A água suja do lago brotava abundante da boca e das narinas. Os paramédicos trataram de limpar os pulmões e jogar enormes quantidades de ar neles o mais rápido possível, sabendo que, se conseguissem forçar o oxigênio a voltar ao coração e ao cérebro, seria possível trazer o corpo de volta à vida.

Mas nada funcionou. Sem pulsação. Sem respiração. Sem batimentos cardíacos.

Meu John estava morto.

CAPÍTULO 3

Corrida para o hospital

— Oi, Cindy! — falei, toda animada ao telefone, surpresa por ela estar ligando antes do previsto.

— Joyce.

Havia algo estranho na voz de Cindy. Parecia vazia, em choque, mas não dei muita importância.

— Estava esperando você ligar.

— Aconteceu um acidente — disse ela.

— Ah, não. — Meu estômago se contraiu. *Aquele pressentimento...* — Uma batida de carro? Você está bem?

A voz de Cindy parecia embargada.

— Os garotos estavam no gelo. John caiu na água, e eles acabaram de tirá-lo. Joyce... ele está sem batimentos cardíacos.

A sala começou a girar, enquanto meu estômago se contraía violentamente. *John caiu na água... está sem batimentos cardíacos.* Mas aquilo não era possível. Eu tinha acabado de falar com ele.

— Joyce — disse Cindy. — Venha para o lago.

— Está bem, eu... sim.

Nem lembro se cheguei a me despedir antes de desligar e me levantar imediatamente. Tenho artrite reumatoide, e minhas articulações, inchadas e

Corrida para o hospital

doloridas, muitas vezes não permitem que eu me mova como gostaria — especialmente quando o clima muda. Mas nesse dia meu corpo imediatamente entrou em ação, e saí correndo pela casa como se estivesse indo apagar um incêndio.

Peguei o celular na mesa da cozinha e corri até a sala de estar para pegar minha bolsa e as chaves. Mas não estavam lá.

Olhei ao redor da sala. Nada.

Saí levantando almofadas e mantas de todos os móveis e joguei de lado jornais, livros e o controle da TV.

— Cadê minhas chaves? Meu Deus do céu!

Parecia que meus ouvidos iam estourar com o tique-taque dos segundos passando. *Ele está sem batimentos cardíacos... Ele está sem batimentos cardíacos... Onde estão as minhas* chaves?

Fui para a cozinha e revistei cada bancada e cadeira. Abri todos os armários.

Meu estômago voltou a se contrair, ameaçando jogar fora o conteúdo da minha refeição recente. E meu cérebro ficou completamente embaralhado: ficava repetindo sem parar as palavras de Cindy, enquanto pedia, desesperada, que eu me lembrasse de onde estavam minha bolsa e minhas chaves.

— Controle-se! — disse em voz alta, em um soluço. — Respire. As chaves estão aqui em algum lugar. Acalme-se. — Fui olhar de novo nos mesmos lugares. — Meu Deus, você precisa me ajudar — implorei, a caminho do meu quarto.

E lá estava minha bolsa, pendurada na maçaneta da porta. Peguei a bolsa, sacudi para ouvir o barulho das chaves e enfiei a mão procurando qualquer coisa que tivesse uma ponta dentada. *Pronto!* Segurando firme a chave do carro, fui para a garagem. Só que parecia que os meus pés estavam pisando em gelatina: eu não conseguia ir rápido o suficiente. E o tique-taque no meu ouvido ficava cada vez mais alto e rápido. Pulei dentro do nosso Nissan Quest e saí a toda.

Tinha pela frente um percurso de vinte minutos, com cerca de trinta segundos para chegar lá. Como era feriado, orei para que o trânsito estivesse fluindo bem. Orei para que os sinais todos estivessem verdes. Orei para não encontrar pela frente motoristas lentos ou que empacassem meu caminho. Mas orei sobretudo por John.

Assim que pude pegar o celular, liguei para Brian na Boeing. Chamou várias vezes até cair na caixa postal. Engoli um soluço, desliguei e tentei de novo. Depois de vários toques, ouvi um clique e a voz de Brian dizendo: "Esta é a caixa postal de Brian Smith..." Em geral ele atendia, a menos que estivesse em uma reunião ou muito envolvido na edição de algum vídeo promocional ou coisa parecida. Se fosse esse o caso, não seria possível falar com ele tão cedo. A última coisa que eu queria fazer era deixar uma mensagem, mas não tinha muito jeito.

— Brian, John sofreu um acidente. Você precisa me ligar logo.

Entrei na Interestadual 70 e digitei o número da minha irmã. Precisava ouvir a voz tranquilizadora de Janice. Mas o que ouvi foi, mais uma vez, uma mensagem gravada. Tentei então o telefone do meu cunhado, Don. Nada. Deixei escapar outro soluço enquanto tentava desesperadamente falar com alguém, *qualquer pessoa*, para pedir que orassem, mas também para desabafar minha angústia.

— Meu Deus, por favor, cuide disso — comecei a orar alto. — Meu Deus, não permita que eu perca meu filho!

Os policiais vão me mandar parar porque estou no telefone e gritando com Deus, pensei. Eu não estava furiosa com Deus. Eu só queria que ele me ouvisse. Estava chamando sua atenção. *Bem, não estou nem aí se me pararem. Só quero chegar mais depressa e encontrar o meu filho.*

— Sai daí! — gritei para o motorista à minha frente. Ele estava no limite de velocidade, mas para mim estava lento demais. — Isto aqui é uma via expressa. Cento e dez por hora, não é oitenta! — Joguei o carro para a via rápida e ultrapassei.

Meu celular se manifestou. Eu o peguei na esperança de que fosse Brian ou Janice. Era Cindy. Olhei para o relógio no painel. Era aproximadamente 12h10.

— John foi levado para o St. Joseph West — disse ela. — Te encontro lá.

— Certo, estou a caminho.

Corrida para o hospital

O Hospital St. Joseph West ficava a menos de quilômetro e meio do lago Ste. Louise, com saída direta da I-70. Eu só tinha uma reta pela frente. Ben e Bryan, meus dois netos, filhos de Charles, nasceram lá. Tinham sido momentos felizes. Mas este decididamente não era.

Decidi ligar para Charles, que ainda morava no nosso bairro. Com certeza ele atenderia. Mas também caiu na caixa postal, exatamente como os outros números.

— Aaargh!

A frustração e histeria estavam me vencendo.

— É o pedal da direita que bota esse negócio pra andar, senhora! Mas tem de pisar! — gritei para outra motorista tentando fazê-la acelerar.

Tentei então o lado de Brian da família. Sua irmã, Miriam, havia acabado de começar em um novo emprego, por isso eu ainda não tinha o número da empresa. Então me veio outra luz: decidi tentar sua filha, Jane — e, naturalmente, dei com a caixa postal.

Esgotadas todas as opções, liguei para Brad Carriger, um amigo da família que trabalhava como voluntário na nossa igreja.

— Por favor, atenda, por favor, atenda — dizia, a cada toque.

E lá vinha o clique de novo. *Caixa postal*, eu já ia resmungando mentalmente.

— Alô?

Esperei um segundo para me certificar de que era mesmo uma pessoa.

— Alô? — repetiu a voz.

— Brad! — berrei no telefone.

— Oi, Joyce, e aí? — disse a voz animada de Brad.

— Aconteceu um acidente!

A histeria tomou conta mais uma vez, e eu comecei a falar coisas sem sentido, mas não conseguia sincronizar a língua com o cérebro para dizer coisas coerentes.

Depois de várias tentativas de adivinhar a minha mensagem, Brad finalmente conseguiu entender o que estava acontecendo.

— Tudo bem, vou avisar às pessoas — prometeu.

SUPERAÇÃO: O MILAGRE DA FÉ

Queria que ele soubesse o quanto fiquei grata e aliviada, mas só consegui murmurar um obrigada soluçado e desligar.

Mais uma chamada, pensei, embora depois de dar a notícia daquele jeito todo enrolado a Brad não acreditasse que seria capaz de me sair melhor — mesmo que alguém atendesse.

— E aí, meu filho, não precisa cair para quarenta por hora para pegar uma saída! O que tem de errado com esses motoristas?!

Liguei para minha nora Krista, esposa de Charles. Tinha certeza de que ela atenderia. E atendeu, no segundo toque. Mas sua voz doce e afável não me ajudou nada a articular melhor as coisas.

— Não! — exclamou ela, assim que entendeu o ocorrido. — Vou encontrar Charles. Vamos para lá em seguida.

Brian ainda não retornara, então decidi tentar mais uma vez. Ele atendeu, e pelo tom calmo eu percebi que ele não ouvira minha mensagem.

— Vá para o St. Joseph West. John sofreu um acidente.

— O quê? Do que você está falando? Que acidente?

— Vá para o hospital.

— Mas ele...

— Vá o mais rápido que puder. Já estou a caminho.

Sua voz ficou insegura, interrogativa, como se ele não estivesse entendendo o que eu dizia.

— Hum... Ok.

Eu sabia que mesmo que não estivesse entendendo direito, ele ia largar tudo e correr para o hospital. Estava a uns quinze ou vinte minutos de distância. Só torci para que não pegasse pela frente mais desses motoristas *lerdos e idiotas* que eu tinha encontrado.

— Como é que é, povo! Isso aqui não é passeio turístico, não!

Entre todos aqueles telefonemas, eu orava. A cada quilômetro, orava. A cada pensamento de medo ou ameaçador que entrava na minha cabeça, orava. Mas então voltei *toda* a atenção para Deus. Chega de telefonemas. Chega de comentários e *diretas* para os outros motoristas. Era hora de ter uma conversa séria e sem rodeios com Deus. Lembrei da mensagem devocional que tinha

Corrida para o hospital

lido no Facebook menos de meia hora antes: *Há momentos em que precisamos apenas que Deus seja Deus.* Era exatamente de quem eu precisava — de quem John precisava — naquele exato momento.

— Senhor! — invoquei em voz alta. — O Senhor não pode fazer isso! O Senhor não pode levar o meu filho. Por favor, não tire meu filho de mim. Senhor... — Eu estava desesperada. — *Não pode.* Ele nos foi dado pelo Senhor — lembrei ao nosso soberano Deus, voltando atrás 14 anos, quando Brian e eu tínhamos viajado até a Guatemala para levar para casa aquele menininho moreno, quieto e subnutrido. — Não pode tirá-lo de nós. Não pode. Agora não!

Finalmente, vi a saída para a via do Memorial dos Veteranos, a rua que corre paralela à I-70, e, mais importante, a rua do hospital. Meu estômago revirou de novo. Eu mal conseguia esperar para chegar. Mas o medo começou a tomar conta de mim. O que ia encontrar? O que eles iam me dizer?

Ao me encaminhar para sudoeste na direção do hospital, meus olhos bateram na enorme cruz na parede externa de tijolinhos vermelhos da entrada da emergência. O Hospital St. Joseph West logo apareceu à minha esquerda, e eu entrei no estacionamento bem ao lado da emergência.

Claro que não havia nenhuma vaga à vista. Fiquei dando voltas, espreitando alguma brecha. Podia ser qualquer espaço; nem que tivesse de usar um abridor de latas para me enfiar em algum lugar, *eu ia estacionar meu carro.* Já estava quase parando no abrigo de carros na entrada do prédio, onde as pessoas costumam saltar, para simplesmente largá-lo ali mesmo. Será que ninguém entendia que meu filho estava muito mal e eu tinha de ir até ele imediatamente? Será possível que ninguém ia *sair* do hospital?

Olhei de novo para o relógio no painel. Meio-dia e meia. Mais ou menos uma hora apenas tinha se passado desde a última vez que eu falara com o meu John. *Será que ainda vou poder ouvir sua voz* — não, eu não podia entrar nessa.

Obriguei meu cérebro a se concentrar em achar uma vaga. Até que enfim! Um casal de idosos saiu do hospital e se encaminhou para um carro estacionado em uma das vagas próximas da frente do terreno. Dei um suspiro alto e manobrei para me posicionar e ocupar a vaga assim que eles saíssem. Mas eles não saíam. Estavam na boa, sem a menor pressa.

Mas estão fazendo o quê? Acampando? Eu estava a ponto de ir lá tirar o carro da vaga por eles. Até que fiquei tão alterada que baixei o vidro da janela e berrei:

— Vocês pretendem tirar esse carro daí antes de Jesus voltar?

Nesse exato momento, provavelmente para sorte dos idosos, Cindy Rieger saiu da emergência e veio correndo até mim. Estava pálida, os olhos arregalados.

— Vem, eu estaciono para você. — Ela foi dizendo, enquanto abria a porta do meu carro. — Deixa que eu resolvo. Vai entrando.

Fiquei tão aliviada que queria beijá-la. Mas fui tomada por uma onda avassaladora de náusea, enquanto caía a ficha: se ela tinha saído do hospital, não podia ser nada bom o que estava acontecendo lá dentro.

CAPÍTULO 4

A oração de uma mãe

As portas da emergência se escancararam para a equipe da ambulância e John. Em geral os paramédicos tratam uma vítima no local durante meia hora, mais ou menos, para só então transportá-la para o hospital. Mas dessa vez ficaram no local menos de meia hora com John, pois não conseguiam prender os equipamentos médicos no seu corpo, tão gelado que nada se fixava a ele.

Os paramédicos tinham se esforçado ao máximo na reanimação cardiopulmonar, inclusive inserindo um respiradouro e providenciando terapia intravenosa, sem resultados. Agora era a vez do pessoal da emergência.

Felizmente, o percurso do lago Ste. Louise ao Hospital St. Joseph West levava apenas de cinco a seis minutos. Quando os paramédicos chegaram com John no hospital, a equipe da emergência tinha sido avisada e estava esperando.

Os técnicos em emergência médica entregaram John à equipe médica, que o conduziu à Sala de Trauma A e imediatamente entrou em ação.

O corpo de John estava frio e sem vida. As pupilas enormes, fixas e dilatadas por causa da ausência de função do tronco cerebral. Sua temperatura era de 31ºC — seis graus abaixo da temperatura normal de 37ºC, o que já caracterizava hipotermia. Enquanto ligavam seu corpo inchado e encharcado aos monitores, o Dr. Kent Sutterer e a Dra. Nancy Bauer, com uma equipe de enfermeiros, técnicos em respiração, um farmacêutico e meia dúzia de outros

SUPERAÇÃO: O MILAGRE DA FÉ

especialistas em atendimento de trauma puderam ver com os próprios olhos o que já sabiam: John Smith estava morto — há pelo menos trinta minutos.

Os monitores não piscavam, não bipavam nem chiavam. Estavam mudos, sem marcar pulsações, respiração, batimentos cardíacos. Nenhum sinal de vida.

Não, não, não!, pensou o Dr. Sutterer, enquanto ordenava que a equipe procedesse à reanimação cardiopulmonar e pegava um desfibrilador.

— Afastar — disse ele, aproximando-se de John com as pás do desfibrilador e dando um choque em seu peito.

Rapidamente olhou de novo para os monitores.

Nada.

Eles começaram a forçar a entrada de oxigênio no seu corpo, além dos necessários fluidos intravenosos para aquecer o sangue e os órgãos, ao mesmo tempo tentando remover a água que saturava cada poro.

Ele instruiu uma enfermeira a começar a aplicar epinefrina em John, na esperança de que fosse mais eficaz na ativação cardíaca. O farmacêutico preparou a dose e entregou a seringa a uma enfermeira, que aplicou a injeção na coxa de John. Nada.

— Vamos aumentar a dose e aplicar de novo.

Normalmente são aplicadas duas doses da droga. Além dessa quantidade, raramente se obtém êxito. John recebeu oito.

A filha do Dr. Sutterer, Anna, tinha a idade de John. Os dois inclusive eram colegas de turma (embora o médico ainda não soubesse disso). Ele só sabia que não podia deixar aquele menino tão promissor morrer nas suas mãos. Tinha à sua disposição todos os possíveis recursos médicos capazes de salvar uma vida. Mas não era Deus. Não tinha como trazer de volta à vida um corpo morto — e nenhuma intervenção médica seria capaz de mudar essa realidade.

— Vamos usar o Bair Hugger nele — disse à equipe.

Eles cobriram o corpo de John com um dispositivo de aquecimento por convecção forçada, como um secador de cabelo, para normalizar sua temperatura e assim tentar provocar um choque que reativasse seu sistema. Mas todos os seus órgãos tinham parado de funcionar. A temperatura lentamente aumentou, sem que o corpo apresentasse qualquer outra reação.

A oração de uma mãe

Passados cerca de vinte minutos de reanimação cardiopulmonar intensiva, o Dr. Sutterer verificou a temperatura de John. Existe um ditado na medicina de emergência: *Eles só morrem quando estão quentes e mortos*. Em outras palavras, o Dr. Sutterer precisava que o corpo de John saísse do estado de congelamento e não evidenciasse qualquer sinal de vida, para então declará-lo oficialmente morto. E a temperatura no momento girava em torno de 35ºC.

Vendo o que acontecia, a Dra. Bauer quebrou o silêncio.

— Qual é sua meta de temperatura?

O Dr. Sutterer sabia que basicamente ela estava querendo saber o que ele considerava "quente e morto" naquele caso, para chegarem a uma conclusão. O Dr. Sutterer teve afinal de reconhecer a verdade em voz alta:

— É isso. Ele está com 35. Duvido que a temperatura suba mais, e ele não deu qualquer sinal de reanimação.

Com um suspiro e o coração partido, como se fosse seu filho que estivesse ali, o Dr. Sutterer olhou para o relógio na parede.

— A mãe está chegando — disse uma enfermeira, entrando na sala.

O Dr. Sutterer fez que sim e se afastou de John. A hora da morte é a hora da morte. O fato de eu estar chegando não devia fazer diferença. Mas sabe-se lá por que, no fundo ele estava incomodado de dar a notícia, como se algo o induzisse a esperar mais. E assim, sem entender o motivo, ele tomou a inusitada decisão de não declarar a morte até que eu me despedisse.

O Dr. Sutterer olhou para Keith Terry, um técnico de vinte e poucos anos, um gigante de quase dois metros de altura e cento e vinte quilos. Ele é que estivera encarregado de aplicar a reanimação cardiopulmonar em John.

— Vamos continuar insistindo.

Keith imediatamente recomeçou seu trabalho, enquanto aguardavam minha chegada. Só que não estava ali só para marcar tempo. Keith estava decidido a fazer com que o corpo de John reagisse.

Ele golpeava e pressionava o peito de John, manuseando seu corpo e se prodigalizando em manobras.

— Não, não, não senhor — repetia para meu filho. — Não vai morrer aqui na minha frente.

SUPERAÇÃO: O MILAGRE DA FÉ

John era o primeiro paciente adolescente de Keith, que não ia permitir que um garoto de 14 anos estragasse o seu currículo.

Mas a cada pressão, a cada contagem, a cada inspiração forçada, a tela do monitor continuava apresentando apenas uma linha reta.

— Sou a mãe de John Smith, estou aqui! — disse assim que as portas de correr da emergência se abriram.

Mal tinha entrado quando um bombeiro alto e corpulento com o cabelo curto, cheio e ruivo foi me receber. O crachá reluzente no seu peito informava: JEREMEY HOLLRAH.

— Estava esperando a senhora — disse ele. — Por favor, me acompanhe.

Estava sorrindo de boca fechada. Acho que estava tentando me acalmar, porém mais parecia uma careta. *Isso não pode ser bom*, pensei. *Os bombeiros ainda por aqui?* Engoli em seco, funguei e me forcei a aguentar firme.

Mal percebi à esquerda a sala de espera cheia de pacientes com as famílias, enquanto o bombeiro me conduzia para a direita, passando pelas portas duplas para chegar ao corredor da sala de emergências. À direita, portas de vidro de correr dando para cada sala, ao longo de todo o corredor. Olhei ao redor, tentando descobrir onde estaria John. Mal tínhamos avançado talvez uns três metros, contudo, e Jeremey virou à esquerda em um pequeno consultório. As paredes bege estavam nuas, exceto por um crucifixo tristemente pendurado por cima de várias cadeiras.

Lancei a Jeremey um olhar interrogador. *Por que estava naquela sala? Onde estava meu filho? Por que teria de esperar?*

Jeremey não tinha respostas nem explicações, disse apenas:

— Pediram que a senhora esperasse aqui.

Assim que assenti, Jeremey deu meia-volta e saiu, deixando-me sozinha.

Meu coração batia violentamente no peito e os joelhos começaram a fraquejar. Desabei em uma cadeira, abrindo e fechando os punhos sem parar de orar. *Senhor, por favor. Por favor, não leve meu filho. Meu Deus. Oh, Jesus. Você não pode levar John. Por favor, por favor. Meu Deus, por favor. Que ele fique bem.*

A oração de uma mãe

Comecei a tremer e fechei os olhos, me esforçando para não desmaiar, não vomitar, não começar a gritar com todas as minhas forças.

Em questão de dois ou três minutos, uma freira baixinha e frágil, muito magra e ligeiramente encurvada, entrou na sala. Metida em um hábito cinza e branco, parecia estar na casa dos sessenta anos. A expressão do rosto era de preocupação, e os olhos irradiavam compaixão.

— Minha querida, eu sinto tanto — começou, no tom mais doce e afável. Sentou-se na cadeira ao meu lado e tomou minhas mãos.

Meus olhos se encheram de lágrimas, eu inspirei profundamente. *Senhor, por favor, não o deixe morrer*, orava sem parar, em silêncio. *Por favor, não o deixe morrer.*

Passados alguns instantes, Joseph Britain e sua mulher, Rebecca, puseram o rosto na porta. Joseph era o pastor musical da nossa igreja, a Primeira Assembleia de Deus de St. Peters. Assim que nossos olhares se cruzaram, eles entraram e sentaram em silêncio comigo.

E John? Por que eu ainda estava ali naquela sala apertada? Senti de novo uma vontade avassaladora de gritar, e me esforcei para aparentar algum controle. Minhas orações se tornaram soluços endereçados a Deus.

Já ouvi histórias sobre esse tipo de cena. Já vi cenas assim em muitos filmes. Mas jamais imaginaria que seria eu ali sentada em uma sala de espera de hospital, precisando ser consolada. Eu não queria a pena de ninguém, não queria sequer palavras de conforto. Aquilo pelo que eu ansiava — do que eu *precisava* — era das orações deles.

Toda vez que ouvia passos se aproximando da sala, eu prendia a respiração, na esperança de que fosse alguém da equipe médica trazendo informações. Mas a cada vez os passos seguiam em outra direção, e nós ficávamos ali esperando, imaginando coisas. Pensei em Brian, desejando que chegasse logo. Sabia que estava vindo o mais rápido possível, mas estava demorando demais.

Passaram-se mais dez minutos, e Jeremey finalmente voltou.

— A senhora pode vir agora.

Já haviam se passado quase quarenta minutos desde o telefonema de Cindy. Levantei devagar, louca por alguma notícia, mas morrendo de medo. Saímos

SUPERAÇÃO: O MILAGRE DA FÉ

juntos da sala, viramos à esquerda e seguimos Jeremey até a metade do corredor, onde viramos de novo à esquerda junto ao posto de enfermagem. Eu não propriamente vi, mas senti os olhares de preocupação e tristeza. Passamos por mais uma sala, e mais outra. No fim do corredor, junto ao portal da entrada de ambulâncias para a emergência, vi meia dúzia de socorristas fazendo hora. Estavam calados, meio inquietos. Por fim, ao nos aproximarmos deles, viramos à esquerda e chegamos à Sala de Trauma A.

A sala estava lotada. Eram cerca de vinte membros da equipe médica, com ar de cansaço e desânimo. Vi que Cindy Rieger estava mais à parte. Devia ter estacionado meu carro e voltado logo em seguida. O que provavelmente significava que seu filho estava bem. Meus olhos então bateram na maca bem à minha frente, na parede oposta. Havia equipamentos médicos pendurados nas paredes e um grande refletor sobre a cama. O corpo de John estava completamente parado e coberto de tubos e cobertores, e eu só conseguia ver dois pés pálidos e cinzentos.

Uma enfermeira, Alex Gibbons, estava na cabeceira apertando um grande saco preto, que, deduzi, servia para forçar ar pela boca e os pulmões de John. Ela não olhou para mim, completamente concentrada no meu filho. Os monitores estavam ali, mas estranhamente mudos. Mas quem chamou minha atenção foi o gigante de ombros largos e músculos salientes que procedia a intensa reanimação cardiopulmonar em John. Keith Terry. Tinha o rosto vermelho, suava muito. Seu jaleco estava empapado na frente e sob os braços. Ele não esmorecia nem um segundo.

Eles foram chamar o maior sujeito do hospital para esmagar e reanimar meu filho, pensei. Eu sabia que em circunstâncias normais a reanimação é uma das coisas mais brutais que se pode fazer a uma pessoa. Muitas vezes, na tentativa de reanimar alguém, a pessoa pode quebrar costelas inadvertidamente, contundir o peito e praticamente transformar o outro em uma massa pastosa. Se a água do lago não matasse John, eu temia que aquele sujeito acabasse o fazendo.

Jeremey me conduziu até uma cadeira mais ou menos no meio da sala e me convidou a sentar. A freira postou-se atrás de mim, pousando as mãos nos meus ombros. Percebi que Cindy tinha ido para perto da freira. Instantes

A oração de uma mãe

depois, Mary Sander, a outra mãe envolvida, entrou na sala e se agachou ao meu lado. Botou a mão no meu braço. A solidariedade dessas mulheres me reconfortou na medida do possível. Fiquei grata por sua presença. Mas eu não queria estar ali! Não queria ter de ser reconfortada. Não queria meu filho ali sem vida naquela sala. Com lágrimas rolando sem parar pelo rosto e pingando no peito, fiquei calada vendo Keith agir com determinação. O tempo parecia ter parado, como se os minutos não contassem mais. Vagamente eu ouvia os ruídos causados pelas outras pessoas na sala.

Senhor, preciso de Você agora. Preciso de Você mais que qualquer outra coisa neste momento.

Era tudo muito irreal, eu não conseguia parar de chorar. *Esses pés... estão horríveis. Meu Deus, por favor, não o deixe morrer. Senhor, meu filho não. Não leve meu filho.*

À minha esquerda, vi de relance um homem careca de jaleco branco andando de um lado para o outro e olhando para mim. Achei melhor ignorar, pois estava de olhos grudados em Keith e nos pés cinzentos de John para fora do enorme cobertor.

Até que finalmente o sujeito se aproximou e se agachou junto a mim, tocando meu joelho.

— Sou o Dr. Sutterer — disse com calma e cordialidade. Respirou profundamente e se deteve, meio sem jeito. Até que retomou, como se fosse dizer alguma e tivesse mudado de ideia. — Pode ir até lá falar com seu filho.

Estranho, pensei. Fiquei desconcertada. Eu esperava que esse médico me desse notícias, me explicasse a situação, dissesse o que mais pretendiam fazer para ajudar John.

Enxuguei os olhos e fiz que sim, hesitante. E me levantei.

Um passo. Engoli em seco.

Outro passo. Keith e Alex estavam concentrados na reanimação — bombeando, pressionando, contando.

Mais outro passo e eu estava ao pé da cama de John. Mal conseguia ver seu rosto, coberto por um respirador e tubos. O cobertor e o Bair Hugger cobriam o resto, com mais tubos e fios saindo de baixo, ligados a uma meia dúzia de aparelhos.

Estendi as mãos e as pousei nos pés de John. Pareciam gelo.

Nesse momento eu entendi que eu tinha de ficar desesperada com meu Senhor. Tinha de me agarrar com Deus, e me agarrar logo.

No meu grupo de estudos da Bíblia, estávamos estudando *Believing God*, de Beth Moore. Nesse livro, Beth estimula os cristãos a abraçarem essa profissão de fé: "Acredito que Deus é quem Ele diz ser, e acredito que Ele é capaz de fazer o que diz." Eu sabia que o Espírito Santo trouxe Jesus Cristo de volta do mundo dos mortos e que o poder que se manifestou então também estava ao nosso alcance, ao alcance dos filhos de Deus.

De repente, tudo e todos naquela sala desapareceram e só havia eu, John e Deus. Em uma voz que eu achava ser baixa, mas que na realidade ecoava pela sala, passando pelo corredor e alcançando toda a emergência, eu afirmei: "Eu acredito em um Deus que faz milagres. Espírito Santo, preciso que venha agora mesmo trazer de novo o sopro de vida para o meu filho!"

Eu soluçava, arfante, e fechei os olhos.

E naquele instante ouvi o som de um milagre.

Bip... bip... bip...

O monitor do coração de John — e o coração de John — recobraram vida.

CAPÍTULO 5

O som mais lindo do mundo

— Temos pulso! Temos pulso!

Todo mundo na sala entrou em ação ao som ritmado do monitor cardíaco.

E meus joelhos não aguentaram.

Fui tropeçando para trás e caí sentada na cadeira.

John estivera na água durante quase trinta minutos, submerso por mais de vinte minutos, recebera reanimação pulmonar por quase 43 minutos e estivera morto por mais de uma hora. Meu filho estava morto, e de repente... *não* estava mais!

O silêncio e o clima pesado na sala terminaram, dando lugar a um burburinho permanente. Instruções gritadas, soluços, interjeições de espanto. Todo mundo absolutamente chocado. Deus estava naquela sala, Ele ouvira a súplica de uma mãe desesperada, Ele devolvera a vida ao meu filho.

O Dr. Sutterer se aproximou de novo de mim. Estava pálido, com um olhar de espanto. Acho que parecido com todo mundo ali!

— Quando conseguirmos que ele se estabilize, não poderemos cuidar dele aqui — explicou. — Teremos de levá-lo de helicóptero para o Cardeal Glennon. Minha equipe vai preparar a papelada para a senhora assinar.

Eu via seus lábios em movimento. Ouvia sua voz. Mas não registrava nada no cérebro. Fiquei ali sentada, estupefata, de olhos arregalados, enquanto ele continuava falando. Abri a boca mas não saiu nada. Era como se o tempo tivesse passado de zero a cem, e não dava para acompanhar.

Uma enfermeira se aproximou, e sugeriu que eu voltasse à sala de consultas para conversarmos em particular sobre os próximos passos e a logística da ambulância aérea. Concordei, ainda zonza, como se tivesse acabado de assistir ao filme mais surreal da minha vida.

De volta à sala de consultas, ela começou a explicar os motivos da transferência e os detalhes do voo de helicóptero em que John percorreria 65 quilômetros, do St. Joseph West para o Centro Médico Infantil Cardeal Glennon, onde receberia o tratamento adequado.

Enquanto ouvia, comecei a ficar agoniada.

— Se quiserem que eu entre nesse negócio, a resposta é não. Ah, não. Não, não, não, não. Isso eu não quero.

A ideia de voar em uma geringonça que podia cair era demais para mim. Não, não dava mesmo. Eu não ia. Não, muito obrigada, mas não.

— Sra. Smith? — Outra enfermeira apareceu na porta. — Pode vir aqui um instantinho? O Dr. Sutterer quer lhe fazer uma pergunta.

Imediatamente me levantei e fui atrás dela, feliz por poder voltar para perto do meu filho. Mas fiquei tão obcecada com a possibilidade de andar de helicóptero que comuniquei à enfermeira no caminho:

— Prefiro não ir de helicóptero.

Ela se limitou a concordar com um gesto de cabeça.

O Dr. Sutterer saiu da sala e me viu no momento em que eu chegava ao posto de enfermagem.

— O que a senhora sabe do aparelho que ele tem na boca?

Ele se referia a um aparelho que John tinha no céu da boca para separar os dentes posteriores.

Fiquei tão aliviada que não estivessem me convidando a entrar no helicóptero que soltei:

— Só sei que custou 1.700 dólares e vocês podem tirar, se quiserem.

Todo mundo na área de emergência riu. Mas era *mesmo* o que eu sabia do tal aparelho.

O som mais lindo do mundo

Mas, pensando no que aquele pobre menino tinha passado, fiquei envergonhada. *Se meu filho pode passar por isso e pelo horror de se afogar, eu posso entrar em um helicóptero.*

Em meio àquela agitação toda, eu nem notei que o pastor infantil da nossa igreja, Rob Purcell, tinha chegado, seguido de Brian, meu filho Charles e minha nora Krista. A sala onde John se encontrava já estava tão cheia que até agora não sei como coube todo mundo ali dentro. Eu olhava para todos, extremamente grata pela presença deles, mas não conseguia dizer nada, pois a essa altura começaram a se juntar ao meu redor pessoas que me entregavam papéis para assinar. Tudo parecendo muito oficial e escrito em juridiquês. Cada vez chegavam mais papéis às minhas mãos — de formulários do seguro a autorizações de voo. Tudo se misturava, e eu não tinha a menor ideia do que estava preenchendo ou assinando. Dei meu autógrafo em tantas folhas que comecei a sentir cãibras nos dedos.

Até que chegou também o piloto, trazendo mais papéis para eu assinar.

— Mudei de ideia — falei, presumindo que o haviam informado da minha intenção inicial. — Vou no helicóptero com meu filho.

Ele pareceu confuso, e então arregalou os olhos e franziu a testa dizendo:

— Não será possível. Mal temos espaço para o material que temos de levar.

— Graças a Deus! — exclamei aliviada

Meu cérebro atordoado começou a voltar ao normal, e eu já estava pronta para ir em frente. *Vamos levá-lo para o Cardeal Glennon e fazer o que for preciso para botá-lo de pé e levá-lo para casa*, pensei. Para mim, já estava feito. Deus tinha trazido meu filho de volta à vida, tinha concluído seu trabalho, e pronto.

Enquanto a equipe preparava John para o transporte e os nossos pastores e amigos transmitiam a notícia a outras pessoas da comunidade, fomos todos para o estacionamento.

Eu não estava em condições de dirigir, nem Brian, que parecia em estado de choque, então Charles se ofereceu para nos levar ao Cardeal Glennon. Pulei no assento do carona ao lado do meu filho, Brian e Krista se sentaram no banco traseiro, e partimos. Como um foguete.

Eu mal tinha colocado o cinto de segurança quando Charles zarpou do estacionamento e lá se foi pelo trânsito. Mesmo em um feriado, não era nada fácil dirigir na hora do rush. Depois da Interestadual 70, pegamos um atalho pela Interestadual 170 e então entramos na Interestadual 64, uma via central no caminho para St. Louis, em geral com tráfego pesado e engarrafado. Charles pisou fundo no acelerador, não queria nem saber. Estava determinado a chegar antes do helicóptero. Mais um pouquinho, e a gente saía voando também. Durante quarenta minutos, enfrentamos com o coração na boca aqueles fininhos que Charles tirava para se desviar e avançar. Para, e anda, para de novo, anda de novo, o carro quase encostando no da frente — tudo isso só servia de desafio para ele tentar manter o carro sempre em boa velocidade.

A certa altura, durante uma manobra particularmente apavorante, dei uma olhada no banco de trás. Brian estava tão pálido e com os olhos tão arregalados que cheguei a achar que *ele* é que teria de ir para a emergência quando chegássemos. Krista estava toda encolhida — mas não era por causa da velocidade: Brian tinha agarrado sua mão e a estava esmagando.

Meu Deus do céu, por que não fui de helicóptero?

Depois da viagem de carro mais assustadora da minha vida, Charles estacionou na porta principal do Cardeal Glennon, onde quase caímos no chão de tanta vontade de sair do carro. Entramos correndo em direção ao balcão de informações.

— Eu sou a mãe de John Smith. Ele foi trazido de helicóptero do St. Joseph West.

A voluntária do atendimento sorriu e, como se tivesse todo o tempo do mundo, continuou digitando no computador. Com um leve franzir das sobrancelhas, olhou para mim e disse, se desculpando, que ele ainda não tinha chegado.

Mas como assim? Ele saiu há quarenta minutos!, pensei, já sentindo a preocupação na boca do estômago. *O voo era para ter levado alguns minutos.*

Alguma coisa estava errada. Muito errada.

CAPÍTULO 6

Um coração pulsando... e nada mais

O coração de John tinha voltado a bater, mas o resto do corpo ainda não recebera a mensagem de que ele estava vivo. A equipe médica do St. Joseph West fez de tudo para assegurar que seu corpo de fato *recebesse* a mensagem. Mas alguns — entre eles o Dr. Sutterer — achavam que o estavam transferindo apenas para morrer em outro hospital.

Felizmente, o trabalho deles não era se preocupar com isso, mas fazer o que fosse humanamente possível para ajudar seu corpo a se recuperar. E foi exatamente o que fizeram. Continuaram bombeando oxigênio nos pulmões e no sangue, limpando as toxinas do lago e outras do seu corpo, e agora baixando de novo a temperatura para proteger seus órgãos.

Finalmente conseguiram estabilizá-lo o suficiente para levá-lo ao helicóptero, mas quase imediatamente depois o corpo de John entrou em falência outra vez, e o Dr. Sutterer teve de correr para o helicóptero para mantê-lo vivo durante o voo.

O Dr. Sutterer achou que seria outro milagre se John decolasse com vida.

Quase três horas depois do acidente, John deu entrada na emergência do Cardeal Glennon. O Dr. Jeremy Garrett, especializado em medicina pediátrica intensiva, estava atualizado sobre o quadro de John e não tinha muitas expectativas quanto a sua sobrevivência. Ele analisou os relatórios do St. Joseph West: 43 minutos de reanimação pulmonar, oito doses de epinefrina para ativar

SUPERAÇÃO: O MILAGRE DA FÉ

o coração, restabelecimento de uma pulsação cardíaca muito fraca, exames laboratoriais indicando um nível terrivelmente baixo de pH no corpo, maciça acidose metabólica e ausência de sinais de função neurológica. Ele deu um suspiro profundo e sacudiu a cabeça. Em termos realistas, as chances de John conseguir se recuperar eram muito poucas. O Dr. Garrett era um especialista em hipotermia e afogamento reconhecido internacionalmente. Era professor e dava palestras sobre o tema. Já tinha trabalhado em muitos casos. E ninguém *jamais havia sobrevivido* a uma experiência catastrófica dessa magnitude.

Para o Dr. Garrett, a *única* coisa favorável no caso de John era o fato de ter se afogado em água fria. Ele havia atendido muitas vítimas desse tipo de acidente que tinham se recuperado bem, e também ouvira falar de muitos outros casos — mas claro que nenhuma dessas pessoas estivera morta por mais de uma hora. Além do mais, todas tinham sobrevivido em virtude de uma combinação especial de fatores — nenhum dos quais estava presente no caso de John, exceto o fato de ter caído em águas hibernais. Mas nem mesmo isso bastava, pois a água estava fria, mas não fria o *bastante*. Em outras palavras, era necessário basicamente que a temperatura da água fosse capaz de resfriar o cérebro antes de congelar a circulação sanguínea para ele. Dessa maneira, o cérebro de John teria sua função preservada. Mas isso não ocorreu. A temperatura do lago girava em torno de 4,5ºC, e John era muito maior que a maioria dos sobreviventes, de modo que o fluxo sanguíneo para o cérebro já tinha cessado quando o cérebro congelou o suficiente para ficar protegido.

O Dr. Garrett teve de reconhecer que o simples fato de o coração de John ter voltado a bater depois de mais de uma hora *era* milagroso, o que, no entanto não bastava para trazê-lo de volta à vida. As probabilidades estavam 99% contra ele. O corpo do meu filho enfrentava questões e desafios demais. Já se haviam passado seis horas desde o início do colapso, e ele sabia que o verdadeiro teste se dava nas primeiras seis a doze horas. *Se* John sobrevivesse doze horas, o desafio seguinte seria fazê-lo chegar a 16 horas. Mas com a função do tronco cerebral tão prejudicada e nenhuma atividade neurológica...

Era como se John estivesse numa ponte de cordas por cima de uma profunda garganta rochosa, as cordas se tivessem esgarçado, e só restasse uma, bem fininha.

Um coração pulsando... e nada mais

Mas havia batimento cardíaco, o que já era um começo, e assim, diante desse imenso desafio, o Dr. Garrett arregaçou as mangas e pôs a mão na massa para tentar salvar meu garoto.

Eles fizeram algumas tomografias para avaliar o estado dos pulmões, dos demais órgãos e do cérebro.

Retiraram o respiradouro e a ventilação manual, transferindo-o para um ventilador mecânico que respirava por ele. Mas a equipe tinha de ajustar constantemente os níveis de oxigênio, pois o corpo de John apresentava uma catastrófica reação inflamatória às lesões iniciais e às que continuavam se manifestando. Ele estava inchando; fluidos, ácidos e toxinas se acumulavam no seu organismo, e ele não tinha muita capacidade de combatê-los. Como as lesões não contribuem para que o resto do corpo melhore, a equipe encarava uma possibilidade muito real de falência dos órgãos em sequência.

Embora estivesse batendo, o coração não se sustentava sozinho. Não estava forte, por isso a circulação sanguínea e de oxigênio e a pressão arterial ainda eram inadequadas — configurando o que os médicos costumam chamar de choque circulatório profundo, suscetível de causar a morte. A equipe então o submeteu a infusão permanente de adrenalina, para ajudá-lo a superar essa fase em que mal conseguia se arrastar com dificuldade. O coração de John precisava começar a correr.

Como o coração não conseguia bombear o sangue com a força necessária, os tecidos de John estavam acumulando ácido, e seus órgãos vitais não funcionavam — e cada um desses fatores em si já era capaz de provocar a morte.

Os órgãos e tecidos estavam tão severamente comprometidos que as células musculares começaram a se abrir violentamente, despejando seu conteúdo e ácidos na corrente sanguínea. (Essa morte das fibras musculares é chamada de rabdomiólise.) Todo esse "lixo" estava correndo para os rins, já prejudicados e sem condições de enfrentar o excesso, portanto, os túbulos renais, que filtram as toxinas, começaram a se entupir. O que significava que os rins se encaminhavam para a falência. Outra possível causa de morte.

À medida que explodiam, as células musculares também liberavam grandes quantidades de minerais, que geravam algo semelhante a um estado clínico conhecido na oncologia como síndrome da lise tumoral. Ele tinha altos níveis de potássio, fósforo, ácido úrico, cálcio e nitrogênio. Não mais contidos nas células, esses minerais livres no organismo obstruíam passagem vitais, como por exemplo, no interior dos rins, o que podia causar falência renal aguda, convulsões, arritmia cardíaca e morte.

John permanecia em coma, sem atividade cerebral. Havia apenas função neurológica básica, que o permitia respirar um pouco, mas até essa respiração era considerada rudimentar pelo Dr. Garrett — insuficiente para sustentá-lo em vida. Eram, basicamente, os últimos e desesperados esforços do corpo para mandar oxigênio para os órgãos vitais antes de morrer. Todas as demais funções neurológicas — força, coordenação, reflexos, sensações — estavam ausentes.

E havia a água do lago enchendo os pulmões de John. Em geral as vítimas de afogamento não aspiram água. Morrem porque se asfixiam — em outras palavras, as passagens de ar se fecham por reflexo para impedir a entrada da água. E mesmo quando aspiram água, não é necessária grande quantidade para causar muito dano, e o ar restante nos pulmões é capaz de manter o corpo delas flutuando. Mas John estava no fundo do lago — e seus pulmões haviam *realmente* se enchido de água.

Entretanto, mesmo a retirada da água não fez muita diferença, pois ele também enfrentava uma síndrome aguda de angústia respiratória. Os fluidos corporais gerados pela inflamação haviam provocado um enorme edema pulmonar. Basicamente, as células e membranas dos pulmões começaram a "chorar" plasma (fluidos) para dentro dos alvéolos. Esse plasma se acumulou, comprometendo a capacidade de respiração e de trocas vitais de gases (de oxigênio para dióxido de carbono). Assim, embora a equipe médica forçasse oxigênio para dentro dos pulmões, a quantidade de ar que de fato chegava aonde precisava era muito pequena. E como o coração estava batendo tão fraco não conseguia remover fluidos e dióxido de carbono do pulmão e da circulação sanguínea, o que também podia levar à morte.

Enquanto o Dr. Garrett ponderava as alternativas diante desse enorme acúmulo de fluidos e gases, ele e sua equipe consideraram submeter John a

Um coração pulsando... e nada mais

oxigenação por membrana extracorpórea (ECMO), também conhecida como suporte à vida extracorpóreo. É uma máquina de bypass contínuo que remove o sangue do corpo da pessoa para filtrar o dióxido de carbono, proporcionando assim oxigênio puro para as hemácias. O tratamento é considerado um último recurso para tratar alguém sofrendo de falência cardíaca e pulmonar. Alguém como o meu John. Mas ao avaliarem a alternativa, o Dr. Garrett e sua equipe se deram conta de que havia um enorme risco de John ter uma hemorragia fatal, pois fora necessário administrar anticoagulantes a ele para manter seu sangue circulando normalmente.

— Não — decidiu finalmente o Dr. Garrett. — Corremos o risco de fazer mais mal do que bem a ele. As chances de sobrevivência já são muito baixas. Não vamos piorar as coisas.

O risco de uma hemorragia grave era muito preocupante no caso de John, pois o sistema sanguíneo já estava severamente debilitado. O sangue não coagulava nem se espessava em níveis adequados. Normalmente, o sistema de coagulação sanguínea de uma pessoa funciona com um aglomerado de enzimas montando guarda permanente, prontas para entrar em ação se necessário. Por exemplo: quando nos cortamos, essas enzimas são alertadas e correm para a área, onde formam coágulos para cessar o sangramento. Como se trata de uma área pequena, nosso organismo é capaz de criar novas enzimas e glóbulos brancos para um eventual novo acidente.

O sistema de coagulação de John estava desequilibrado e tinha comprometido a produção de glóbulos brancos. O sangue e o sistema imunológico entraram em gigantesca reação inflamatória às diferentes camadas de lesão, mas ao mesmo tempo se haviam enfraquecido ante as bactérias que vivem no corpo e ao redor dele, e algumas que se encontravam na água do lago. Os glóbulos brancos de John e suas enzimas tinham sido acionados pela reação inflamatória (as células musculares se rasgando, o acúmulo de fluidos e gases, os ácidos e toxinas se espalhando pelo corpo, para não falar da infecção causada pelas bactérias de um lago artificial fechado, cheio de lama, sedimentos, excrementos de pato e tantos outros elementos repugnantes). O corpo dele estava usando os glóbulos brancos mais rapidamente do que eram produzidos, o que

SUPERAÇÃO: O MILAGRE DA FÉ

tornava seu sangue neutropênico — as plaquetas sanguíneas eram destruídas, os glóbulos vermelhos estouravam e o sangue enfrentava a coagulação. Os glóbulos brancos simplesmente não conseguiam acompanhar. Eram como um pequeno batalhão de soldados que cai numa emboscada de um exército inteiro. A luta é valorosa, mas não dá para levar a melhor. E eventualmente acaba em morte.

Mas também havia os níveis de pH, ou acidez, do sangue. O pH sanguíneo normal é neutro, ficando entre 7,35 e 7,45. Quanto mais baixo, mais ácido é o sangue. O pH de John estava em 6,5 — e isso depois de começar a receber oxigênio. O que significava que ele estava com muita acidez — ou acidose láctica —, causada pela falência cardíaca, a falência hepática e a carência prolongada de oxigênio. Significava também que ele não tinha como sobreviver por muito tempo. Qualquer nível abaixo de 6,8 é considerado incompatível com a vida.

Outro sistema que precisava de atenção imediata era o trato gastrointestinal, inchado por causa da água do lago. Pior ainda, quando o sangue parou de chegar aos intestinos, os tecidos começaram a morrer, provocando isquemia intestinal. Tudo que estava nas suas entranhas, inclusive os tecidos mortos das paredes intestinais, estava se decompondo, a ponto de ser expelido pelo corpo. Outra questão que pode causar a morte.

Como também havia falta de sangue e oxigênio no fígado, que sofrera falência aguda, John contraiu hepatite isquêmica. E como não havia fluxo sanguíneo no pâncreas, ele começava a desenvolver pancreatite aguda.

O trato digestivo de John estava um horror, e as enzimas digestivas, que nele deveriam permanecer, não estavam lá. Tinham entrado na corrente sanguínea, o que também podia prejudicar os pulmões e o revestimento das células sanguíneas.

Desse modo, todas as partes do corpo que continham vasos sanguíneos (ou seja, o corpo todo) estavam comprometidas. Todas as células que funcionam como barreiras e revestimentos naturais estavam comprometidas.

Enquanto a equipe trabalhava, o corpo de John sofreu outro revés. O coração ainda bombeava sangue lenta e debilmente, mas a pressão sanguínea estava subindo muito. Enquanto os pulmões tentavam combater as células

Um coração pulsando... e nada mais

doentes, elas reagiam com hipertensão pulmonar — a pressão sanguínea nas artérias desse órgão disparou. A equipe passou a monitorar eletronicamente cada alteração da pressão sanguínea, administrou medicação para combater a elevação e passou a torcer pelo melhor. Mas tudo que eles faziam — todos os remédios, monitores, máquinas — ainda não estava contribuindo para ajudar o corpo de John a reagir de maneira positiva a essa catástrofe.

Temos os batimentos cardíacos e a circulação funcionando, pensou o Dr. Garrett enquanto prosseguia a operação de salvamento. *Mas será que podemos continuar? Será que o corpo desse garoto vai sobreviver a tudo isso? E se sobreviver, seu cérebro resistirá? Ainda sobrará alguma coisa de quem ele era antes do acidente?*

Ele temia já saber as respostas. E todas eram "não". Ele já salvara da morte muitas vítimas de afogamento, mas elas nunca voltavam a serem as mesmas. Nunca mais acordavam, não interagiam.

A gente ouve histórias incríveis de pacientes em coma que acordam meses depois e levam uma vida maravilhosamente normal: adolescentes que vão à formatura, jogam basquete, se apaixonam e chegam à velhice. Mas com John não seria assim, achava o Dr. Garrett. Nesses casos, os pacientes tinham sofrido lesões cerebrais traumáticas em que apenas partes do cérebro foram afetadas, enquanto outras se preservaram e não cessaram de receber o fluxo sanguíneo.

Uma falência corporal era suficiente para provocar a morte. John tivera todas. Todos os órgãos em catastrófica falência. *Todas as células* do corpo ficaram tanto tempo sem oxigênio que o coração parou por falta de ar. E ao parar, o coração ficou sem fluxo sanguíneo. Sem ele, *nenhum* órgão pode sobreviver. Seu coração, os demais órgãos, o cérebro, *tudo* nele estava no vermelho em matéria de oxigênio. Mesmo com a experiência do Dr. Garrett, o conhecimento médico da equipe e os equipamentos mais modernos, não havia como eliminar esse débito de oxigênio das células. Ninguém seria capaz disso.

CAPÍTULO 7

"Não quero mais saber disso!"

Meu marido, Brian, meu filho Charles, minha nora Krista e eu aguardamos por uma eternidade na sala de espera da emergência agoniados a notícia de que John tinha chegado. Até que, depois de uns quarenta minutos, a recepcionista nos informou que ele já estava no hospital. Enquanto a equipe o preparava para uma transferência para a Unidade de Tratamento Intensivo Pediátrica, o médico quis falar conosco.

Depois de receber os crachás de visitantes, entramos no elevador e apertamos o botão 2. Apertada naquele espaço exíguo, fiquei agitada e preocupada. O coração de John voltara a bater! Por que a demora para chegar? Qual era o problema?

Eu sei que está cuidando disso, Senhor. Já o trouxe de volta à vida. Isso mesmo! O Senhor fez o coração do meu garoto bater de novo! Não há nada que não possa fazer! Então continue, Deus. Obrigada, obrigada, obrigada. Você está olhando por ele. Você está olhando por ele!

A porta do elevador se abriu e entramos no corredor fortemente iluminado que levava à sala de espera da UTI Pediátrica. Enquanto passávamos pelo corredor em silêncio, vi uma seta de madeira pintada junto a pedras cinzentas, grama e flores amarelas enfeitando a parede. A seta dizia simplesmente UTIP, apontando para a entrada da sala de espera. Lá demos de cara

"Não quero mais saber disso!"

com uma verdadeira terra da fantasia de criaturas de madeira, com balões infláveis flutuando tranquilamente sobre montanhas rochosas e campinas cobertas de relva e pinheiros. Me senti em pleno Colorado, e não no meio oeste do Missouri. No meio da sala, junto a algumas mesas e cadeiras, havia um cenário em tamanho real que parecia saído diretamente de uma das atrações da Disneylândia. Um esquilo gigante carregando uma enorme mochila de acampamento e usando boné vermelho, jaqueta vermelha, jeans e botas de caminhada se apoiava em uma enorme bengala, com um sorriso acolhedor. Logo abaixo dele, sobre uma formação rochosa em camadas, estava um satisfeito cabrito montês de cascos vermelhos, com sombra azul nos olhos e um laço cor-de-rosa na orelha direita. Havia cadeiras encostadas nas paredes e a sala estava arrumada de um jeito que era possível encontrar um cantinho ou um cubículo para ter alguma privacidade.

Mas nós não teríamos nenhuma privacidade, pois a essa altura cerca de 25 pessoas — colegas de John, amigos da igreja, pastores — já haviam chegado e estavam reunidas ali. Graças ao meu telefonema a Brad Carriger, quando estava a caminho do St. Joseph West, todo mundo tinha sido avisado da situação de John. Muitos já estavam ali ou a caminho para trazer suas orações e seu apoio. Mas ninguém sabia exatamente o que tinha acontecido com ele. No início, ninguém sabia que ele havia caído no gelo nem que havia morrido. Sabiam apenas do acidente, e que era sério. Aos poucos começou a correr a notícia de que ele tinha se afogado. E eu vi choque e medo em cada rosto naquela sala.

Mas passando os olhos por aquele mundo de gente, gente que amava John e minha família — nossa comunidade de fé fazendo o que a igreja tem de fazer, chorar e prantear uns com os outros, ajudar a carregar o fardo de cada um —, eu sentia enorme paz e força. Eles ainda não sabiam que John tinha morrido e voltado a viver. Mas *eu* sabia.

Senhor, faça o que tem de fazer, eu orava, tomada de uma sensação de força e certeza. Eu não queria saber por que John tinha demorado para chegar ao hospital. Eu sabia que tudo ia dar certo.

Tudo *ia dar certo.*

SUPERAÇÃO: O MILAGRE DA FÉ

Cumprimentamos o máximo de pessoas possível, abraçando e agradecendo a cada um por estar ali. E por maior que fosse a gratidão pela presença deles, minha mente se voltou para o médico. Quando *ele* chegaria? Quando viria nos dar a notícia de que John tivera uma recuperação incrível e ficaria apenas em observação à noite na UTI?

Até que, finalmente, por volta das quatro da tarde, quando já estávamos na sala de espera há cerca de meia hora, uma porta se abriu do outro lado, em frente à entrada do corredor. Entrou uma enfermeira, que começou a passar os olhos pelo pessoal. Eu cutuquei o braço de Brian e, como um recebedor da bola que sai correndo para a zona final no futebol americano, fui em direção a ela.

— Sra. Smith? Sr. Smith? — disse ela.

— Sim — respondi por nós dois.

— O Dr. Garrett, nosso especialista em medicina intensiva pediátrica, gostaria de falar com vocês. Podem me acompanhar? Temos uma sala de reuniões bem aqui ao lado, onde vocês podem conversar.

Fiz que sim. Charles e Krista nos acompanharam pela porta por onde ela havia passado, e imediatamente viramos à direita, entrando numa sala onde havia uma longa mesa de reuniões.

Ela nos informou que John tinha sido levado para um quarto da UTI e já estava sendo acomodado, de modo que poderíamos vê-lo em breve.

— O Dr. Garrett está terminando de atendê-lo e estará aqui daqui a pouco.

Passamos para o lado esquerdo da mesa e nos sentamos. Brian se sentou perto da cabeceira, e eu a seu lado, seguida por Charles e Krista. Brian parecia confuso e inseguro, como se na verdade não quisesse encontrar o Dr. Garrett. Charles e Krista estavam chorando, angustiados. Eu só queria acabar com aquilo para ver meu filho.

Como dissera a enfermeira, em poucos instantes um homem moreno, de óculos e gravata, mas sem jaleco de médico, entrou na sala.

— Sou o Dr. Garrett — disse, tranquilamente, em voz baixa.

O Senhor está no comando, voltei a orar, lembrando a Deus o que Ele já havia feito.

Ele se sentou na cabeceira, ao lado de Brian, e juntou as mãos.

"Não quero mais saber disso!"

— Tenho notícias boas e nem tão boas — começou o Dr. Garrett. — O que querem ouvir primeiro?

Eu não esperei que ninguém falasse. Era como se houvesse apenas o médico e eu ali naquela sala.

— Eu sou uma mulher de fatos. Quero os fatos.

— Está certo — prosseguiu ele, sempre calmo, a voz baixa. Olhou bem no fundo dos meus olhos, respirou fundo e começou: — Seu filho está sem atividade cerebral, só uma função rudimentar do tronco cerebral. Os batimentos cardíacos são muito fracos e ele respira, mas muito mal. Ficou mais de uma hora sem oxigênio. Estamos fazendo todo o possível, mas, para sermos realistas, é improvável que ele sobreviva a esta noite. Ele entrou em falência de múltiplos órgãos, que pode provocar convulsões e morte. Seu corpo está cheio de bactérias que as células não conseguem combater. As primeiras 16 horas são cruciais, se é que existe alguma esperança de que ele sobreviva. — Ele fez uma pausa e tomou fôlego de novo. — *Se* ele sobreviver... ficará seriamente comprometido em termos neurológicos.

Em outras palavras, ele nos dizia que meu filho ia morrer — de novo — ou viraria um vegetal.

A cada frase eu ficava mais tensa. Não era a conversa que queríamos queria ter. *Ah, meu amigo, você está errado*, pensei. Não *é assim que vai ser*.

— Até onde vocês querem que a gente vá? — perguntou ele, e olhou para Brian e para mim esperando uma resposta.

E claro que eu respondi.

— Até onde você quer ir? — retruquei, a raiva quase em ebulição.

O Dr. Garrett evidentemente não tinha entendido que, quando o coração de John voltou a bater, Deus já tinha feito Seu trabalho. Meu Deus tinha curado meu filho, e só faltava o resto do corpo dele acompanhar. Eu estava furiosa por ver que ele duvidava do que Deus tinha feito.

Seu modo afável, tranquilo e gentil de dar a notícia me parecia arrogante e frio — pois ele estava dizendo coisas que eu não queria ouvir. Não me importava que ele fosse um grande especialista. Não ligava que um ano antes tivesse recebido o prêmio de médico do ano na região de St. Louis. Eu. Não. Estava. Nem. Aí.

Como ousa pôr em dúvida o que meu Deus já fez?, pensei. Eu esperava que aquele médico soubesse perfeitamente onde eu estava. Qual era o problema dele?

Estava com tanta raiva que a minha vontade era dar um murro na cara dele. Com os dentes trincados, o rosto queimando e lágrimas de raiva assomando aos olhos, empurrei a cadeira para trás, me levantei e me debrucei na mesa até ficar com o rosto a poucos centímetros do dele. Eu não queria mais saber daquela conversa. Ele perguntou até onde eu queria que ele fosse, e eu queria que ele não tivesse a menor sombra de dúvida de até onde eu queria que ele fosse.

— Me disseram que o senhor é o melhor — falei, em alto e bom tom. — Então é o que quero que faça. Quero que faça o melhor que sabe fazer, e o meu Deus fará o resto.

Seus olhos emitiram um momentâneo brilho de choque.

— E chega de falar de morte — continuei, com o rosto ainda colado ao dele. — Nada dessa conversa negativa perto dele *em momento algum*. A gente aqui só fala de vida.

Eu me estiquei, peguei minha bolsa e fui saindo, sem lhe dar chance de resposta.

CAPÍTULO 8

A gente só fala de vida

Eu estava fumegando e chorando as lágrimas de uma mulher disposta a tomar o mundo e fazê-lo em pedacinhos. Eu sabia o que eu *sabia*. E não importava o que a comunidade médica inteira achasse. Eles estavam errados. Eu não queria ouvir quão mal eles achavam que John estava. Não queria aquelas palavras de morte ditas sobre ele ou perto dele. Só diríamos palavras de vida.

Passei muito tempo na vida permitindo que palavras negativas se apoderassem de mim. Mas chega. As escrituras dizem: "A morte e a vida estão em poder da língua" (Provérbios 18:21). O que dizemos é aquilo em que acreditamos. E quando verbalizamos alguma coisa, estamos conferindo poder a ela. Se eu dissesse que John não sobreviveria, era porque acreditava nisso. A Bíblia diz que "o que sai da boca procede do coração" (Mateus 15:18). E a minha boca — e a de todo mundo em volta de John — diria apenas a verdade diria Deus.

Ao sair desembestada daquela sala de reuniões e voltar à sala de espera da UTI, me surpreendi ao encontrar nosso pastor sênior, Jason Noble, com ar preocupado e ansioso. Vários outros pastores tinham chegado antes, mas eu não o vira antes na sala de espera. Senti uma fonte de força correndo pelo meu corpo. Um parceiro e guerreiro espiritual tinha chegado.

O pastor Jason estava na nossa igreja, a Primeira Assembleia de Deus de St. Peters, havia apenas seis meses, e tinha a mesma idade que meus filhos mais

SUPERAÇÃO: O MILAGRE DA FÉ

velhos, mas já havia assegurado um lugar no meu coração como um grande líder espiritual. No outono anterior, eu já tinha ido até ele procurar conselhos sobre certos desafios que estava enfrentando. O pastor Jason ouvira e compartilhara comigo algumas verdades bem duras que mudaram minha vida, meu casamento, minha atitude, minha fé. Não foi nem um pouco condescendente. Não se preocupou em agradar meus ouvidos com excesso de cuidados. Foi respeitoso, honrado e amoroso o bastante para me dizer coisas que são difíceis de ouvir, mas que, eu sabia, deveriam ser levadas em consideração. A partir daquele momento, passei a confiar nele, sabendo que amava e seguia Jesus de um jeito que eu mesma queria fazê-lo.

Assim que as pessoas me viram, o nível de ruído aumentou.

— Não vou falar do que acabamos de ouvir do médico. Mas se os pastores quiserem me acompanhar, vamos ao quarto de John para orar.

Eu não sabia até que ponto o pastor Jason e os demais pastores estavam a par da situação, mas tinha certeza de que não sabiam muito. Ele trincou os dentes e assentiu, com determinação e firmeza, dizendo:

— Sim. Precisamos orar. Vamos. Está na hora.

Eu vibrei em alma e espírito. Tinha outro combatente ao meu lado.

— Isso não vai acontecer — falei, para me certificar de que ele entendia minha posição. — O que vai acontecer a John *não será* o que os médicos estão dizendo.

— Concordo — respondeu ele. — Não vai acontecer.

Àquela altura, Brian, Charles e Krista estavam ao meu lado, traumatizados e em dúvida do que fazer. Tinham acabado de presenciar uma cena surreal: um médico especializado dando a notícia de que o caso de John era irreversível, e a esposa e mãe enlouquecida insistindo, enfaticamente, que ele estava completamente equivocado. Ainda estavam tentando processar aquilo tudo. Mas eu não. Não estou querendo dizer que minha fé seja melhor ou que eu seja mais forte. Eu só sabia o que sabia. Estivera lá quando o coração de John voltou a bater. Eles, não. Eu vira o Espírito Santo devolver o sopro de vida ao meu menino. Eles, não. Eu sabia que eles precisavam sentir a força da própria fé. E, para ser franca, eu não tinha tempo de esperar que chegassem

A gente só fala de vida

a esse ponto. Precisava de alguém que já estivesse no ritmo e pronto para se apresentar destemido na presença do trono de Deus para implorar em nosso favor e assumir plenamente o que já sabíamos que era verdade. E o pastor Jason estava ali, pronto para me acompanhar.

Eu me virei e apertei o botão do interfone à esquerda da porta. Assim que a enfermeira atendeu, informei de que era a mãe de John Smith e que queria vê-lo.

— Meus pastores estão aqui comigo, e nós vamos orar.

A porta imediatamente se abriu, e eu, acompanhada do pastor Jason e de cinco outros pastores, entrei na UTI e nos encaminhamos em grupo para o quarto de John. Eu estava imensamente grata por aquele grupo de homens que honravam a Deus. Cada um tinha uma relação muito especial com nossa família, e o fato de estarem ali, dispostos a orar pelo meu filho, significava tudo para mim.

Lá estavam Mark Shepard, antigo pastor infantil de John, em cuja casa John estivera na semana anterior; Brad Riley, da Capela da Fé, há anos conhecido da família (sua filha, Emma, é a melhor amiga de John); Al Edney, da Igreja de Willet Road, em St. Peters, e seu pai, outro amigo de John; Josh Cosby, pastor da juventude da nossa igreja; Rob Purcell, atual pastor infantil da nossa igreja, que também estivera em St. Joseph West conosco; e, naturalmente, o pastor Jason.

Uma enfermeira veio ao nosso encontro no meio do corredor para nos acompanhar até o quarto de John. No caminho, não pude deixar de notar o teto azul-celestial cheio de nuvenzinhas brancas e fofas. Uma coisa tão alegre que mais parecia que estávamos numa casa de festas do que na unidade de tratamento intensivo infantil de um hospital.

Nos aproximamos de um posto de enfermagem com janela de vidro e viramos à esquerda. Depois de passar por três longas portas de correr de vidro, ela parou em frente a um quarto de canto, número doze.

— John está nesse.

Eu agradeci.

— A gente só fala de vida — lembrei ao grupo. — É assim que vai ser.

SUPERAÇÃO: O MILAGRE DA FÉ

E então fomos a ele.

Fui até o leito, peguei sua mão e olhei para o meu filho. Sabia que ele estava em coma, mas ao vê-lo perdi o ar. Ele ainda estava cinza-azulado, o rosto tão inchado — até os olhos — que eu mal o reconheci. Os olhos não estavam fechados só por ele estar inconsciente, mas principalmente por causa do inchaço.

Estava envolto em mantas medicinais Arctic Sun, pois ainda era mantido em temperatura fresca para evitar que o cérebro inchasse. Os braços, o tronco e as pernas estavam expostos, e eu vi os arranhões e lacerações da luta com as pontas de gelo. O que bastou para me deixar atônita. Ele tinha lutado para sobreviver, e aquele gelo devia ter parecido cacos de vidro dilacerantes.

E havia todos aqueles tubos e monitores. Ele tinha um pregador no polegar para o acompanhamento dos batimentos cardíacos. Cateteres intravenosos nos dois braços, para administração de cloreto de sódio e muitas outras drogas. Na virilha, um cateter central, um grande e profundo tubo de plástico para medir a pressão no coração e no sistema vascular. Tinha um cateter arterial, também na virilha, para medir a pressão sanguínea, além dos batimentos cardíacos. Por ele a equipe também podia extrair amostras do sangue que saía dos pulmões para o resto do corpo. Havia um cateter na bexiga para aferição da produção de urina hora a hora e do funcionamento dos rins a todo instante, o que também permitia acompanhar indiretamente a função cardíaca.

Estava com um colar cervical grande e robusto, pois também se temia que houvesse lesões no pescoço. A parte inferior do rosto, à exceção dos lábios, estava coberta de respiradores, por sua vez presos a dois enormes tubos, do tamanho dos que são usados em astronautas — cada um aproximadamente com o diâmetro da moeda de cinquenta centavos de dólar. Havia também um tubo de alimentação. Basicamente, todo lugar que pudesse receber alguma coisa estava recebendo alguma coisa.

Fiquei observando enquanto a enfermeira da UTI, Wendy Hof, verificava as conexões e os níveis indicados, e então olhei para fora do janelão do outro lado do quarto. Naquele dia de inverno, a luz do sol tinha desaparecido, e cada espaço ao nosso redor era tomado por uma penumbra pesada. Era hora de orar.

A gente só fala de vida

Enquanto Wendy prosseguia em seu trabalho, tentando estabilizar os níveis e mantê-los em uma faixa de normalidade, os pastores se aproximaram mais, se posicionando ao redor do leito. Saí para o corredor. Tinha lutado intensamente, agora precisava de ajuda. O apóstolo Tiago escreveu: "Está alguém entre vós doente? Chame os presbíteros da igreja, e orem sobre ele, ungindo-o com azeite em nome do Senhor; E a oração da fé salvará o doente, e o Senhor o levantará." (Tiago 5:14-15). E era exatamente o que íamos fazer.

Brad e Jason ficaram na cabeceira da cama, Brad à direita e Jason à esquerda, e os demais pastores se posicionaram junto aos pés dele. Tenho certeza de que Wendy não estava nada satisfeita com tanta gente naquele espaço mínimo, atrapalhando, mas naquele momento tínhamos coisas mais importantes a cuidar.

Comecei a caminhar ao longo das portas de vidro do quarto, orando. Lá dentro, o pastor Jason se debruçou sobre John e sussurrou no seu ouvido, em um tom que permitisse aos outros ouvir e concordar.

— Senhor, põe fôlego de novo nos pulmões do John. Assim como Adão foi erguido do solo, como o poder criador que usaste ao criar o céu e a Terra...

Ele continuou orando sobre os pulmões de John, pois sabíamos que ele estava em ventilador mecânico de suporte à vida, e com toda a água e as bactérias do lago no seu corpo, precisava de um milagre.

Jason voltou-se então para a segunda coisa que sabíamos ser essencial: que Deus restabelecesse ou reativasse o cérebro de John. Ele precisava se recuperar completamente, e assim Jason orou para que não houvesse nenhum comprometimento neurológico — nada — e John não entrasse em modo vegetativo, de fato recobrando plenamente suas forças e capacidades.

Foram lindas orações! Mas nós servimos a um Deus infinitamente maior e mais belo!

Pouco depois de iniciarmos as orações, uma enfermeira se aproximou de mim, com muita delicadeza:

— Nossos quartos estão todos ocupados, e a gente tenta manter o corredor o mais livre possível. Se importaria de voltar para o quarto?

— Claro que não.

SUPERAÇÃO: O MILAGRE DA FÉ

Eu não queria incomodar os outros pacientes nem suas famílias, então voltei em silêncio ao quarto, enquanto os pastores continuavam a fazer a conexão entre John e Deus. Como o quarto estava cheio, me espremi por trás dos pastores e me sentei no sofá encostado na parede oposta, me juntando a suas orações.

Não muito depois, enquanto todos ainda oravam, senti um toque de leve no ombro. A enfermeira Wendy estava ao meu lado, com expressão de preocupação.

— Os números de John estão realmente flutuando, estou lutando para mantê-los em uma faixa aceitável — ela sussurrou para mim. — Ele precisa muito de descanso, acho que seria melhor se todos saíssem do quarto. Talvez possam ficar duas pessoas, mas precisamos limitar o número de visitantes.

Jason e Brad se ofereceram para ficar orando, e com essa garantia eu me prontifiquei a voltar à sala de espera com os outros pastores. Olhei de novo para o meu filho. Ele estava tão inchado!

— Olha só os olhos dele — disse a Jason. — Por que estão tão inchados? Eu acho muito estranho.

Soltei o ar num suspiro forte e voltei com os pastores ao corredor, passando pela sala de reuniões onde tivera minha discussão com o Dr. Garrett.

Eu ainda estava com raiva, mas me perguntava se ele alguma vez tivera uma experiência assim. *Aposto que o deixei apavorado*, pensei, abrindo a porta da sala de espera.

Pouco mais de uma hora se passara desde que eu saíra dali. Se antes havia 25 pessoas, agora eu mal conseguia entrar. Adolescentes e pessoas de idade, famílias e pequenos grupos apertados em cada espaço ou assento. Muitos estavam de pé. A porta para o corredor externo estava aberta e um monte de gente fazia fila ao longo do corredor! Para onde quer que eu olhasse, as pessoas estavam reunidas em pequenos grupos orando ou falando baixo. Devia ter ali 75 ou oitenta pessoas. Dei um profundo suspiro de alívio ao ver minha irmã, Janice, e meu cunhado, Don, e abracei os dois efusivamente. Eles tinham sido informados, pegaram o cachorro, jogaram algumas roupas numa mala, entraram no carro e viajaram 650 quilômetros desde Xenia, Ohio. Meu filho

A gente só fala de vida

Tom e sua mulher, Jennifer, também saíram de Ohio e estavam ali. Tinham deixado o cachorro na nossa casa e seguido direto para o hospital.

Todos olhavam para mim cheios de expectativa, esperando. Brian veio para junto de mim. Com os olhos, implorava alguma notícia, alguma esperança. Eu abri um sorriso para encorajá-lo.

— Bom, o médico disse... Não — comecei a explicar —, não vou dizer o que o médico disse, pois Satã não vai ter nem mais uma gota de glória nessa história. Eu sei que o meu Deus trouxe meu filho de volta do mundo dos mortos, e ele vai ficar bem. E isso é o que importa.

Então abri caminho lentamente pelo pessoal todo, abraçando e agradecendo ao maior número que eu podia. Muitos queriam detalhes, mas eu dizia apenas:

— Nosso Deus é um grande Deus, e Ele está agindo. Nós agora temos de fazer a nossa parte e orar, acreditando que Deus é quem Ele diz que é, e que Ele vai fazer o que diz que *pode* fazer.

Mas eu estava ficando cada vez mais frustrada. *Primeiro o médico, e agora esse pessoal?*, pensava. Eles tinham as melhores intenções. Tinham dedicado parte de seu tempo para nos trazer conforto, companhia e apoio. Mas eu continuava entreouvindo a mesma conversa em tom baixo — especialmente dos pais falando com os filhos:

— Vamos orar, mas não dá para ter muita esperança.

Até que não aguentei mais. Em voz bem alta, para todo mundo ouvir, eu disse:

— Aqui só falamos de vida.

E era isso mesmo. Não queria mais ouvir uma única palavra negativa. Ou acreditávamos ou não acreditávamos. Simples assim.

CAPÍTULO 9

Anjos montando guarda

À medida que a noite avançava, todas as pessoas na sala de espera acabaram se reduzindo a umas 25 que decidiram ficar.

Minha doce amiga Melissa Fischer, veterinária, que trabalhava a cerca de quinze minutos do Cardeal Glennon e participava do meu grupo de estudo da Bíblia, chegou e não saiu de perto de mim. Comentei com ela e Janice que o rosto de John estava muito inchado.

— Até os olhos — disse.

Melissa contraiu o rosto, pensativa.

— Ele ainda está com as lentes de contato? — perguntou.

Meu queixo caiu. As lentes! Eu tinha esquecido completamente. E com tudo que estava acontecendo no corpo dele, nem imaginava que alguém tivesse parado para pensar que ele podia estar de lentes. Elas podiam ter congelado nos globos oculares. Tive um calafrio só de pensar.

— Se ninguém tirou as lentes dele, pode ser isso — disse ela.

Eu dei um pulo e peguei o telefone do hospital para chamar Casey, a enfermeira chefe da UTI Pediátrica.

— Acho que os olhos de John podem estar tão inchados porque está com as lentes de contato.

— Meu Deus, aquela água suja do lago nos olhos dele! — exclamou ela. — Vamos ver isso agora mesmo. Obrigada por avisar.

Anjos montando guarda

Fiquei várias horas na sala de espera enquanto Jason e Brad estavam com John. Mais tarde, voltei para ver de novo meu filho. Perguntei se Brian queria me acompanhar, mas depois de breve hesitação ele disse que não. Acho que era demais para ele ver o filho naquele estado. A dor era avassaladora, e assim, ficando junto aos outros na sala de espera, ele podia reunir forças para enfrentar aquele sofrimento.

Mas eu sei que o simples fato de não estar no quarto não significava que ele não estivesse tão empenhado na recuperação de John quanto eu. Brian adora nosso filho. Eles são muito companheiros, e acho que Brian só estava perdido. E com medo.

Então eu voltei. Brad estava se preparando para sair, mas Jason me comunicou:

— Estou aqui com você, e vamos continuar orando.

Eu precisava ouvir isso, pois mesmo com as orações — mesmo com minha firme crença de que John ia sobreviver — meu filho ainda estava lutando. A enfermeira da noite na UTI, os técnicos, médicos e uma quantidade de pessoal médico estavam constantemente checando seus progressos e tentando estabilizar seu estado, mas seu corpo resistia. De quinze em quinze minutos alguém entrava no quarto e ajustava ou reajustava um tubo, uma bolsa de transfusão, um monitor. Sua temperatura ainda estava em nível de hipotermia controlada. O monitor que indicava a atividade cerebral mostrava uma linha que ainda se mantinha junto à base da tela.

Arrastei uma cadeira para perto da cama de John e ali fiquei. Levantei sua mão e a massageei suavemente, com cuidado para não pressionar muito os pontos feridos pelo gelo.

— John, estou aqui. Você vai ficar bem. Seu pai e eu o amamos muito.

Muitas vezes eu ouvira dizer que pessoas em coma continuam ouvindo, e queria que John soubesse que eu estava ali e não iria deixá-lo.

A certa altura, a enfermeira entrou para extrair sangue do tubo na virilha de John, e pediu que saíssemos do quarto. Assim que fechamos a porta, Jason virou-se para mim. Era a primeira oportunidade que tínhamos de conversar a sós.

SUPERAÇÃO: O MILAGRE DA FÉ

— Joyce, John *vai* ficar bem.

— Sim, eu sei — respondi.

Ele sacudiu a cabeça, como se eu não estivesse entendendo.

— Quando você estava na sala de espera, e Brad e eu ficamos lá dentro orando, começamos a pedir que o Espírito Santo enchesse os pulmões de John.

Assenti. Como a oração que o grupo de pastores tinha feito.

— Enquanto orávamos, alguma coisa me fez olhar ao redor no quarto.

— Seus olhos brilhavam de espanto e emoção. — Vi dois anjos lado a lado, montando guarda. Eram enormes.

Ele os descreveu em detalhes: em um canto, no fundo, havia dois anjos de armaduras de combate, carregando uma espada e um escudo e envoltos em leve luz branca. Chegavam até o teto e, embora não conseguisse ver o seu rosto, sabia que estavam olhando para John.

— Sinto como se o Senhor estivesse dizendo: "Estou cuidando disto. Esses dois vão ficar aqui. Estão aqui para trazer John de volta à vida."

Pela segunda vez nesse dia, exatamente como acontecera na emergência do St. Joseph West, minhas pernas começaram a ceder. Deus estava ouvindo o clamor do Seu povo e respondendo. Se antes eu estava decidida, agora estava mil vezes mais.

— Quando me voltei de novo para John — prosseguiu ele —, de repente ele inspirou... uma inspiração *profunda*... e abriu os olhos! Ele respirou por cima do ventilador! Até a enfermeira notou, e disse: "Caramba!" E explicou que isso era típico em casos de trauma craniano, que a pessoa abre os olhos desse jeito, mas o fato é que eu vi vida naqueles olhos. Eu *vi*!

Suas palavras me encheram de alegria.

— Mas eu já vi esses anjos antes.

— É mesmo? — Fiquei ainda mais intrigada.

— Sim, uns dois anos atrás, quando pregava em Port Angeles, Washington, recebi um telefonema de uma senhora cuja mãe, de 85 anos, estava morrendo no hospital, em coma. Ela nunca conhecera o Senhor e tinha pouco tempo de vida. E a senhora me pediu que fosse orar pela mãe.

Anjos montando guarda

Ao chegar, explicou Jason, a mãe estava completamente cinza, como se o corpo já tivesse começado a entrar em colapso. Ele então se inclinou e sussurrou para ela: "Você está à beira da eternidade. É a sua última chance. Jesus ama você, e chegou sua vez. Precisa tomar essa decisão. Se quiser aceitar Jesus na sua vida, aperte minha mão."

Ele sentiu um leve aperto.

— Quando me virei, os anjos estavam no quarto.

— Anjos como os que acabou de ver?

— Sim, exatamente. E depois de alguns minutos os dedos dos pés dela ficaram rosados, e depois de mais alguns minutos, os joelhos também ficaram rosados.

— Ela estava recobrando a vida? — perguntei, já sabendo a resposta.

— Dos pés para cima. Depois de uns quinze minutos, mais ou menos, ela estava completamente desperta. Todos os sinais vitais tinham voltado ao normal. As enfermeiras não acreditavam. Passada uma hora, ela se sentou na cama. E me disse: "Entreguei minha vida ao Senhor. Eu amo Jesus!" No dia seguinte, já estava em condições de voltar para casa com a filha.

Eu sorri.

— Deus está no comando.

— Sim, está — respondi.

— E tem mais — prosseguiu ele, como se estivéssemos num desses canais de vendas pela televisão. — Brad e eu começamos a orar por John: "Senhor, recupera este cérebro. Faz com que se reconstitua." Eu estava bem ao lado da cabeça dele, e comecei a ver todas aquelas luzes, milhares de luzes de todas as cores caindo do teto e pairando sobre a cabeça dele, com um halo.

Arregalei os olhos. Sabia o que ele ia dizer.

— A única explicação é que Deus estava fazendo *zzt-zzt-zzt*, dando jeito no cérebro dele de novo. Nesse momento, John abriu os olhos e meio que começou a sair da cama.

— Como assim, ele levantou da cama?

— Ergueu os ombros completamente da cama — explicou ele. — A enfermeira voltou a dizer que era involuntário, uma coisa comum em casos de trauma cerebral. Mas não. Era Deus.

SUPERAÇÃO: O MILAGRE DA FÉ

Engoli em seco e disse que aquelas luzes certamente tinham sido enviadas por Deus. Eu sabia, porque, embora Jason não soubesse, tinha visto aqueles milhares de pontos de luzes multicoloridas vários anos antes. Um cara que frequentava a nossa igreja teve câncer de garganta. Todo mundo estava orando por ele, e quando ele foi fazer o check-up, o caroço tinha desaparecido. Comemoramos, mas os médicos queriam continuar com a radiação, só para ter certeza. Então começamos a orar de novo. E aí, certa noite, quando eu estava em oração, visualizei nosso amigo deitado na cama durante a radioterapia e pedi a Deus que removesse todo e qualquer traço de câncer. De repente, vi aquelas luzes todas de cores diferentes pairando acima e ao redor da cabeça dele. Eu nunca tivera uma visão assim, mas sabia que Deus me permitira vê-Lo agindo por meio das nossas orações.

Mandei então uma mensagem dizendo que sabia que o Senhor o tinha curado. No domingo de manhã, ele estava na igreja e cantando no coro. Acabara de sair do hospital com a garganta arrasada, e estava cantando de novo! Quando ele desceu da plataforma ao encontro da mulher, para ouvir o sermão, ela estava soluçando. "Que foi?", perguntou ele.

E eu disse: "Quando você estava no coro, foi curado pelo Senhor. Eu vi um monte de luzes espocando acima da sua cabeça, um monte de luzinhas acendendo."

E ela tinha razão. Ele fora curado. Agora John tinha todas essas luzes por cima, e anjos montando guarda. Ele ficaria bem.

Mas a longa e árdua batalha de John estava longe de ter terminado.

CAPÍTULO 10

A noite mais longa

Mesmo com o ventilador em regulagem alta e outras terapias especiais, a equipe médica da UTI Pediátrica enfrentava uma intensa batalha para conseguir níveis normais de oxigênio no sangue de John, e não estava levando a melhor. Os pulmões estavam muito inflamados. De vez em quando a enfermeira ou alguém mais da equipe médica comentava que o ventilador estava funcionando no limite máximo.

— Estamos fazendo o possível — diziam.

A pressão arterial e o pulso ainda não cooperavam para se chegar perto de níveis normais, ou pelo menos aceitáveis. Ele era mantido em temperatura o mais fresca possível, no chamado nível de hipotermia controlada, em torno de 34,5ºC, para evitar que o cérebro inchasse — o que seria inacreditavelmente ruim.

O coração ia bem, mas isso porque estava sendo regulado por meio de medicação. Ele estava cem por cento em suporte vital. E o suporte vital mal conseguia mantê-lo vivo.

O Dr. Garrett tinha dito que as primeiras 16 horas eram cruciais. Portanto eu tinha consciência de que, para a equipe médica, com base em tudo que sabiam, tudo que haviam aprendido, tudo que já tinham visto até então, John sobreviveria. Mas eles não sabiam que nós tínhamos o Grande Médico traba-

SUPERAÇÃO: O MILAGRE DA FÉ

lhando por ele. Eu sabia que Deus tinha tudo sob controle — o que, no entanto, não diminuía nem tornava menos horrível a minha angústia. Nenhuma mãe deveria ter de ver o filho sofrer como eu vi John sofrendo.

E então ele começou a ter espasmos de tosse. Um dos tubos drenava continuamente o fluido dos seus pulmões, mas parecia que, assim que era drenado, eles se enchiam de novo.

O corpo de John combatia até as coisas mais simples. Nesse dia, ele recebeu soro e minerais, fluidos geralmente usados na infusão intravenosa, mas os minerais decidiram causar devastação no seu sistema, fazendo os eletrólitos flutuarem tão alto e tão baixo que os desequilíbrios estavam provocando problemas graves. Seu corpo simplesmente não queria acompanhar.

Quando o pessoal na sala de espera começou a se despedir à noite, Brian reuniu coragem para ver John. Infelizmente, foi durante um dos acessos de tosse. Brian ficou grudado no canto do quarto, parecia um cervo surpreendido por um farol no meio da estrada, e sacou tudo. John tossia muito, se debatia, e as enfermeiras tentavam controlá-lo. Ele ficou o quanto pôde, e então me lançou um olhar suplicante. Sua expressão era de pura angústia.

— Desculpa — sussurrou. — É que... Acho que não consigo...agora.

— Tudo bem, Brian — respondi. — Eu entendo.

Ele olhou mais uma vez para nosso filho e saiu do quarto.

As enfermeiras continuavam em seu esforço incessante. Até que uma delas me disse:

— Estamos tendo problemas em manter as taxas sob controle. Sei que a senhora tem orado, sugiro que continue.

Era algo que podíamos fazer.

Vou contar o que aprendi sobre as orações. A oração de desespero não é a única que existe. Jesus disse o seguinte a respeito: "Pedi, e dar-se-vos-á; buscai, e encontrareis; batei, e abrir-se-vos-á." (Mateus, 7:7) Mas o que muitos de nós não entendemos é que, quando oramos, entramos em um campo de batalha espiritual. Jesus não estava nos dizendo simplesmente para orar uma vez que Ele então responderia. Estava dizendo: Peça — e *continue* pedindo; busque — e *continue* buscando; bata — e *continue* batendo. É um trabalho

A noite mais longa

árduo e exaustivo. *Mas* enquanto estamos pedindo e buscando e batendo, Ele vai nos mandando respostas. Eu os chamo de minimilagres. Muitas vezes nem percebemos porque ficamos esperando as grandes respostas às orações. Se realmente quisermos ver Deus em ação, precisamos perceber até as menores respostas.

Claro que batimentos cardíacos, anjos, luzes são mesmo grandes respostas. Mas ainda que Jason não tivesse visto os anjos e as luzes, não significava que Deus não estivesse em ação. Deus está sempre em ação, mesmo quando não vemos os sinais. Foi a isso que tive de me apegar na primeira noite, caso contrário seria exatamente como aquelas pessoas bem-intencionadas que diziam: "Sim, vamos orar, mas não dá para ter muita esperança." Eu teria focado em tudo que estava dando errado, sem prestar atenção a tudo que Deus estava fazendo de certo.

Continuamos então a orar. Eu sabia que o pessoal da sala de espera também estava em oração — em pequenos grupos, em um grande grupo, individualmente. O tempo estava correndo, e não podíamos relaxar. A equipe médica tinha um trabalho a fazer; e nós tínhamos o nosso. E Deus, soberanamente, tinha o Dele.

Naquela noite, as taxas de John não se estabilizaram em nenhum momento, a tosse não cedia e a função cerebral não foi retomada. Mas nós continuávamos orando.

Até que tivemos mais um motivo para orar.

Bem tarde da noite, Jason, minha irmã Janice e eu estávamos no quarto de John, enquanto os outros permaneciam na sala de espera. Estávamos sentados no sofá-cama e na poltrona, conversando tranquilamente sobre os acontecimentos do dia, quando um cheiro estranhíssimo invadiu nossas narinas e quase nos nocauteou. Era tão forte e incômodo que começamos a lacrimejar e sufocar.

Era John.

Imediatamente apertei a campainha para alertar a enfermeira, e em instantes ela chegou e se deteve por um momento. Seu rosto se contraiu de nojo — reação normal àquele cheiro!

— Ele está com diarreia — disse ela, rapidamente tratando de entrar em ação.

Quando pediu que saíssemos para que pudesse cuidar dele, já estávamos a meio caminho da porta. Não foi preciso pedir duas vezes!

Não era uma diarreia comum; era muito pior. Era o cheiro mais cáustico que eu jamais tinha sentido. O termo médico é necrose intestinal isquêmica. Quando os órgãos de John entraram em falência e o fluxo sanguíneo parou, a mucosa intestinal começou a se soltar. Normalmente esse revestimento é trocado a cada três ou quatro dias, mas a pessoa não nota porque não acontece de uma só vez. É mais ou menos como a perda das células mortas da pele, que acontece o tempo todo. É um processo gradual e imperceptível. Mas no caso de John o revestimento intestinal estava se desprendendo de uma só vez, pois todo o tecido estava morto. O que provocou a diarreia mais malcheirosa, desagradável e nojenta que se pode imaginar. Os olhos chegavam a doer com aquela emanação. Não conseguíamos respirar, engasgávamos, começávamos a sentir ânsias de vômito. Não dava para entender como a enfermeira conseguia ficar lá dentro, trabalhando. Mas eu certamente estava grata por isso.

Eu sabia que era um mau sinal. E fiquei me perguntando: *Se isso aconteceu no intestino, o que não teria acontecido com os outros órgãos?*

"Está nas suas mãos, Senhor. Nada de falar de coisas negativas. Só de vida.", disse baixinho Já tivéramos muitas respostas às nossas orações e muitos sinais bons para perder a esperança, não importando o que víssemos — ou cheirássemos — no seu corpo.

A diarreia já era um problema sério, mas ele tinha tantos tubos nessa parte do corpo que a preocupação aumentou mais ainda. A enfermeira trabalhou para mantê-lo limpo e mover os tubos, para garantir que nenhuma bactéria do tecido morto se introduzisse acidentalmente em algum deles, o que a levaria direto para o coração.

Janice voltou à sala de espera para orientar nosso grupo quanto às orações que deviam ser feitas agora, e Jason e eu descemos o corredor até uma salinha próxima que tinha uma máquina de café, uma geladeira e algumas cadeiras.

— Foi mesmo uma noite intensa — disse ele.

A noite mais longa

— A noite mais longa da minha vida — suspirei. — Não consigo imaginar do que John tem consciência ou o que está sentindo. — Eu vinha dizendo constantemente ao meu filho que ele ficaria bem e que não precisava ter medo. — Que experiência mais horrível! Espero que ele não se lembre de nada.

— Então é por isso que vamos rezar — disse Jason.

E assim aumentamos com mais este a nossa crescente lista de pedidos em oração: "Senhor, que ele não se lembre de nada pelo que passou. Permita que ele não se lembre do horror deste dia."

Quando terminamos, Jason pegou seu iPhone e começou a digitar na biblioteca do iTunes.

— Ouça esta música — disse para mim. — Acho que deve ser a nossa canção para John.

Ele então me mostrou o título, "When You Walk into the Room", de Bryan e Katie Torwalt, apertou o play e começamos a ouvir aquela letra poderosa.

Quando Você entra no quarto
A doença começa a desaparecer
Toda situação desesperadora deixa de existir
E quando Você entra no quarto,
Os mortos começam a se erguer
Pois existe vida de ressurreição
Em tudo que Você faz.

O louvor faz parte da oração, e assim decidimos encher seu quarto com louvores. Assim que voltamos, Jason pôs o celular perto do ouvido de John e botou "When You Walk into the Room" para tocar.

— Oi, parceiro — disse ele. — Esta vai ser a nossa canção.

A essa altura, já eram quase duas da manhã. Em geral durmo muito pouco, e pretendia ficar acordada no quarto de John a noite inteira. Janice também se ofereceu para ficar. Eu estava imensamente grata por Jason ter permanecido tanto tempo conosco, mas ele também tinha família, e precisava dormir! E assim se retirou, com as nossas bênçãos.

SUPERAÇÃO: O MILAGRE DA FÉ

— Volto de manhã — disse ele. — Quer dizer, daqui a pouco... — Olhou então para o relógio do celular. — Nada de conversas negativas. Só vida. — E sorriu.

— Nada de conversas negativas. Só vida — respondi, sorrindo também.

A noite se arrastou, sem mais nenhum sinal clínico de saúde ou estabilidade no corpo de John. Brian e meus outros filhos tinham entrado no quarto, mas a visão dele inchado e cercado de tubos e monitores era muito difícil de suportar, e eles não ficaram por muito tempo. Janice e eu ficamos por ali, indo de vez em quando ver Brian e os outros na sala de espera, mas, sobretudo, sentadas perto de John, observando o trabalho constante e intenso das enfermeiras e dos outros. Só éramos convidadas a sair (felizmente) quando a enfermeira precisava limpar a diarreia.

Finalmente o alvorecer começou a dar sinais na janela do quarto. A manhã estava chegando. Tinham se passado mais de 16 horas.

A equipe continuava trabalhando para estabilizá-lo. Mas John estava vivo. Tinha superado o período crítico, e ainda estava vivo.

CAPÍTULO 11

"Eu estava errado"

Terça-feira, 20 de janeiro de 2015

Que diferença um dia faz! Vinte e quatro horas antes eu estava curtindo a manhã, mandando mensagens para meu filho saudável, fazendo uma leitura devocional de bem com a vida. De repente tudo mudou. Em uma fração de segundo, tudo virara de ponta-cabeça e o mundo mudara para sempre.

Mas eu sabia que uma coisa não havia mudado: Deus.

Ele ainda era soberano. Ainda estava no comando. E continuava em ação. Isso, para mim, era tão certo quanto o sol nascendo no leste, dia após dia.

Janice tinha ficado comigo, mas fizera uma viagem longa na véspera e passara a noite inteira acordada, então insisti para que fosse para nossa casa tomar um banho e descansar um pouco. Eu, no entanto, não iria a lugar algum. Não tinha dormido, mas não queria dormir. Queria estar no quarto e acordada quando John recobrasse a consciência! Ele precisava saber que a mamãe estava ali. Janice então prometeu voltar com roupas limpas e itens de higiene pessoal.

Sozinha com meu filho, eu conversava com ele e cantava louvores, para que ouvisse minha voz. Ele sabe que nunca me falta o que dizer — e se minha voz pudesse dar um empurrãozinho para ele despertar, que assim fosse, graças a Deus.

SUPERAÇÃO: O MILAGRE DA FÉ

Na mudança de turno, às seis e meia da manhã, a enfermeira da noite trouxe Wendy. Embora seu plantão tivesse oficialmente terminado mais cedo na noite anterior, ela tinha ficado por ali para ajudar até tarde da noite. Fiquei muito feliz em vê-la. Notei que as duas tomavam cuidado com as informações que trocavam na minha presença. Evidente que a notícia do meu confronto com o Dr. Garrett tinha se espalhado!

Por volta das oito e meia, um grupo de quatro ou cinco estudantes de medicina se juntou do lado de fora do quarto, com enfermeiras, alguns técnicos e alguns residentes. O líder, um sujeito bigodudo e de óculos com cabelo dos dois lados da cabeça e uma careca na parte de cima foi entrando, olhou para John e em seguida para mim.

— Sou o Dr. Robert Ream. Sou o parceiro do Dr. Garrett aqui.

Ele explicou que fazia o plantão noturno na UTI Pediátrica, mas também era professor na Faculdade de Medicina da Universidade de St. Louis, como o Dr. Garrett. Como a faculdade era ligada ao Cardeal Glennon (o hospital universitário), toda manhã ele fazia a visita com esse grupo para se atualizarem dos acontecimentos e saberem como seria o tratamento do paciente no dia.

Ele se aproximou de John, examinou os tubos e monitores e voltou ao grupo, e ficou ali trocando informações por vários minutos. Claro que eu não estava espiando, mas como eles se encontravam bem na porta do quarto, do lado de fora, era impossível deixar de ouvir. Embora John tivesse sobrevivido, eles ainda o consideravam em risco crítico de *não* sobreviver — ou de ficar com lesões no cérebro. O foco, portanto, era manter baixa sua temperatura, para impedir que o cérebro inchasse — e o período crítico para essa questão eram as primeiras 72 horas —, mantê-lo medicado, acompanhar os sinais vitais, controlar a diarreia e ao mesmo tempo conseguir estabilizá-lo e mantê-lo assim.

Até que eles seguiram para o paciente seguinte, deixando-nos a sós de novo.

— Você vai ficar bem, John — falei, pegando na sua mão.

Ele apertou ligeiramente a minha.

Jason me contou que John tinha apertado a sua mão na noite anterior. Também já tinha acontecido comigo. Mas toda vez que dávamos a boa notícia a alguém da equipe, eles minimizavam com alguma explicação. Era um

"Eu estava errado"

reflexo involuntário, diziam. Ele não tinha como se mexer, estava paralisado, insistiam. Ele não sabe de nada que está acontecendo, não tem esse nível de função do tronco cerebral, afirmavam.

Mas estavam errados. Só não sabiam disso ainda.

Pouco depois das nove, tive uma boa surpresa ao ver Jason entrar no quarto. Ele deu um alegre "bom-dia", mas de repente parou, os olhos arregalados.

Ah, não! O que foi? O que aconteceu?, eu me perguntava, o medo ameaçando de novo.

— Ok, ele é um garoto de 14 anos. Se soubesse... ia ficar muito envergonhado.

Mas do que ele está falando?

— Ele precisa ficar coberto. É preciso manter a dignidade.

Olhei para John, meio desnorteada, e entendi. O garoto estava completamente nu.

Ao mesmo tempo em que tentavam manter o corpo resfriado, precisavam trocar as roupas constantemente por causa da diarreia, assim a equipe ficava tão ocupada e preocupada com tudo que o tinha deixado descoberto. Eu nem havia notado! Que tipo de mãe era essa?

— Sim, tem razão — falei, rapidamente puxando o cobertor para cobrir John até a cintura.

Tomada a providência, Jason se inclinou para cumprimentar John. Chegou bem perto do ouvido dele e perguntou:

— Como vão as coisas, parceiro?

De repente, lágrimas enormes começaram a escorrer pelo rosto do meu filho.

Jason olhou para mim, de olhos arregalados, queixo caído.

— Joyce, ele está chorando!

Eu fiz que sim. Também estava vendo as lágrimas. Aquele garoto que, segundo a profissão médica, estava com a vida por um fio, contando apenas com o funcionamento mais elementar do tronco cerebral, reagia a Jason. Mesmo com o constante pinga-pinga de propofol administrado para mantê-lo em coma induzido, ele reagia. E não eram apenas algumas lágrimas. Ele estava chorando para valer.

SUPERAÇÃO: O MILAGRE DA FÉ

— Quer que eu fique aqui com você hoje? — perguntou Jason, debruçando-se de novo.

John moveu suavemente a cabeça para cima e para baixo. Jason olhou para mim outra vez. O cérebro do garoto estava curado.

— Tudo bem, estou aqui — disse Jason. Apertou a mão de John, e John apertou levemente a sua em resposta. — Ele apertou a minha mão — disse ele, sorrindo.

Eu queria me levantar e sair dançando pelo quarto para comemorar o que acabara de ver, mas as dores nas juntas não me permitiram.

Jason pegou uma cadeira perto de mim e se sentou.

— Quando saí daqui ontem, passei o resto da noite em oração. Sinto de verdade que o Senhor está dizendo que eu preciso ficar aqui a maior parte do tempo. Que preciso ficar e apoiá-la, dar o apoio que sua família precisar, até Deus me liberar. Conversei com Paula, e ela concorda.

Paula, a esposa de Jason, estivera no hospital praticamente desde o momento em que tínhamos chegado, na véspera. Ela é corajosa, sincera, uma mulher de compaixão, inteligente e maravilhosa. E eu queria lhe dar um abraço muito apertado. Eu tinha consciência de que era um grande compromisso — e do grande sacrifício que ele e a família estavam se dispondo a fazer. Ele tinha quatro filhos que precisavam do pai em casa. Mas estava ali, dizendo que estava pronto para ficar e nos estimular e nos dar força.

— Parece que daqui para a frente — prosseguiu ele, antes que eu conseguisse responder —, você vai ter de me aguentar. — E abriu um sorriso. — Tudo bem?

Pensei no meu marido. Brian ficara na sala de espera, saindo apenas para ir em casa cuidar do nosso cachorro, Cuddles, e do cachorro de Don e Janice. E voltava para a sala de espera, sem querer — ou conseguir — se arriscar a ver John. Embora ficasse triste com isso, eu também entendia que cada um lida com a dor de um jeito diferente. Não seria justo me aborrecer com Brian porque ele não reagia à situação do mesmo jeito que eu. Não tinha certo nem errado. Eram apenas escolhas diferentes. Eu tinha de dar espaço para que Deus o reconfortasse e falasse com ele do jeito que ele precisava. Se começasse a

"Eu estava errado"

enchê-lo de culpa ou tentasse forçá-lo a entrar no quarto de John comigo, só ia gerar mais dor e sofrimento. Eu estava casada com ele havia mais de trinta anos, e sabia que ele era muito intenso nos sentimentos, que reagia às situações da vida de uma maneira muito diferente da minha, que tem um lado sensível que eu não ia atropelar.

Acho que Deus também entendeu isso, e talvez por isso tenha chamado o pastor Jason para se posicionar e preencher esse lugar para nossa família. Mas, qualquer que fosse o motivo, eu ficava contente.

— Para mim está ótimo — respondi. — Quero mesmo que assista a esse milagre da primeira fila. E, quando for contar essa história um dia, terá presenciado de perto o que Deus fez por John. Acredito que muitas vidas serão mudadas por causa deste milagre.

A minha já tinha sido.

Enquanto estávamos contentes por Deus ter restabelecido a função cerebral de John, permitindo que ele nos desse algum sinal, o Dr. Garrett tinha chegado à UTI e examinava os relatórios da noite sobre os progressos de John, consultando seu colaborador, o Dr. Ream, e o resto da equipe. Os relatórios eram apenas um pouco melhores do que os da noite anterior, quando ele havia saído. John ainda estava em suporte vital, ainda cheio de bactérias, os órgãos mal funcionavam, ele ainda estava sob pesada medicação para combater tudo isso e continuava em coma induzido para não voltar a si antes da hora.

Os pulmões ainda estavam em terrível estado. Embora a equipe tivesse conseguido algumas melhoras nesses órgãos, eles estavam longe do ideal. E ainda não estava claro de que maneira ou se conseguiriam deixar os pulmões estabilizados e funcionando ou completamente limpos.

Embora tivesse decidido na véspera que não era indicado, nesse dia o Dr. Garrett estava reconsiderando se a oxigenação por membrana extracorpórea — com a remoção do sangue de John para filtrá-lo, descartar o dióxido de carbono e oxigenar os glóbulos vermelhos — seria uma alternativa viável. Como John ultrapassara a barreira das 16 horas, talvez pudesse encarar esse risco e sobreviver ao procedimento. Mas alguma coisa no Dr. Garrett o fazia hesitar.

SUPERAÇÃO: O MILAGRE DA FÉ

Ele sabia que apenas cerca de um terço dos pacientes submetidos à ECMO por doenças pulmonares chega sobreviver. E decidiu que era melhor não.

Os números relativos à pressão arterial e aos níveis de açúcar no sangue ainda não eram muito bons. Os níveis de glicose alta se prolongavam, ele apresentava uma reação hipoglicêmica, e foi então submetido a gotejamento de insulina. Entretanto, sempre na firme convicção de que a nutrição é uma das melhores maneiras de curar e manter um corpo, o Dr. Garrett concluiu que estava na hora de forçar a entrada de alguma glicose nas suas células. Era preciso administrar nutrientes sólidos no seu corpo, pois o pâncreas também lutava para se regular.

Os relatórios também mostravam que a atividade cerebral não tinha realmente se alterado. Embora John tivesse superado as 16 horas, ainda havia o período de 72 horas contemplando o risco de edema cerebral, ou inchaço. Era imperativo que isso não acontecesse — caso contrário, seria o fim. E o Dr. Garrett nem tinha tanta certeza de que o cérebro de John *não* acabaria inchando, depois de tudo que vinha acontecendo.

Mas ele estava recebendo notícias de que John reagia a estímulos externos. Apertava nossas mãos, abria os olhos, tinha respirado por cima do ventilador. O Dr. Garrett tinha lá suas explicações médicas para tudo isso: seriam típicos reflexos involuntários de pacientes traumatizados. Mas mesmo assim... aquele menino apresentara batimento cardíaco depois de uma hora morto. Tinha sobrevivido ao período crítico, embora ninguém na equipe médica esperasse que isso acontecesse. Para dizer a verdade, não tinha como ele ainda estar vivo! Seria possível então que essas outras coisas também fossem verdade? O Dr. Garrett tinha de admitir a possibilidade de que talvez John estivesse mesmo reagindo por vontade própria.

Ele vira a tomografia computadorizada e os outros relatórios. Mas sabia que eram apenas testes da estrutura cerebral e da atividade elétrica do cérebro. Não refletem realmente o QI nem as qualidades da pessoa. Costumava brincar com os residentes que, se refletissem, ninguém precisaria de vestibular ou provas para entrar na faculdade. Bastavam o eletroencefalograma e a ressonância magnética e pronto.

"Eu estava errado"

Ele parou um pouco para pensar na possibilidade de que John estivesse reagindo consciente e deliberadamente. Já tivera muitas experiências em que um parente ou amigo próximo de um paciente achara ter visto algo, mas não era como ele havia pensado. Seria também o caso de John? Ele sabia que eu me mantinha firme na convicção de só falar das possibilidades de vida — mas se ele aceitasse essa nova revelação, não estaria contribuindo para despertar falsas esperanças? Podíamos de fato esperar outro milagre?

E o resto do corpo de John?, pensou ele. E se eles conseguissem salvar o cérebro, mas ainda assim perdessem porque não conseguiram manter o coração e os pulmões funcionando? E se o perdessem para a sépsis (uma infecção sanguínea que mata muitos pacientes)? E se John acabasse morrendo de complicações médicas causadas por tantos dispositivos ligados ao seu corpo?

Pois bem, havia uma maneira de descobrir se os rumores tinham fundamento. Ele precisava submeter John a um teste neurológico.

Em algum momento entre dez e 10h30, o Dr. Garrett apareceu na porta do quarto. Era a primeira vez que nos encontrávamos desde o confronto na sala de reuniões da noite anterior.

Senti que fiquei tensa com a sua entrada.

— Muito bem. Eu estava errado — disse ele, e esboçou um sorriso.

Eu caí na risada.

— John passou por esta noite, mas...

Assim que disse, *mas*, ele se interrompeu repentinamente e ficou ali parado. Dava para perceber que estava avaliando o que diria, pois com certeza não queria outro confronto daqueles! Até que finalmente disse:

— ... existem critérios que precisam ser atendidos.

E parou de novo. Eu sabia instintivamente o que ele estava tentando encontrar um jeito de dizer. Queria dizer algo positivo que não fosse: "Olha só, se tais e tais coisas não acontecerem, esse rapaz vai morrer." Ele certamente não ia dizer essas palavras. Não *mesmo*.

Resolvi facilitar para ele.

— Hoje de manhã John chorou — falei. — Quando o pastor Jason entrou e começou a falar com ele, ele chorou. E não foram as gotas de colírio que a

SUPERAÇÃO: O MILAGRE DA FÉ

enfermeira tem pingado para lubrificar os olhos. Eram lágrimas de verdade. Lágrimas *enormes*. E ele fez que sim com a cabeça quando fizemos uma pergunta. Ele está reagindo. É o tronco cerebral funcionando, certo?

— Bom, muitas coisas assim podem acontecer por reflexos involuntários, *mas...* — e tenho certeza de que a adversativa veio rápido para me impedir de refutá-lo —, vamos tirar a limpo.

Ele se dirigiu ao pé da cama de John.

— Olá, John. Sou o Dr. Garrett. Quero lhe fazer algumas perguntas, e você pode responder movendo os polegares, ok?

John não se mexeu. Nem sinal da cabeça, respiração, olhos abertos, polegar. Nada.

Vamos lá, John, eu pedia em silêncio. *Mostre que você está ouvindo. Dê algum sinal de que está vivo e bem*. Como qualquer adolescente, no entanto, ele não queria fazer o que pediam.

Os lábios do Dr. Garrett se comprimiram ligeiramente. Será que ele também estava esperando um sinal do milagre? Ele foi então para a cabeceira da cama.

— John, vou examinar seus olhos, tudo bem?

Nenhuma reação.

O Dr. Garrett levantou cuidadosamente uma das pálpebras e examinou a pupila.

— Estão menos dilatadas e parecem estar voltando ao tamanho normal, o que é bom. — Ele fez uma nova pausa e olhou para mim. — Estamos fazendo todo o possível. Ainda temos um longo caminho pela frente. Continue orando.

Ele tinha reconhecido que errara, o que merecia o meu respeito. Eu mal podia esperar para ouvir de novo as mesmas palavras dele. Pois tinha certeza de que ele assistiria a novos milagres.

"Como está John hoje?", perguntavam as pessoas a Brian assim que chegavam à sala de espera. Brian os atualizava e dizia: "Ele ainda não está fora de perigo, então agradeço se continuarem orando. As orações são muito bem-vindas."

"Eu estava errado"

Muitas pessoas ouviam o que ele dizia e concordavam. E oravam. Brian ficava olhando sucessivos grupos se sentarem para conversar e espontaneamente darem as mãos para orar. Cenas como aquelas eram exatamente do que ele precisava para se fortalecer.

Deus, está vendo essa gente toda aqui — eles vieram pelo John, ele orava em silêncio. *Atenda às orações deles! Salve o meu filho. Renove a sua força. Que ele possa se recuperar completamente.*

Mas algumas pessoas só queriam as notícias. E outras concordavam em orar pela recuperação de John, mas assim que achavam que Brian não as ouvia mais, revelavam seus verdadeiros sentimentos. Várias vezes Brian ouviu: "É bom rezar pelo John, mas não há muita esperança. Ele está muito mal."

Esses comentários deixavam Brian arrasado. Ele tinha de se esforçar muito para que não impregnassem sua mente e seu coração. *Meu filho tem de viver. Deus, não me deixe ser influenciado pelo que essas pessoas dizem. Que elas estejam erradas!*

Enquanto lá fora Brian tentava ajudar todo mundo a focar no pleno restabelecimento de John, o nosso objetivo dentro do quarto era criar um clima de paz em que Deus tivesse liberdade de agir e John calma e paz para descansar e se recuperar. Nós rezávamos e lutávamos para preservar esse clima, pois acreditávamos mesmo nisso. Durante o dia, tocamos repetidas vezes a nossa canção, "When You Walk into the Room", e enchemos o quarto de louvor e devoção. Os pastores voltaram para rezar por John, e Brian e eu fizemos o maior número de contatos possível, para manter todo mundo informado.

Não demorou e Wendy, a enfermeira do dia, veio ajustar os níveis dele e checar os sinais vitais. Ela hesitou um pouco e acabou dizendo:

— Tem algumas coisas específicas pelas quais seria bom rezar... vocês querem saber?

Aquilo foi como música para os meus ouvidos. Jason e eu achamos graça. *Se* a gente queria saber? Talvez fosse o jeito que ela tinha encontrado de nos passar informação sem parecer negativa. Ou então tinha realmente entendido a força da oração. De qualquer forma, não importava! Quanto mais focadas e estratégicas fossem nossas orações, melhor.

SUPERAÇÃO: O MILAGRE DA FÉ

— Sim! — soltamos Jason e eu ao mesmo tempo.

Ela sorriu e explicou que ao meio-dia fariam um exame pulmonar para avaliar a gravidade das bactérias.

— É possível que a respiração dele não se normalize por causa da água do lago e dos fluidos todos que se acumulam.

Fomos então espalhar a informação pelo Facebook. Comunicamos ao pessoal na sala de espera, eu mandei mensagens de texto e fizemos uma série de ligações.

Chegou a hora, eles fizeram o exame e mandaram para o laboratório. Os resultados levariam algum tempo para chegar. Mas nós tínhamos coberto o exame e o período de espera com uma manta de orações.

Passada mais ou menos uma hora, entrou um rapaz para passar um cotonete na boca de John, para testar o nível de acidez.

— Só para vocês ficarem sabendo — explicou ele —, se John apresentar alguma reação, é um reflexo normal, nada a comemorar.

Beleza, parceiro, estou sabendo, pensei. *Você também não acredita que ele está reagindo.*

Assim que o sujeito botou o cotonete na boca de John ele começou a agitar os braços e se debater na cama. Afastava a cabeça, como se dissesse: *Sai daí, me deixa em paz!*

Só um reflexo, né?, pensei.

— Com certeza não é um reflexo — disse o auxiliar, como se nós já não soubéssemos. — É função cerebral!

Finalmente! Alguém estava vendo o que nós víamos o tempo todo. Com certeza a equipe agora mudaria de ideia. Eles teriam de nos ouvir e entender que estávamos dizendo a verdade. O cérebro de John estava curado.

Onde está o Dr. Garrett agora que a gente precisa dele? Onde estão os neurologistas?

Logo apareceu uma neurologista pediátrica. Estava na hora de John mostrar do que era capaz! Para prepará-lo para a chegada da neurologista, a enfermeira diminuiu a dosagem de propofol, o que o deixaria em estado de semiconsciência, permitindo à médica avaliar melhor suas reações.

"Eu estava errado"

Ela entrou e se apresentou. Era extremamente difícil entendê-la, por causa do forte sotaque estrangeiro. Ela pediu que John mexesse os dedos. Ele, naturalmente, não mexeu. Para ser franca, *eu* mal conseguia entender o que ela pedia, de modo que dificilmente um garoto completamente dopado seria capaz de entender.

Ele não tinha sido aprovado no teste, por mais que Jason e eu explicássemos que ele vinha reagindo a manhã inteira — e até se agitara durante o teste com o cotonete. Ela não presenciara, então era como se não tivesse acontecido.

Fiquei muito decepcionada. Não por John não ter reagido. Estava frustrada com a neurologista. John não pulara feito um macaquinho adestrado ao comando dela, não reproduzira as reações anteriores na sua presença, portanto ela aumentou de novo a dosagem de propofol e anotou no prontuário que ele não estava reagindo.

Mas eu bati o pé. *Vocês terão de reconhecer que estão errados. Esperem só.*

E para aumentar ainda mais a frustração, apareceu um pessoal das relações públicas do hospital.

— Oi, Joyce — disse Jamie Sherman. — Os jornais locais estão querendo publicar uma matéria.

Eu entendia o interesse da mídia. Três garotos caíram no lago gelado e foram resgatados. Claro que acabaria saindo nos meios de comunicação locais. Eu duvidava que eles quisessem botar uma câmera no quarto para convidar a população a orar, e não tinha o menor interesse em dar à mídia o que ela queria. Então, manter esse pessoal longe renderia apenas dois minutos na telinha, e a coisa logo seria esquecida.

— Não vai rolar — respondi.

Se eles quisessem uma história, seria depois de John se recuperar completamente. Além do mais, aquilo ali já tinha virado um circo, só na tentativa de estabilizar o estado de John. A última coisa que queríamos era que a mídia viesse complicar ainda mais as coisas.

Mais tarde, naquela noite, tirei uns minutos para ir à sala de espera ver como estavam as coisas com Brian e conversar com as pessoas. Mais uma vez, como na noite anterior, a sala estava cheia de gente.

Pam Watson veio falar comigo, com uma folha de papel na mão. Seu filho Blake era colega de John desde o jardim de infância.

— Acho que você vai gostar de ver isto — disse ela, sorrindo.

Peguei o papel e vi que era uma carta escrita à mão e assinada por Kent Sutterer. Olhei para Pam.

— É do Dr. Sutterer?

Ela fez que sim.

— Você sabia que a filha dele, Anna, é colega de escola do John?

Olhei de novo para a carta. Meus olhos se encheram de lágrimas, dificultando a leitura. Ele falava do milagre de John. Que a gente serve a um Deus forte e poderoso.

"Sei que Deus é capaz de mais do que podemos imaginar. Sei que Deus nos concedeu uma dádiva, ainda que por alguns dias apenas", dizia a carta. "Tive o privilégio de testemunhar um milagre. Estava pronto para dar a uma mãe a triste notícia de que seu filho se fora deste mundo. Ela tinha mais fé em Deus que eu. Chamou por Deus e Deus o trouxe de volta."

Inspirei ansiosa e voltei a ler o parágrafo. Então ele estava pronto para anunciar a morte do meu filho? Senti meus joelhos fraquejarem. *Ó, meu Deus, Você é tão bom! Você é tão fiel!*

Voltei a olhar para Pam, em cujos olhos as lágrimas também brilhavam.

— A gente está passando para todo mundo. Ele enviou à escola hoje, para dizer aos alunos que a vida de John é um milagre.

E eu só podia concordar.

Tarde da noite, quando Melissa e eu nos encorajávamos lendo as Escrituras e falando das voltas que a vida dá, ouvi um barulho que me deu ânsia de vômito. O quarto de John dava para o heliporto. O estrondo das hélices de um helicóptero anunciava a chegada de um *pequenino* mortalmente doente. Eu orei.

Horas depois, a equipe da UTI passou pela porta do quarto empurrando a criança numa cadeira de rodas, seguida pelos pais, pálidos e desorientados. Vieram de novo todas as lembranças da véspera, e eu orei mais uma vez pela criança e pelos pais.

"Eu estava errado"

Que dia mais louco e horrível. E a agitação de John na cama acabara sendo a melhor parte. O resto tinha sido muito estressante, vendo meu filho lutar pela vida naquela cama, sem poder fazer nada. A equipe contava com os mais sofisticados equipamentos médicos disponíveis, e ainda assim o corpo de John não se estabilizava. Fora um dia inteiro de batalha dura para a equipe médica, especialmente a enfermeira de John. A cada pessoa que entrava no quarto, dava para ver que estavam exaustos, esgotados pelo trabalho enfrentado para ajudá-lo. E ainda faltava um dia para deixar para trás os piores temores de inchaço no cérebro. Até onde a gente aguentaria?

Bem cedo pela manhã, o pastor Jason postou um aviso no Facebook e outras redes sociais dizendo que à noite haveria uma vigília especial de orações por John na igreja.

Uma coisa eu sei sobre as orações: elas nunca são demais. Nunca cansamos nem chateamos Deus como nossos pedidos. Nossas orações nunca vão além do que Ele espera ou deseja. E assim fiquei feliz com a ideia de que as pessoas iam se reunir e elevar meu filho ao Grande Médico.

Jason saiu por volta das cinco, meio desanimado porque os números e taxas de John ainda não estavam regularizados e melhores. Ao chegar ao estacionamento da igreja, ficou impressionado com o número de carros que já havia. A notícia se espalhara feito fogo, e às sete horas, quando teve início a vigília, cerca de 350 pessoas estavam no santuário da Primeira Assembleia de Deus, prontas para o combate.

Mesmo pessoas que conheciam John mas não tinham qualquer ligação com nossa igreja ou com a escola dele estavam lá. Josh Rieger, sua irmã Jamie e os pais, Cindy e Kurt Rieger, tinham comparecido. Josh Sander e os pais, Mary e Bob, também. Os dois Josh haviam ficado hospitalizados por pouco tempo, sendo liberados em questão de duas ou três horas.

A vigília teve início com algumas canções entoadas em coro. O pastor Jason tocou "When You Walk into the Room" — a nossa canção-tema — e dava para sentir a eletricidade no ar. Estava na hora de passar ao que interessava e começar a rezar. Durante mais de uma hora, cada um chegava ao microfone e

SUPERAÇÃO: O MILAGRE DA FÉ

elevava a voz a Deus em nome de John. Até que Josh Sander se levantou e foi até o microfone. Ele tinha estado lá, no gelo, com os amigos. Também caíra, mas conseguira sair da água e chegar até o embarcadouro. Sofrera apenas hipotermia sem gravidade. E se postava diante de Deus com a alma aberta.

Numa das orações mais abençoadas, fortes, sinceras e sentidas, esse menino de 14 anos agradeceu a Deus por estar a salvo com seu amigo, e pediu a Deus que curasse John.

A vigília encorajou a todos, e os presentes acharam que Deus fizera sentir Sua presença, que ouvira as orações e haveria de atendê-las.

Ao voltar para o carro depois da vigília, em direção ao Cardeal Glennon, Jason teve sua conversa pessoal com Deus, de coração para coração.

"Deus, está nas Suas mãos. Você não pode deixá-lo morrer. Não pode permitir que ele não se recupere completamente. Não pode deixar que isso aconteça. Nós precisamos. Seja quem diz ser. Seja o Deus sobre o qual lemos no Velho Testamento e no Novo Testamento e cure esse menino. Você já o fez antes. Já salvou muita gente. Já curou. Precisamos que o faça de novo. Tire John dali!"

Sabíamos que Deus era capaz; sabíamos que já o fizera no passado. Nós acreditávamos. Só restava ver a prova cabal. Melhor ainda, precisávamos que a comunidade médica visse.

CAPÍTULO 12

Um dia de polegares para cima

Quarta-feira, 21 de janeiro de 2015

Tínhamos enfrentado mais uma noite longa e difícil. O Dr. Ream passara uma hora tentando ajustar o ventilador de John, pois meu filho tossia muito. O pobre corpo de John se debatia enquanto ele tossia e engasgava, e então finalmente o Dr. Ream chegou e começou a lidar com ele. Mas mesmo assim levou tempo para John se acalmar de novo.

Melissa e eu tínhamos passado quase toda a noite orando por ele e nos apoiando. Mas um dos incentivos mais carinhosos veio de duas amigas de John. Adolescentes de 14 anos que se sentiram compelidas por Deus a me encorajar, e assim mandaram passagens das Escrituras por mensagem durante toda a noite.

"'Quando passares pelas águas estarei contigo, e quando passares pelos rios, eles não te submergirão; quando passares pelo fogo, não te queimarás, nem a chama arderá em ti.' (Isaías 43:2) Encontrei estes versículos e achei que podiam ajudar. Rezando por vocês todos esta noite", escreveu Emma Riley, a melhor amiga de John.

"'Porque a inclinação da carne é morte; mas a inclinação do Espírito é vida e paz.' (Romanos 8:6) Isso é muito difícil para mim, pois é fácil focar nas coisas ruins, é o que a nossa natureza pecadora faz mesmo. Orei especificamente por um irresistível sentimento sobrenatural de paz", escreveu Chayla Gilky, outra amiga muito próxima de John.

SUPERAÇÃO: O MILAGRE DA FÉ

Fiquei grata especialmente pelas orações e os trechos das Escrituras, pois surgira uma nova questão. A equipe médica vinha jogando uma enorme quantidade de oxigênio nos pulmões de John, para forçar a saída do líquido, além de restaurar os seus sistemas. Na verdade, o excesso de oxigênio vazava dos pulmões para os tecidos, subindo pelo pescoço e se acumulando por baixo da pele. Parecia que pescoço de John estava cheio daquelas bolinhas de isopor usadas para proteger objetos frágeis nas embalagens, e todos os lugares que eu tocava estavam ásperos, como se eu estivesse passando a mão em um punhado de cereais secos.

Enquanto isso, John continuava reagindo aos nossos estímulos, mas não reagia a ninguém mais. Tentamos mostrar à equipe que ele era capaz de reagir, mas como ele estava muito medicado, suas reações eram passageiras e imprevisíveis. A neurologista decidiu então incorporar um teste de hora em hora à programação da enfermagem. O teste era simples — e simplesmente irritante. A cada hora a enfermeira pressionava os dedos contra a parte sensível do músculo peitoral de John, bem junto às axilas, torcendo com força. Supostamente era para ver se ele reagia à dor. Embora ele não reagisse, eu com certeza reagia. A cada torcida torturante eu sentia vontade de me levantar da cadeira e dar um soco nela. Eu lembrava a mim mesma então que a enfermeira não era um monstro insensível e cruel. A neurologista talvez fosse, mas a enfermeira estava apenas cumprindo ordens.

Se eles me ouvissem, eu pensava, *poderíamos evitar essa loucura toda.* Mas eu era apenas a mãe; não sabia de nada.

Jason ficou de novo com a gente até por volta das duas da manhã, e depois minha amiga Melissa Fischer chegou para me acompanhar pelo resto do tempo. Passamos horas conversando sobre o que tínhamos estudado no nosso grupo da Bíblia, e como era incrível como aquela fase do estudo combinava com o que estávamos enfrentando. Ela era exatamente a pessoa de que eu precisava naquelas longas e tenebrosas horas.

Janice e Don chegaram por volta das seis da manhã e entraram no quarto para ficar comigo. Brian e meus filhos Charles e Tom ainda estavam acampados na sala de espera da UTI; só saíam do hospital para cuidar dos cães e trocar de roupa. Ficavam alternando entre o quarto de John e a sala de espera, pois não conseguiam ficar durante muito tempo com ele — era emocionalmente exaustivo, especialmente para Brian.

Dia de polegar para cima

Por volta das seis e meia do nosso terceiro dia, em mais uma mudança de plantão, meu coração pulou quando vi a enfermeirinha loura, Wendy, entrar no quarto para se informar sobre o estado de John. Não sei por que precisava se atualizar, pois estivera ali até onze da noite anterior. Parecia cansada, mas não como antes.

Na noite anterior, não muito depois de Jason voltar da vigília de orações, nós tínhamos visto Wendy ainda por ali horas depois do fim do seu plantão.

— O que ainda está fazendo aqui? — perguntei, preocupada com seu ar de exaustão.

Ela passara o dia indo além de suas obrigações, checava John a todo instante. Ajustava e reajustava. Fazia sua higiene, trocava as roupas, se certificava de que a medicação estava correta e a bolsa de infusão, cheia. Mas todo esse trabalho cobrava seu preço, e acho que ela estava preocupada com John. Ela investira no meu filho. Não apenas no tratamento, mas acho que seu coração queria tanto quanto nós ver aquele garoto sobreviver e melhorar.

— Estou cuidando dos relatórios e dando uma mãozinha — explicara.

Fiquei com pena dela. Parecia à beira de um colapso.

— Podemos orar por você? — perguntara Jason.

— Por favor! — respondera ela, a voz trêmula.

Jason pedira a Deus que renovasse suas forças, abençoara seu trabalho e elogiara sua dedicação. Rezara por sua família e pedira a Deus que lhe desse um forte e claro senso da Sua presença em sua vida. Quando ele dissera "amém", vi lágrimas brilhando nos cílios dela.

— Vá para casa descansar — eu tinha dito, para incentivá-la.

Ela assentira, agradecida.

E estava ali de novo pela manhã, enfrentando mais um dia de trabalho intenso. Sorriu e me deu bom-dia.

Esperei que fosse mesmo.

Às sete, Nancy Benes, diretora do colégio de John, telefonou para saber dele. Diariamente o fazia na mesma hora, passando depois as informações ao pessoal da escola, para que orassem também.

SUPERAÇÃO: O MILAGRE DA FÉ

— Nenhuma novidade — falei. — Ele está exatamente como antes.

Não eram as notícias que eu queria dar, e sei que também não era o que ela queria ouvir.

— Bom, continuamos em oração.

Jason apareceu às nove, e logo depois chegou Mark Shepard, o antigo pastor infantil de John. Com a cama, todos os equipamentos médicos, as cadeiras e as pessoas, o quarto estava intransitável. A gente tinha de se espremer para circular.

Na noite anterior, a enfermeira começara a diminuir lentamente a dosagem de propofol, aumentando a temperatura de John. Os médicos queriam ver se ele seria capaz de acordar. Não esperavam que acordasse de verdade, e se isso acontecesse, imaginavam apenas que talvez abrisse os olhos — e fazendo questão de nos advertir que não era nada para ficar entusiasmado.

Eu estava louca para ver John acordado. Todo mundo estava. E Janice e Don queriam estar presentes quando ele finalmente abrisse os olhos.

Minha irmã e meu cunhado adoram John. O local de trabalho de Janice no escritório era um verdadeiro santuário para ele, cheio de fotos no basquete e na escola. Eles não tinham filhos, então se voltavam totalmente para ele e não perdiam uma oportunidade de mimá-lo. Amavam também meus três outros filhos, Joe, Tom e Charles, mas eles não eram mais crianças! Eram homens feitos. Assim, desde os primeiros anos de John, Janice e Don o cobriam de afeto e presentes até não poder mais. Certa vez, no Natal, quando ele tinha 3 ou 4 anos, eles chegaram no SUV Chevrolet Tahoe com a traseira cheia de brinquedos Fisher-Price. Conforme ia crescendo, o Tahoe continuava se enchendo, mas a cada ano os presentes ficavam mais sofisticados. As pessoas podiam até achar que Brian e eu não dávamos o que o menino precisava, com tudo aquilo que eles traziam. Eles realmente achavam, de coração, assim como eu e Brian, que John era o máximo. Mesmo morando a vários estados de distância, estavam sempre em contato com ele. E o sentimento era recíproco. John achava que eles eram as melhores pessoas do mundo. Sempre que eles iam nos visitar ou quando ele ficava com eles em Ohio, para ele era como ganhar na loteria.

Dia de polegar para cima

Por volta das 10h30 nessa manhã, Janice saiu do quarto, deixando Don, Jason, Charles, Mark Shepard e eu conversando e relembrando coisas. Eu olhei para John.

As pálpebras estavam tremendo, como se ele quisesse abrir os olhos.

— Olha! Ele está acordando! — Quase gritei na direção do sofá-cama à direita dele.

— Aconteceu a mesma coisa mais cedo quando Ari e eu estávamos aqui com ele — disse Charles.

A filha da minha amiga Melissa, Ari, muito amiga de John, tinha chegado no meio da noite e ficara fazendo companhia a John e Charles enquanto eu tentava descansar um pouco na sala de espera.

— Do que você está falando? — Eu não tinha ideia disso.

— Isso mesmo! — respondeu Charles, se empolgando. — As pálpebras estavam tremendo exatamente desse jeito. Ari e eu vimos e quando falamos com ele, ele virou o rosto e olhou para ela. Mas a enfermeira disse que ele não estava acordando, que era só um espasmo involuntário. Mas foi assim como ele está fazendo agora!

Voltei a olhar para John. Os olhos tremiam, e então se abriram completamente! Ele piscou e os fechou de novo. Então abriu outra vez, mas dessa vez arregalou mesmo os olhos e começou a olhar ao redor do quarto. Quando deu de cara com Don, parou e ficou olhando.

— Olha, Don, ele está olhando para você — falei, desejando que Janice e Brian estivessem ali para ver.

Imediatamente os olhos de Don se encheram de lágrimas e ele se levantou, caminhando até a cama. Os olhos de John o acompanharam o tempo todo, grudados nele, e lágrimas começaram a escorrer deles.

Quando começaram a elevar a temperatura de John para tentar despertá-lo, as enfermeiras nos disseram: "Não se exaltem, pois ele não vai entender." Naquele momento, nós concordamos, dizendo que entendíamos.

Mas a sugestão nos escapou completamente na hora! Como poderíamos *não* nos exaltar? A comunidade médica inteira nos dizia o tempo todo que aquele menino não tinha mais função cerebral e entraria em modo vegeta-

SUPERAÇÃO: O MILAGRE DA FÉ

tivo, *se* sobrevivesse. Mesmo não tendo aceito esse diagnóstico, eu estava profundamente emocionada vendo meu filho reconhecer alguém, algo que decididamente requeria a mais alta capacidade de funcionamento cerebral.

Eu já imaginava que a equipe médica tentaria explicar o ocorrido dizendo que os olhos de John tinham seguido Don apenas porque ele se movia no quarto. Mas nós identificamos um olhar de reconhecimento e depois confusão. Eu sabia por aquele olhar de confusão que seu cérebro estava processando tudo e querendo saber: *O que o tio Don está fazendo aqui?*

O quarto inteiro explodiu em lágrimas e comemorações. De repente, estava todo mundo falando com John ao mesmo tempo e louvando a Deus e rindo e gritando.

O barulho chamou a atenção de Wendy, e num segundo ela estava no quarto, pronta para resolver algum problema. Mas não havia problema algum; estava tudo maravilhoso, providencial e incrivelmente certo.

Ela olhou para nós, olhou para John, viu seus olhos cheios de lágrimas voltados para Don e se juntou a nós nos soluços de alegria.

— Ele acordou! — disse, então, sem se preocupar com as lágrimas que desciam pelo rosto. Pegou o celular de trabalho no bolso do uniforme e imediatamente ligou para o Dr. Garrett. — O Dr. Garrett precisa ver isso! — Ela estava tão empolgada que achei que poderia sair correndo pelo corredor, gritando para espalhar o que acabara de ver.

E eu estava prontinha para me juntar a ela.

Todo mundo começou a mandar mensagens de texto e espalhar a notícia. Alguns correram para a sala de espera para contar a Brian e aos outros, enquanto eu dava telefonemas, inclusive para o celular da diretora da escola. Nancy em geral não atende nos horários de aula, então achei que apenas deixaria uma mensagem de voz.

Ao primeiro toque ela atendeu.

— Quando vi seu número resolvi atender.

Ela parecia hesitante, quase como se tivesse medo de ouvir alguma má notícia.

— Nancy, ele acordou!

Dia de polegar para cima

Eu tive de afastar o celular do ouvido, pois ela começou a gritar. Em seguida, ouvi que empurrava a cadeira da escrivaninha para se levantar. E o barulho dos sapatos correndo pelo piso de ladrilhos. Visualizei para onde ela estava indo. Seu gabinete ficava em um longo corredor que tinha vista para o ginásio e ecoava os passos de quem andava por ali. Ouvi os gritos de "Ele acordou! Ele acordou!" pontuados por seus passos. E quando o anúncio terminou meus ouvidos foram tomados pelos gritos e comemorações dos alunos, às vezes a plenos pulmões, outras, abafados por trás das portas das salas de aula. Os quatrocentos alunos da escola vinham orando pela recuperação de John. Quando as aulas acabavam, os amigos de John pediam que os pais os levassem ao hospital, onde ficavam na sala de espera até tarde da noite. Pois agora eles comemoravam conosco.

Ah, se John soubesse..., pensei e comecei a rir. Eu queria lhe contar, mas ao olhar de novo para ele, os olhos estavam fechados de novo, e ele ficou inconsciente outra vez.

Mas tudo bem. *A gente sabia.* Deus tinha feito outro milagre. Tinha curado o cérebro do meu filho.

Depois que John despertou, dei uma saída para comemorar a boa notícia na sala de espera com Brian, Charles, Tom e o resto do pessoal. Todo mundo já sabia, mas eu queria compartilhar a experiência com eles. A gente riu e se abraçou, falando dos milagres de Deus. Mal podíamos esperar para ver os milagres que Ele ainda pretendia fazer.

Quando Deus abriu os olhos de John, encheu o quarto de tanta paz e confiança n'Ele... é o melhor sentimento, quando passamos por problemas e provações, sentir a paz e a confiança de que Deus vai resolver as coisas. E elas transbordam.

E eu não tinha a menor ideia do *quanto* ela ia transbordar.

Voltei à UTI, e quando virei no corredor em direção ao quarto de John, dei com Chris e Leann Suhling, pais de outro menino, Jackson, que estava no quarto ao lado. Eu não conhecia os Suhling, mas vira o nome de Jackson na porta, e fiquei me perguntando por que estaria ali.

SUPERAÇÃO: O MILAGRE DA FÉ

Agora os pais estavam no corredor, se abraçando e chorando. Três dias atrás, eu teria seguido em frente, respeitando a privacidade dos dois. Três dias antes, não teria tido coragem de abordar um casal desconhecido em um momento de sofrimento. Mas três dias antes Deus tinha removido a lápide do leito de morte do meu filho, e John e eu tínhamos mudado.

Eu me aproximei e fiquei esperando até que a mãe tranquilamente deu sinal de que me vira. Ela enxugou os olhos e se afastou ligeiramente do marido. Os dois pareciam não comer nem dormir havia dias. Os olhos fundos e cheios de olheiras denunciavam muitas noites em claro. Era evidente que não tinham mais como aguentar.

— Posso orar com vocês?

Eu não sabia o que estava errado. Nem perguntei. Não precisava saber; Deus sabia.

— Sim, por favor!

O desespero na voz dos dois partiu meu coração.

Eu não sabia que o pequeno Jackson, de 3 anos, estava na UTI Pediátrica fazia três semanas por causa de um raro e terrível efeito colateral de uma gripe, que o deixava paralisado. O vírus avançara lentamente pelo corpo, paralisando as partes pelas quais passava, e ninguém na comunidade médica sabia como detê-lo. Nessa manhã, tinha chegado ao pescoço, começando a afetar a respiração. Chris e Leann acharam que iam perdê-lo. Enquanto Jackson era preparado pelas enfermeiras para uma cirurgia de emergência, na esperança de abrir as vias respiratórias, os pais se preparavam para um funeral.

Mas eu não sabia de nada disso ali no corredor. Apenas me aproximei, botei a mão no braço da mãe e pedi a Deus que cuidasse do que fosse preciso. "Senhor, não é nenhuma surpresa para Você. Você sabe o que está acontecendo. Então peço ao Espírito Santo que venha e faça por Jackson o que fez por John."

Deus tinha tomado em Suas mãos o meu filho, dado como morto, e lhe devolvera a vida, abrindo seus olhos e curando seu cérebro. Se fora capaz de fazê-lo na terrível situação de John, também poderia operar um milagre em Jackson.

Dia de polegar para cima

Prometi que iria ao encontro deles na área de espera da cirurgia, para saber notícias, que levaria meu pastor e nós faríamos uma oração. Um brilho de esperança apareceu naqueles olhos fundos. Estava na hora de Deus se mostrar a eles, como se mostrara a nós. Precisávamos apenas ter fé e esperar.

O Dr. Garrett levou mais de 45 minutos para aparecer no quarto de John. A essa altura eu já voltara, e assim que ele chegou o quarto explodiu de novo, todo mundo dando a notícia ao mesmo tempo.

— Ele acordou! — dizíamos. — Está acordado. Olhou para todo mundo. Ele nos reconheceu!

— Muito bom! — disse o Dr. Garrett, sorrindo educadamente. Não que eu achasse que ele estava duvidando, sei que ele acreditava que John tinha olhado para nós, mas não tenho certeza se acreditava que ele tinha nos reconhecido. — Vamos ver se ele faz de novo.

Ele então se aproximou de John.

— John, é o Dr. Garrett. Pode abrir os olhos para mim?

Nada.

Esse menino não tem jeito. *Não faça isso de novo*, falei para ele mentalmente. O médico não esperava encontrar ele não responsivo.

— John — insistiu o Dr. Garrett. — Abra os olhos. Consegue fazer isso para mim?

Nada.

O Dr. Garrett olhou para mim.

— Mãe, venha aqui e fale com ele.

Eu logo me apressei, claro! Levantei-me do sofá, fui me esquivando entre as cadeiras e peguei a mão de John.

— Oi, John. É a mamãe. Por favor, acorde. Pode abrir os olhos? Preciso que você abra os olhos.

As pálpebras tremeram por um breve momento e então eu pude ver os olhos castanho-escuros mais intensos e lindos do mundo. Ele me encarou.

— O Dr. Garrett está aqui, ele quer ver que você está acordado e reconhece as pessoas. Pode olhar para ele?

Eu dirigi o olhar ao lado oposto da cama, para mostrar a John onde o Dr. Garrett estava.

John voltou a cabeça lentamente e deu com o Dr. Garrett.

O Dr. Garrett engoliu em seco e balançou a cabeça em sinal de surpresa e aprovação.

Rá! Eu não disse?, pensei.

— Oi, John. Sou o Dr. Garrett. Você sabe onde está? — Como John não reagiu, ele tentou de novo. — Você reconhece as pessoas que estão aqui com você?

E claro que John não atendeu. Nada. Ficou apenas olhando para ele. Na verdade, não sabia quem era aquele estranho! E eu pensei: *A pessoa volta a si desorientada, vem um estranho falar com ela e você espera que ele reaja como se estivesse tudo normal? Ele não tem a menor ideia de quem você é!*

— Fale de basquete com ele — sugeriu Jason. — É o seu esporte favorito. Ele é fã de Michael Jordan e LeBron James.

O Dr. Garrett sorriu.

— John, você gosta de basquete?

John assentiu lentamente, já que com o ventilador e todos aqueles tubos, não podia falar — embora ninguém esperasse mesmo que começasse a falar.

— Você pode responder com o polegar para cima ou para baixo. Para cima é sim, para baixo é não.

John assentiu.

— Você gosta de basquete?

John botou o polegar para cima. Como os dedos ainda estavam rígidos e voltados para a palma, pois o sangue deixara as extremidades do seu corpo, ele tinha de contorcer a mão para apontar o polegar na direção do teto.

— Quem é seu jogador favorito? LeBron James?

Polegares para baixo.

— Michael Jordan?

Polegares para cima.

— Saber quem são essas pessoas já está de bom tamanho, mas vamos ver se é capaz de diferençar — disse-nos o Dr. Garrett. — Vamos fazer o seguinte.

Dia de polegar para cima

Como ele ainda está sem habilidade motora fina, perdida por causa da água fria, John, quero que você levante a mão esquerda se a resposta for LeBron James, e a direita se for Michael Jordan, ok?

John assentiu.

— Quem ganhou seis títulos da MBA?

John levantou a mão direita: Michael Jordan.

O Dr. Garrett deu um leve sorriso.

— Quem é de Cleveland?

John levantou a esquerda: LeBron James.

— Ótimo! Quem se mudou para Miami?

A mão esquerda subiu de novo.

— Quem jogava por Chicago?

Levantou a direita.

Depois de várias outras perguntas respondidas corretamente, o Dr. Garrett mostrava uma expressão de choque, até que abriu um enorme sorriso. Ele sabia, exatamente como nós todos, que muitos garotos da idade de John errariam essas perguntas por não saberem tantos detalhes a respeito de LeBron James e Michael Jordan. Mas um verdadeiro fã de basquete e dos dois jogadores acertaria. John respondeu certo todas as vezes. Cada uma das perguntas.

— John, excelente trabalho — disse ele. — Você respondeu a todas. Pois vou dizer uma coisa. Vou botar minha gravata do Michael Jordan para você ver, e se você melhorar e sair daqui, ela passa a ser sua. Certo?

Os olhos de John brilhavam enquanto ele fazia que sim com a cabeça.

O garoto estava tão doente que era de se pensar que, mesmo que ele quisesse colaborar, ao tentar dar uma resposta, logo depois desistiria: *Não vou ficar falando com esse médico. Não tenho forças.* Mas não, John foi em frente. Fez tudo que o Dr. Garrett pediu.

— Tem noção de que você é um milagre? — perguntou o Dr. Garrett.

John moveu ligeiramente as mãos, mas não respondeu. Estava fortemente medicado, não tinha a menor ideia de onde estava nem por quê, e aquele estranho estava dizendo que ele era um milagre. Também não sei se eu saberia o que fazer com as mãos em uma situação assim!

SUPERAÇÃO: O MILAGRE DA FÉ

Mas o Dr. Garrett tinha constatado o que a gente já sabia: John era mesmo um milagre. E o médico, especializado em hipotermia e afogamento, e que certamente tinha achado que meu filho não ia resistir, acabara de dizer algo que nunca lhe passara pela cabeça, muito menos pelos lábios. Depois de admitir que estava errado, dava então o testemunho do milagre de John; era mesmo muita sorte nossa!

Ele sacudiu de novo a cabeça, admirado.

— Seu encéfalo, o seu cérebro, está muito doente, porque o corpo está muito doente — explicou o Dr. Garrett, como se estivesse pensando alto. — Não sei como está funcionando tão bem assim, mas com certeza está.

— É Deus — falei.

Ele só conseguiu sorrir e assentir.

Mais tarde, depois que o Dr. Garrett se foi, Mark Shepard decidiu fazer um teste neurológico por conta própria. Pegou a mão de John e perguntou:

— Sabe quem eu sou?

John fez que sim.

— Sou o pastor Mark?

John concordou de novo.

— Consegue apertar minha mão?

John apertou.

— Vamos lá, força!

John ergueu o braço e apertou com força.

— Você não estava na minha casa faz pouco tempo?

Outro sim.

— E eu ainda sou o maior bonitão que você já viu na vida?

John sacudiu a cabeça de lado a lado, curvando os cantos da boca para cima. *Não.*

Todo mundo riu.

— Este é o John — disse Mark. — Puro John. Presente aqui conosco. Não resta dúvida.

— Acho que os médicos não precisam mais se preocupar com a função cerebral — disse Don.

Dia de polegar para cima

À tarde, o Dr. Carter, outro neurologista pediátrico, apareceu com um grande caderno de anotações. Olhou para Janice, três anos mais nova que eu, e que estava segurando a mão de John, e perguntou:

— Você é a mãe dele?

Sem pestanejar, ela respondeu:

— Sou, sim, mas de vez em quando empresto ele a minha irmã.

Todo mundo riu.

— Eu sou a mãe de John — falei.

Ele também achou graça.

— Fiquei sabendo que seu filho está cheio de surpresas hoje.

— Hoje e todos os dias.

Ele se voltou para John, ainda de olhos abertos e olhando para ele.

— Sei que você está ouvindo, mas vou escrever algo para você ver. Vou escrever neste caderno e lhe mostrar, para você fazer o que está escrito. Está bem?

John assentiu.

Em letras grandes, o Dr. Carter escreveu: "Pisque duas vezes." E mostrou a John.

Sem hesitação, John respondeu: piscou uma vez, depois outra.

O Dr. Carter vacilou um passo para trás, de queixo caído.

— Incrível! — E olhou para o nosso grupo. — Eu vi a tomografia cerebral feita quando ele chegou. Ele não tinha como estar fazendo isso. Ele não tinha como estar reagindo. Nem lendo! Por falta de oxigênio, ele devia estar com tantas lesões no cérebro que nada disso funcionaria.

Não era uma reação qualquer: John reagia como se o cérebro não tivesse sofrido nenhum trauma.

CAPÍTULO 13

A paz que protege

Embora John permanecesse em estado crítico, nossos corações continuavam flutuando na emoção do que tínhamos visto nesse dia. E a notícia dos milagres operados por Deus estava dando o que falar na UTI inteira.

Por volta de 16h30 de quarta-feira, meus filhos Tom e Charles estavam com John, e eu fui até a sala de espera da UTI para encontrar os amigos e a família. Mais cedo, fora com o pastor Jason à sala de espera da cirurgia para rezar com os Suhling durante a operação de Jackson, e assim fiquei me perguntando como ele estaria. Pois não precisei esperar muito! Leann, a mãe de Jackson, entrou, olhou pela sala até me encontrar e veio correndo até mim com o iPhone na mão.

— Olha só! Olha só! Você precisa ver — disse ela, botando o celular na minha mão.

Pareciam que seus olhos tinham passado por um rejuvenescimento. Embora ela ainda parecesse esgotada, lágrimas brilhavam no seu olhar e o rosto todo era iluminado por um enorme sorriso.

Ela apertou o play na tela e apareceu Jackson, seu filhinho que pouco antes estava paralisado até o pescoço, e que possivelmente estivera a horas da morte, senão a minutos. Eu não acreditava no que estava vendo. Menos de quatro horas depois da cirurgia, Jackson estava sentado na cama, tocando sua guitarra Relâmpago McQueen e cantando "Rooftops"!

A paz que protege

— *Eu clamo o Seu nome* — cantava. — *Dos telhados proclamo que Lhe pertenço.*

— A equipe está impressionada! — disse Leann. — Eles esperavam que Jackson conseguisse respirar, mas jamais imaginaram que estaria assim, sentado e cantando. Deus é pai!

Deus tinha operado outro milagre na UTI Pediátrica. O riso vinha lá do fundo de todo mundo, explodindo ao redor da nossa mesa. A equipe cirúrgica fizera a sua parte, mas *aquilo*? Durante três semanas a pobre criança estivera quase desenganada, e em questão de poucas horas Deus tinha tocado seu corpo e o curado. Deus estava agindo. E a parte mais legal de todas? Muita gente estava começando a se dar conta. Uma coisa incrível estava acontecendo na UTI.

Todo mundo comemorou a incrível recuperação de Jackson, como se todos fossem da família e estivessem ali especialmente por ele. Era mesmo incrível e maravilhoso.

E se Deus começar a percorrer essa UTI inteira?, eu me perguntava, sentindo uma empolgação formigar pelo corpo todo. Estávamos preocupados com a possibilidade de John ser infectado por um vírus, uma bactéria contagiosa, mas eu me perguntava: *E se os milagres também fossem contagiosos?*

Mais tarde, voltei ao quarto de John, me sentindo reenergizada. Eu sabia que o que tinha acontecido com Jackson havia sido intervenção de Deus. Teria sido eu? Minhas orações eram tão fortes assim? Não, eu não tenho esse poder, mas Deus atendeu ao meu pedido. Quando Deus me induziu a sair da zona de conforto e me oferecer para orar com a mãe e o pai de Jackson, eu tinha dito sim, e Deus respondeu com um sim.

Enquanto conversávamos sobre as ações de Deus, Casey, a enfermeira chefe da UTI, entrou no quarto e veio direto até mim.

— Ontem à noite chegou um menininho...

— Eu sei. Está aqui em frente ao John. Ouvi o helicóptero que o trouxe.

Casey fez que sim.

— Ele tem muitas das coisas que aconteceram com John. Ele se afogou. Os pais estão aqui no corredor.

SUPERAÇÃO: O MILAGRE DA FÉ

Um gemido escapou dos meus lábios. Eu sabia o que aqueles pais estavam passando.

E então Casey disse a coisa mais linda:

— Você oraria com eles?

Mais que depressa eu levantei da cadeira.

Remington Davis, o Remie, tinha 3 anos. Na véspera, estava brincando com os irmãos e desapareceu. Quando os pais, Paul e Ciera, começaram a procurá-lo, Paul notou que o portão da piscina estava entreaberto. Eles faziam questão de manter o portão fechado porque era perigoso que as crianças andassem sozinhas por ali. Mas Remie tinha conseguido mexer no trinco. Paul correu até a borda da piscina e sob o deque viu os dois pezinhos miúdos flutuando. Desesperado, pegou o corpinho inerte, ligou para a emergência e começou a fazer uma reanimação cardiopulmonar no filho.

Quando chegaram ao hospital, exatamente como acontecera com John, o garotinho de cabelos escuros, olhos castanho-claros e bochechas rosadas estava sem pulso. Os médicos trabalharam incansavelmente, mas durante três horas não conseguiram sustentar os batimentos cardíacos.

Assim como eu tinha invocado Deus desesperada, essa doce e suave mãe cristã fizera o mesmo. "Jesus, salve o meu bebê!", não parava de gritar.

Finalmente, na noite de terça-feira, a equipe médica conseguiu estabilizá-lo e levá-lo de helicóptero para o Cardeal Glennon. E, maravilha das maravilhas, a UTI Pediátrica estava com um quarto disponível: bem em frente ao quarto de John.

Certo, Deus, Você já apareceu duas vezes, para John e para Jackson, eu orava enquanto caminhávamos pelo corredor. *Agora apareça para esse precioso menininho e sua família.*

Assim que os vi, meu coração se partiu em mil pedaços. Era como se eu tivesse sido transportada para três dias antes.

Abracei a mãe de Remie e falei:

— Eu sinto tanto.

Suas lágrimas molhavam minha blusa.

A paz que protege

— Nós já perdemos uma filha. Não vou aguentar se perder Remie também.

— A filhinha do casal morrera em um acidente de carro cinco anos antes, e, como dá para imaginar, eles ainda estavam tentando se recuperar desse horror. — Agora eles estão perguntando se podemos doar os órgãos.

Ela soluçava mais, as lágrimas caindo.

— Isso não vai acontecer — falei, tão determinada quanto me sentira com John. — Vamos orar. E vamos ficar em oração até Remie se curar.

Eu sabia que o estado de John ainda era considerado crítico, mas Deus não nos abandonara. Jackson ia sobreviver. E eu tinha absoluta certeza de que Remie ia sobreviver. Por quê? Porque aquele dia estava sendo milagroso. Porque todos nós tínhamos precisado de um milagre. Porque eu tinha a sensação de que Deus estava passeando por aquele andar e dizendo: *Ei, prestem atenção, ainda estou aqui. A verdade é que eu opero milagres. Continuo operando. Ainda sou capaz. Sempre serei.*

Embora John tivesse despertado e a função do tronco cerebral milagrosamente estivesse intacta, a equipe médica ainda tinha medo de perdê-lo. Os pulmões, nas palavras do Dr. Garrett, continuavam "muito comprometidos", a possibilidade de inchaço do cérebro ainda era alta e ainda teríamos de esperar até a quinta-feira para superar o marco das 72 horas. Todos aqueles dispositivos e tubos e tantos outros equipamentos podiam afetar fatalmente seu sistema imunológico já debilitado. E ele continuava lutando contra uma febre inexplicável que ia e vinha. Embora não se conhecesse a causa, os médicos sabiam que algo estava acontecendo no seu corpo, alguma infecção em algum lugar.

Para combater a febre, baixaram a temperatura do corpo e aumentaram de novo a dose de propofol, voltando John ao coma induzido.

— Sim, o nível de funcionamento cerebral do John é incrível, *mas* ainda não podemos ficar muito animados — eles nos diziam.

O Dr. Garrett reconhecera que era de fato milagroso que John estivesse evidenciando uma função neurológica tão detalhada; admitira até que nunca antes fizera um teste neurológico como aquele! Mas eu sentia que ele ainda não era capaz de nos olhar nos olhos e dizer: "Ele vai conseguir. Vamos fazê-lo

SUPERAÇÃO: O MILAGRE DA FÉ

superar isso. Vocês não precisam ficar preocupados com esses problemas de respiração e todos os alarmes e questões. Não se preocupem."

Eu já tinha experiência hospitalar suficiente para saber que se pode entrar para tratar um problema e lá dentro contrair graves infecções, portanto tinha consciência de que a possibilidade também preocupava o Dr. Garrett e os outros. Essas infecções hospitalares podem ser mortais por si sós, pois quando somos internados em um hospital nosso sistema imunológico já está debilitado. Com todos os distúrbios sofridos por John em consequência do afogamento, ele estava, digamos, transbordando em matéria de complicações. E quanto mais tempo passasse na UTI, maiores a chances de contrair uma infecção. Era como se o corpo de John mostrasse um letreiro em neon dando as boas-vindas a toda e qualquer infecção: "Entrem e sintam-se em casa!".

Mas também nos apegamos às promessas de Deus. E uma das que costumávamos invocar junto a John era Jeremias 29:11-13: "Porque eu bem sei os pensamentos que tenho a vosso respeito, diz o Senhor; pensamentos de paz, e não de mal, para vos dar o fim que esperais. Então me invocareis, e ireis, e orareis a mim, e eu vos ouvirei. E buscar-me-eis, e me achareis, quando me buscardes com todo o vosso coração."

Nós estávamos comprometidos a buscar Deus de todo o coração, mas era necessário ficar alerta para não esmorecer nas orações. É da natureza humana: quando começamos a ter vislumbres de boas novas e bons sinais, nosso nível de desespero pode diminuir e nossa determinação de "orar sem cessar" (1 Tessalonicenses 5:17) pode enfraquecer.

Assim, toda vez que uma enfermeira, um técnico ou um médico aparecia e avisava que ainda não podíamos começar a planejar a próxima viagem à Disneylândia, na verdade estavam nos fazendo o grande favor de lembrar que nossa missão ainda não fora cumprida. Toda manhã, quando o Dr. Ream e os estudantes de medicina faziam sua ronda, Jason atuava como nosso espião e ouvia os relatórios a respeito de John. (A maior preocupação em geral era que, mesmo que o cérebro melhorasse, ele viesse a morrer por causa dos pulmões ou alguma outra questão.) Depois do relatório, Jason voltava e passava as informações, para sabermos como orar. Eu continuava teimando em

A paz que protege

acreditar que Deus não tinha reativado o coração de John para em seguida deixá-lo morrer; não importava o que a comunidade médica dissesse ou o que os outros achassem. E a cada relato de algum novo problema, eu fincava pé e dizia: "Vamos orar até encontrar a resposta que buscamos."

Enquanto John dormia, a gente voltava às redes sociais, mandava mensagens de texto e apresentava a lista de orações do dia, com base no que Wendy e os outros sugeriam:

1. que o cérebro não inchasse;
2. que, mesmo já drenados, os pulmões continuassem livres de infecções; e
3. que o sistema digestivo voltasse a funcionar como deveria, pois eles estavam se preparando para começar a administrar alimentos mais substanciais.

Cerca de uma hora depois de enviada nossa lista de orações, tivemos um retorno: a cultura dos pulmões de John, pela qual estávamos esperando, se revelou estéril. Nós comemoramos a notícia. E mais uma vez a equipe se mostrou perplexa com o resultado do exame. Pulmões que tinham sido tomados pela água de um lago e dias depois se encontravam completamente livres de qualquer bactéria era um feito praticamente inédito. Mas havia outro fato curioso. Como nos explicou o Dr. Garrett, quase todo mundo que vive no Meio Oeste tem alguma questão pulmonar, por causa do ar que respiramos. Ninguém tem pulmões estéreis no Meio Oeste. Mas John tinha. Era mais um milagre!

Com esta boa notícia, contudo, veio outro mistério: se os pulmões não eram a causa da febre de John, o que seria? A equipe queria se certificar de que era apenas um feliz acaso, e assim solicitou outra cultura pulmonar.

Quando John estava acordado, a gente percebia que ele queria que alguém estivesse segurando sua mão sempre que possível, e prometemos que assim seria. Enquanto eu focava na saúde de John e ficava sentada segurando sua mão, Jason começou a focar em outra pessoa com possíveis problemas de saúde: eu. Eu pouco estava dando atenção ou me preocupando com minhas próprias necessidades. Como tenho diabetes, preciso comer em intervalos regulares, em geral de duas em duas horas. Desde segunda-feira, quando recebera a notícia, eu tinha comido muito pouco. E dormira menos ainda. As pessoas traziam comida para o quarto, para eu não precisar sair, mas eu nem dava bola. Estava ali lutando por John, e não por mim mesma.

Em um momento mais tranquilo de fim do horário de visitas, quando Jason e eu ficamos sozinhos no quarto com John, ele resolveu abordar o tema incômodo.

— Estou preocupado com você. Sei que não dorme desde domingo, e já é quarta-feira. Você precisa dar uma parada e descansar um pouco. Precisa se cuidar, pois podemos ficar aqui por muito tempo. E não vai poder ajudá-lo se estiver esgotada.

Eu respondi que entendia, mas ele não ia deixar isso pra lá, provavelmente por saber que eu não tinha a menor intenção de levar em conta seus bem--intencionados conselhos. Eu daria um jeito; John precisava de mim ali.

— Estou falando sério — insistiu ele com voz firme. E, como se estivesse lendo meus pensamentos: — John precisa que você fique saudável. Não vai ajudá-lo em nada se também acabar em uma cama de hospital. Se não descansar, vai acabar desmoronando.

— Eu sei — respondi, tentando acalmá-lo. — Vou descansar. Só quero passar desse período crítico e aí...

— Não espere mais. Estou falando sério.

Eu disse que descansaria, e ele sacudiu a cabeça, desiludido. Eu ia dar um jeito de passar a perna nele, ele me conhecia muito bem.

Mas ele não estava entendendo. Eu não podia me afastar de John. Uma das minhas funções era justamente salvaguardar o quarto e os ouvidos do meu filho de conversas negativas. Feito um cão com seu osso, eu ficava furiosa se alguém ameaçasse dizer palavras que não fossem de vida.

Mas havia pessoas que se recusavam a entrar no espírito da coisa. Quando entrava alguma nova visita no quarto, muitas vezes demonstrava choque e pena ao olhar para ele, mas depois passava a evidenciar compaixão e otimismo. Mas houve um visitante que insistiu em me informar que John não ia sair dessa.

— Ele vai morrer. Que pena.

A paz que protege

Várias vezes veio a declaração de que ele morreria, não importando os sinais milagrosos que víamos. Não se podia fugir à verdade, nós precisávamos tomar coragem e aceitá-la. Matar aquela pessoa em um quarto de hospital, especialmente quando eu tinha dito a todo mundo que ali só falávamos de vida, seria errado, eu sabia perfeitamente. Também não dava para estrangular. Nem começar a chutar sua canela, ou enfiar os dedos nos olhos ou fazer algum mal que fosse. Mas não pensem que isso não passou pela minha cabeça.

Lembrei de que John e eu costumávamos citar o filme *A hora do rush* (A gente adorava citar falas de filmes um para o outro.). Eu queria botar o dedo na cara dessa pessoa e dizer: "Você entende as palavras que estão saindo da minha boca?" Mas também não seria um jeito cristão de lidar com minha raiva e frustração.

— Sabe, estamos firmes na decisão de só falar de vida neste quarto — declarava finalmente.

As previsões de morte cessaram, mas dava para ver que os pensamentos, não.

Não demorou, e John teve uma piora.

Por volta das 14h30, depois que o pastor Jason se retirou para o culto religioso do meio da semana, meu filho Tom veio ficar comigo e com John, acompanhado da mulher, Jennifer. John adora os irmãos, e quando Tom o cumprimentou e segurou sua mão, ele fez o mesmo.

Mais tarde, chegou a enfermeira da noite. Era a primeira vez que vinha essa profissional, e eu não tinha nenhum prejulgamento, pois todas as nossas enfermeiras eram excelentes.

Mas algo na maneira como ela entrou no quarto e passou a cuidar dos monitores e dos sinais vitais de John chamou a atenção de Jennifer. Ela é enfermeira de telemetria, trabalha com eletrocardiogramas e outros equipamentos médicos usados em pacientes com questões agudas de saúde, e fez uma cara feia ao observar a cena.

Assim que a enfermeira saiu, Jennifer disse:

— Ela não sabe o que está fazendo.

E toda vez que a enfermeira entrava no quarto, Jennifer arregalava os olhos. John deve ter sentido alguma mudança no clima do quarto, pois aos poucos foi ficando agitado. Passou a ficar de cara fechada também, e os braços e as pernas começaram a se mover, como se ele estivesse desconfortável e inquieto.

Em algum momento entre 20h30 e nove da noite, minha amiga Melissa chegou para passar a noite comigo, o que, como ela havia deixado claro, faria enquanto John permanecesse na UTI.

Enquanto Tom e Jennifer pegavam seus casacos, Jennifer não tirava os olhos de mim.

— Fique de olho naquela enfermeira. Não confio nela.

— Pode deixar.

— *Presta atenção nela.*

Achei que Jennifer estava sendo melodramática. Não havia notado nada fora do normal ou preocupante na enfermeira. Mas como Jennifer tinha o olhar treinado para essas coisas, dei o benefício da dúvida e prometi que ficaria atenta. Essa enfermeira seria a principal pessoa da equipe acompanhando John durante a noite.

Logo chegou outra visita. Uma mulher baixa, corpulenta, cabelos avermelhados, aparentando cinquenta e tantos anos, apareceu na porta. E disse, com a voz mais doce do mundo:

— Olá, eu sou a capelã aqui. Posso entrar?

— Claro — respondi, sempre grata por qualquer pessoa que demonstrasse o desejo de orar pelo meu filho, o que presumi que ela faria, já que era a capelã.

Ela era uma pessoa agradável e perguntou como eu vinha enfrentando a situação e como John estava.

Conversamos um pouco, até que lhe perguntei:

— Qual sua formação religiosa?

Queria saber onde ela se posicionava no universo da oração.

— Pratico métodos de cura dos indígenas americanos.

Ops, pensei.

— Descobri que quando fazemos contato com nossas raízes e irradiamos boas energias — prosseguiu ela —, essa energia volta para nós.

A paz que protege

Não estou gostando desta conversa.

De repente ela estendeu os braços sobre o corpo de John e começou a emitir um som:

— Hummmmmmmm. Hummmmmmmm. Hummmmmmmm.

Foi a coisa mais estranha e me deixou bem desconfortável.

O corpo de John piorou completamente.

Todos os alarmes dos monitores começaram a apitar. Os braços dele tremiam, e as pernas se agitavam, jogando-o para um lado e para o outro.

Fiquei ali pasma e sem saber o que fazer, vendo os números nos monitores completamente ensandecidos. A pressão arterial e os batimentos cardíacos subiram, e os níveis de oxigênio caíram.

— Ah! — exclamou a xamã.

Eu imediatamente apertei a campainha para chamar a enfermeira.

— John, se acalme — falei, tentando, sem sucesso, pegar sua mão. — Está tudo bem. Você está bem. Procure se acalmar.

Mas ele não se acalmava. A agitação tinha explodido, e ele se debatia cada vez mais.

A enfermeira da noite levou vários minutos para aparecer, e quando chegou começou a agir imediatamente.

— Temos de contê-lo para não arrancar os tubos — disse ela.

E assim Melissa, a capelã, a enfermeira e eu pegamos cada uma um membro, tentando mantê-lo parado. Mas ele resistia bravamente.

Até que Jason apareceu, na hora exata.

— Que houve?

— Não sei — respondi. — Ele está meio agitado esta noite, mas uns minutos atrás começou a se debater desse jeito. *Exatamente na hora em que a capelã começou a "irradiar energia".*

A enfermeira fez sinal para que Jason tomasse o seu lugar enquanto ela ia pegar ataduras para amarrar meu filho.

— John — disse Jason. — Você está bem, John. Nós estamos aqui. Por favor, se acalme.

SUPERAÇÃO: O MILAGRE DA FÉ

John continuava a nos oferecer resistência, fazendo força nos braços e nas pernas, lutando para se soltar.

A enfermeira voltou com as ataduras e o prendeu. E, mesmo assim, ele não parou quieto.

Não havia explicação para o que estava acontecendo. Mas o que quer que fosse, eu podia garantir que não era nada bom. No reino espiritual, o quarto tinha mergulhado no caos.

— Simplesmente não sei o que fazer com este menino — disse a enfermeira, como se ele estivesse causando problemas para ela. — Ele não se acalma. — E então bateu várias vezes no reservatório de propofol.

Será que ela exagerou na dose? Mas ele não está se debatendo contra os tubos nem contra o ventilador. O propofol estava ali caso ele despertasse e quisesse se desvencilhar dos tubos presos ao ventilador. E naquele momento foi preciso acioná-lo, embora ele não estivesse querendo se desvencilhar de nada. Estava apenas se debatendo, o que não ia arrancar o tubo dos pulmões. Por que então ligar o propofol?

Descartei esses pensamentos e dei um suspiro de alívio quando a enfermeira e a capelã se retiraram. Mas o mal estava feito. A paz que tínhamos lutado tanto para preservar desaparecera completamente.

Contei a Jason tudo que acontecera. Ele não tirava os olhos do meu filho, ainda agitado, e dos monitores que continuavam a apitar e chiar.

— O que a gente precisa é manter a paz aqui no quarto — disse, então, dirigindo-se a mim e a Melissa. — Temos de manter a paz aqui, custe o que custar.

Esta então passou a ser nossa missão, nosso grito de guerra.

— Parece mesmo um ataque espiritual, porque ele estava tão bem hoje — falei.

Oramos então por John e tocamos canções de culto, mas nada parecia capaz de mudar o clima. E, estranhamente, a enfermeira desapareceu.

Só depois de duas horas John finalmente se acalmou. Jason se retirou pouco depois, e Melissa e eu nos preparamos para o resto da noite, achando que tudo tinha voltado ao "normal crítico". Mas às 23h30 John tinha começou a

A paz que protege

tossir. A tosse foi piorando, até que se transformou em horríveis convulsões que lhe sacudiam o corpo todo.

Apertei a campainha para chamar nossa enfermeira, que não víamos desde que havia amarrado John e aumentado a entrada de propofol. Embora devesse estar checando as coisas de quinze em quinze minutos, já se haviam passado duas horas e nem sinal dela.

Os minutos passavam, e John continuava com uma tosse forte e traiçoeira. E nada da enfermeira.

Apertei a campainha de novo. E de novo.

Finalmente Melissa saiu para buscar a enfermeira. Inconformada, eu tentava lembrar o que o Dr. Ream fizera na noite anterior, quando John tinha enfrentado outro acesso de tosse. Ele retirara o tubo do nariz, o que tinha ajudado um pouco. Cheguei a encostar no tubo, mas não lembrava como fazer.

— Não está em lugar nenhum — disse Melissa ao voltar.

Atarantada e em uma fúria já quase fugindo ao controle, Mamãe Ursa entrou em ação. Botei a cabeça para fora, no corredor, e olhei para os dois lados. Nada. Senti a pressão subir e o rosto queimar. Apertei as pálpebras para enxergar longe, no posto de enfermagem, mas também estava vazio.

A tosse de John ficava mais alta e assustadora.

Quando eu botar as mãos nessa mulher...

Parei no meio do corredor e gritei:

— ONDE ESSA ENFERMEIRA SE ENFIOU?

Quatro enfermeiras puseram a cabeça para fora dos quartos de seus respectivos pacientes para ver o que estava acontecendo.

— Que houve? — perguntou a enfermeira de Jackson, saindo do quarto e vindo ao meu encontro.

— Ele está com uma tosse terrível. E a nossa enfermeira não aparece *desde as nove.*

Ela então entrou no nosso quarto.

— Vamos ver o que está acontecendo — disse ela a John, em uma voz tranquila e afável. Ajustou o ventilador e arrumou os tubos. — Eu sei que está desconfortável, mas espero que assim melhore um pouco.

A tosse cedeu aos poucos, persistindo apenas alguns espasmos de minutos em minutos, mas no fim ele se acalmou. Passou então a mover a cabeça lentamente de um lado para o outro, de um jeito que indicava que estava exausto e incomodado.

— Vou matar essa mulher — falei para Melissa quando finalmente nos acalmamos. — Pode ter certeza.

Por volta das três da manhã, nossa enfermeira finalmente deu as caras. Olhou os monitores e os sinais vitais e diminuiu o propofol, agindo o tempo todo como se tivesse passado a noite toda tomando conta dele.

— Onde você estava? — perguntei, sem me dar ao trabalho de esconder a irritação.

— Eu tinha outras coisas para cuidar.

Como é que é?

Comecei a me levantar do sofá, mas Melissa tocou levemente meu braço e balançou a cabeça. Ela tinha razão. Eu não podia pregar para todo mundo que só falaríamos de vida, que estávamos ali para preservar a paz, e me tornar uma causa de perturbação no quarto.

Respirei fundo e disse da forma mais neutra que consegui:

— Você não estava aqui quando precisamos.

Ela me ignorou. Nem chegou a esboçar um pedido de desculpa. Simplesmente concluiu o que estava fazendo nos monitores de John e saiu sem dizer uma palavra.

CAPÍTULO 14

Um dia ruim, imprestável, horroroso, podre

Quinta-feira, 22 de janeiro de 2015

Depois de reaparecer às três da manhã, a enfermeira da noite continuou dando as caras nas três horas que restavam do seu plantão. E continuou agindo como se eu não estivesse no quarto. Minha cunhada Jennifer tinha razão. E a partir daquilo passei a monitorar a enfermeira com olhos de águia o tempo todo.

Nas primeiras horas da manhã, Melissa e eu fizemos o máximo para restabelecer a calma e a paz; na verdade, sobretudo Melissa, pois eu estava tão contrariada com os últimos acontecimentos que nem sei se queria mesmo me acalmar. Especialmente vendo o estado em que a enfermeira deixara meu filho. Ele tinha sido submetido a doses exageradas da medicação e por conta disso ficara totalmente sedado. Não esboçava qualquer reação, não apertava nossa mão, não ouvia nossas perguntas. Nada. Era como se tivesse regredido a como estava na segunda-feira. Eu não estava nem um pouco satisfeita com aquilo. Nem um pouco.

Para piorar as coisas, nossa querida enfermeira, Wendy, não trabalhava nesse dia, e assim veio uma nova. Só de pensar na possibilidade de aparecer uma gêmea da enfermeira da noite senti um calafrio, mas felizmente essa era mais uma profissional excelente e dedicada.

SUPERAÇÃO: O MILAGRE DA FÉ

Por volta das oito, o Dr. Ream chegou com seu grupo de alunos.

— Bom dia! — disse ele, de bom humor. — Como vai, John?

Ele esperou para ver se meu filho dava alguma resposta, mas teve apenas John 1.0.

— John? — Ele se dirigiu aos monitores para dar uma olhada. A testa franzida demonstrava que estava atônito e preocupado. As taxas estavam baixas, totalmente fora de esquadro. Ele então se voltou para a enfermeira:

— Não estou entendendo. Ele estava tão reativo ontem, e agora está assim. Por que essa recaída?

Enquanto ele e a enfermeira discutiam os possíveis motivos, eu finalmente resolvi abrir a boca.

— O que eu acho que aconteceu foi o seguinte — comecei. — Acho que a enfermeira da noite exagerou na medicação. Aumentou os níveis do propofol porque assim poderia se afastar e não precisaria cuidar dele. E só voltou às três da manhã. — A raiva estava subindo de novo em mim. — Não quero ela aqui de novo *em hipótese alguma*.

O Dr. Ream ouvia. Olhou para Melissa, que confirmou meu relato. Duas testemunhas e um garoto dopado e sem reação, que não deveria se encontrar nesse estado. Provas mais que suficientes. Ele me disse que assim que terminasse sua ronda conversaria com Casey, a enfermeira-chefe, para que viesse pessoalmente ouvir o que eu estava dizendo.

Ah, com certeza ela ia ouvir a história toda.

Só externar a queixa renovou minha indignação.

— E se eu passar o dia aqui com você? — perguntou Melissa. — Estou de folga.

Embora ela já tivesse passado a noite ali, fiquei grata — e com a sensação de que a oferta era mais para me manter calma e equilibrada do que por qualquer outro motivo.

Por volta das 9h15, Jason entrou no quarto, e, puxa vida, era exatamente o ombro de que eu precisava. Como ele estivera presente na noite anterior e vira o ocorrido, eu sabia que entenderia minha raiva e concordaria comigo. Saí com ele do quarto e falei tudo. Queria a cabeça daquela enfermeira em

Um dia ruim, imprestável, horroroso, podre

uma bandeja. Queria que fosse demitida. Queria ter certeza de que nenhuma outra criança sofreria com a total falta de consideração e profissionalismo daquela mulher.

— Ela não vai ser a enfermeira dele hoje à noite nem nunca mais.

Jason ficou tenso do meu lado. Eu sabia que ele entendia e sabia que estava percebendo que John não estava bem. Ele me deixou extravasar a indignação toda e me garantiu que ela não se aproximaria mais do meu filho.

— Vou falar com o Dr. Ream e reforçar nossa preocupação, e me certificar de que *ele* garanta que essa enfermeira não voltará mais.

— Obrigada.

Voltei ao quarto e me sentei ao lado de Melissa. Queria me acalmar e me controlar, mas toda vez que pensava de novo no que essa enfermeira tinha feito, a raiva fervia outra vez.

John já estava enfrentando questões de saúde bem complicadas e não precisava de uma overdose de medicação para agravar as coisas, e olha que esse não foi o problema. Eles tentaram de tudo, e a febre não passava. Começaram então a administrar antibióticos, que naturalmente provocaram um novo surto de diarreia. Os níveis de oxigênio caíam. E ele continuava tossindo. Pobre menino! Meu coração estava partido vendo-o sofrer tanto.

Quando começou a recobrar um pouco de consciência, John passou a dar sinais de inquietação. Quanto mais desperto ficava, mais se agitava e se debatia. Por várias vezes Jason e eu tivemos de segurar seus braços e pernas.

— John, se acalme. Você está bem. Sei que está incomodado, mas precisa relaxar.

Até que finalmente parecia que o tínhamos acalmado, e entrava alguém para ajustar os tubos ou mexer em alguma coisa, e ele recomeçava, se movendo e se debatendo e resistindo aos nossos esforços. Era exaustivo. Mas a última coisa que eu queria era que ele fosse dopado de novo com propofol para forçá-lo a se acalmar.

Brad Riley apareceu por volta das dez horas e parou ao lado da cama com Jason para orar. Mas assim que começaram o Dr. Garrett entrou, e eles se afastaram para deixá-lo trabalhar.

SUPERAÇÃO: O MILAGRE DA FÉ

— Não, não — disse o médico. — O trabalho que vocês estão fazendo é muito melhor que o meu. A gente precisa mesmo que vocês orem pelos pulmões do John. A respiração é o principal. Se os pulmões não melhorarem, mesmo com o restabelecimento gradual do cérebro... — Ele se deteve, para não dizer nada negativo. Até que concluiu: — Precisamos de um milagre nos pulmões.

Mais tarde naquela manhã, em meio a todas as visitas e ao entrar e sair de enfermeiras e técnicos, a neurologista de sotaque pesado apareceu (vamos chamá-la de "Dra. Johnson").

— Bom dia — disse ela, levantando a prancheta para dar uma olhada. — Como está hoje, John? — Pelo menos acho que foi o que ela disse.

John não reagiu.

Ela fez mais algumas perguntas difíceis de entender, sem nenhum resultado, e registrou na prancheta.

— Vou pedir um eletroencefalograma para ele amanhã, pois receio que estejam ocorrendo convulsões cerebrais.

O quê? Eles tinham avisado que nesse período de 72 horas o cérebro de John poderia inchar e ele começaria a ter convulsões. Mas o cérebro ainda não tinha inchado, então não era para ele ter convulsões. Só que a Dra. Johnson parecia convencida de que devia, e por isso ele *devia* tê-las.

— Estou preocupada com o fato de ele continuar não responsivo.

Pois se aquela enfermeira não tivesse jogado tanto propofol no organismo dele, não estaríamos enfrentando este problema, pensei, respirando fundo, para evitar mais um acesso de raiva. Eu não entendia por que ela duvidava de que John fosse capaz de reagir. *Será que não soube pelo Dr. Garrett que John despertou ontem e respondeu a todas as perguntas sobre basquete?,* me perguntava. *Que outra reação ela está querendo?*

Eu só queria que aquela mulher saísse do quarto de John. Era como se, depois daquele dia anterior maravilhoso, quando John despertara e se comunicara conosco, o pêndulo tivesse passado para o outro lado, trazendo caos novamente.

Senhor, precisamos que esse menino se estabilize e precisamos de paz neste quarto, orei.

Um dia ruim, imprestável, horroroso, podre

Por volta do meio-dia, John finalmente se acalmou e pôde descansar. Mas bastou darmos um suspiro de alívio e surgiram mais problemas. Estava parecendo que era mesmo para ser um dia caótico.

Monica Sullivan, da equipe de relações-públicas do Cardeal Glennon, entrou no quarto.

— Bom dia.

Tínhamos comunicado ao pessoal de relações-públicas que não queríamos saber de nenhum veículo de comunicação nem dar entrevistas, então eu não estava entendendo por que ela tinha aparecido.

— Temos uma situação com a qual lidar — disse ela, direto ao ponto.

Ops, "situação" nunca é coisa boa.

— Parece que alguém da escola de John postou a carta do Dr. Sutterer no Facebook. E a coisa viralizou.

A carta do Dr. Sutterer aos alunos da escola de John e da sua própria filha, falando do milagre que acontecera na emergência do hospital, trazia uma mensagem forte e comovente. Mas era uma carta particular, destinada apenas a quem conhecia John pessoalmente: colegas, família e amigos. Certamente não se destinava ao público em geral.

— Como assim, alguém postou no Facebook? — perguntei.

Ela deu de ombros.

— Não sei, mas o fato é que está circulando. A mídia toda caiu em cima. E a gente precisa tomar a frente.

Até então ninguém tinha feito qualquer declaração aos meios de comunicação sobre detalhes da situação de John, embora soubéssemos que a mídia local andava vigiando as páginas do Facebook da escola e da nossa igreja para ver se colhia alguma informação. Mas com a publicação da carta, eles sabiam o nome de John e estavam a par de outras informações que, como ele era menor, não tinham permissão de veicular.

— Não consigo lidar com isso hoje — falei para Jason.

Ainda estava tentando me recuperar da vontade louca de arrancar a cabeça da enfermeira e da neurologista. Não tinha como enfrentar a mídia também.

SUPERAÇÃO: O MILAGRE DA FÉ

Enquanto eu ligava para Brian, Jason falava com a superintendente da escola, para descobrir o que tinha acontecido e pedir que a postagem fosse imediatamente retirada da página. Eles concordaram e pediram desculpas, mas infelizmente o estrago já estava feito.

Fiquei muito chateada de termos de lidar com essa situação. Eu sabia que todos estavam impressionados com o que Deus estava fazendo, e que a carta fora divulgada por causa dessa empolgação. Mas nós tínhamos nos esforçado muito para preservar John do circo que sabíamos que aquilo podia virar, e agora nos víamos no meio daquilo. O que representava mais uma camada de estresse, e eu não sabia se seria capaz de aguentar mais uma coisa. Mas, estando preparada ou não, a mídia estava chegando, e a faxina era por nossa conta.

— Acho que você vai ter que dar uma resposta — disse Jason. — Caso contrário, sabe-se lá que tipo de coisa pode ser publicada...

Ele tinha razão. A gente precisava tomar a frente para que a mídia contasse a verdade. Eu não queria que John se transformasse em tema de fofoca no circo que certamente estava para começar. Mas nem por isso estava gostando daquilo.

Eu estava tão destruída (apesar dos conselhos de Jason, ainda não tinha descansado) que a simples ideia de ter que falar com alguém de fora era demais para mim. Eu não tinha como enfrentar essa situação e ao mesmo tempo focar no meu filho.

— Simplesmente não vou conseguir lidar com isso. Será que você...?

— Claro — respondeu Jason, como se estivesse lendo meus pensamentos. — Estou aqui por você e por Brian. Para o que vocês precisarem.

— Quer dizer, você topa cuidar de toda essa coisa de mídia? — Eu sabia que não seria capaz. Se eu não era, Brian muito menos. E se Jason se dispusesse a nos proteger da mídia e cuidar das entrevistas, estaria passando de pastor maravilhoso a santo glorioso no meu conceito.

— Com certeza — disse ele, em seguida olhando para Monica. — Acho que seria bom marcar uma reunião com sua equipe para traçar um plano sobre o que vamos querer.

Ela concordou.

Um dia ruim, imprestável, horroroso, podre

— Que tal amanhã?

— Perfeito — concordei.

Monica era uma mulher boa e amável. Eficiente em seu trabalho. Mas para ser franca, eu preferia não ter de interagir com ela — ou qualquer pessoa de relações-públicas. Só queria estar com meu filho, focar no seu tratamento e na sua cura, assegurar que estivesse bem assistido e que soubesse que eu estava ali com ele. Basicamente, queria apenas ser mãe.

Estava me sentindo destruída mesmo. *E o que mais ainda vem por aí hoje?*, me perguntava.

— Joyce — disse Jason em tom paternal. — Está na hora de você ir descansar.

— Estou bem.

Ele ergueu as sobrancelhas descrente.

— Verdade — garanti.

Sua expressão não mudou.

— Posso descansar perfeitamente aqui. Vou deitar no sofá.

Seus lábios esboçaram um sorrisinho, e ele fechou a cara. Ele sabia exatamente o que eu sabia. Aquele quarto mais parecia uma estação ferroviária, com tudo aquilo acontecendo, e eu o olhava nos olhos muito séria, tentando convencê-lo de que podia mesmo repousar.

— Não, e também precisa comer alguma coisa.

— Não estou com muita fome — insisti.

— *Joyce* — disse ele de novo. Dessa vez eu realmente me senti uma adolescente levando uma bronca. — Eu estou aqui. Posso perfeitamente tomar conta das coisas. Vou ficar com John e ver se estão cuidando bem dele.

— Está me expulsando?

— Estou te expulsando.

Mas o que está acontecendo?, pensei, diante de toda aquela investida. Meu *amigo* estava me expulsando do quarto do meu filho!

— Lá em cima tem a Sala de Família Ronald McDonald — lembrou ele. — Você pode comer alguma coisa e descansar nas poltronas. É sossegado e ninguém vai incomodá-la.

Muito contrariado, levantei-me devagar do sofá-cama e saí me arrastando do quarto. Dava para perceber que, se não me movesse, ele provavelmente me levaria à força.

Saí do elevador no quinto andar e logo encontrei a Sala de Família Ronald McDonald. A entrada era toda alegre, com rostos de crianças sorridentes e felizes e marcas multicoloridas de mãos cobrindo a parede. Me surpreendeu que a sala estivesse vazia. Tinha uma cozinha toda equipada, com geladeira, micro-ondas e fogão. Mas nem me aproximei, mesmo sabendo que tinha muitos salgadinhos e bebidas. Eu realmente não queria comer.

No resto da sala havia enormes poltronas e sofás bem convidativos. Escolhi uma das poltronas reclináveis perto da janela, desabei nela e levantei o apoio de pés. Soltei um suspiro. *Eu não preciso estar aqui. Deveria estar no quarto do John. Ele teve um dia horrível hoje. E se acontecer alguma coisa e eu não estiver lá?*

As pálpebras estavam ficando pesadas. Não demorou, e eu estava inconsciente.

Enquanto eu caía nos braços de Morfeu, um amigo de Brian chegou à sala de espera da UTI Pediátrica.

— Por que não está lá com Jason? — Ele se achou no direito de perguntar.

— É que...

— Deve ser difícil ver seu filho assim — prosseguiu o amigo. — Se fosse o meu, também não sei se seria capaz de vê-lo nesse estado. Especialmente com perspectivas tão difíceis.

E sacudiu a cabeça, solidário.

— Estamos em oração pela recuperação total dele — respondeu, enfim, Brian, tenso e assustado.

— Claro! Mas... dificilmente alguém se recupera de uma situação como essa, certo? Não que Deus *não possa* curá-lo, mas fica difícil alimentar esperanças, não?

As palavras do amigo mandavam ondas de choque e dor para Brian. *Não quero ficar ouvindo isso*, ele pensava.

— Bom — disse então, hesitante —, estamos tentando focar em um resultado positivo.

Um dia ruim, imprestável, horroroso, podre

— Claro, claro. Eu só acho...

— Vamos entrar — sugeriu Brian. — John não pode receber muitas visitas ao mesmo tempo, por isso em geral fico aqui, para dar oportunidade aos outros. E, quando as coisas se acalmam por lá, eu entro para ver como ele está.

Infelizmente não era um bom momento para visitas, pois as taxas de John ainda estavam abaixo do que haviam sido e precisavam ser.

— Puxa, ele não parece nada bem — soltou o amigo de Brian assim que entrou e viu John com todos aqueles tubos e os monitores apitando. — Sei que vocês estão tentando focar no pensamento positivo. Entendo perfeitamente, mas... vocês precisam se preparar para o pior. As chances são muito baixas. Seria horrível vocês alimentarem esperanças e depois John não conseguir...

Brian engoliu em seco, e seus olhos se encheram de lágrimas, mas ele não disse nada.

John reagiu se agitando e tossindo. Seu estado piorou tanto que os alarmes de vários monitores e máquinas começaram a soar.

— Está vendo? Era o que eu estava dizendo — continuou o amigo. — Acho que ele não vai conseguir. É realmente uma pena.

Jason pegou o celular e mandou uma mensagem para minha irmã, que estava na sala de espera, pedindo que voltasse ao quarto imediatamente. Precisava de ajuda para preservar o clima de paz. Em questão de segundos Janice tinha entrado e convocou a enfermeira, que foi logo cuidar de John. Os números da respiração desembestaram, a temperatura disparou e a enfermeira teve uma enorme dificuldade de estabilizá-lo. A agitação estava mais intensa. Suas pernas chutavam violentamente, e ele começou a batê-las com força na cama. John levantava os braços e os sacudia, tentando arrancar os tubos da garganta e do nariz.

— Esta pessoa precisa sair do quarto — disse Jason discretamente a Janice. — E também temos de manter fora daqui qualquer um que não venha falar de vida.

Eles olharam para Brian, que estava pálido e prostrado. E rapidamente decidiram que Jason ficaria com John, enquanto Janice cuidaria da família e dos amigos na sala de espera.

SUPERAÇÃO: O MILAGRE DA FÉ

Janice virou-se para Brian e o visitante.

— John está precisando descansar, acho melhor deixá-lo sozinho por enquanto.

Jason estendeu a mão e tocou o braço de Brian.

— John vai ficar bem — sussurrou. — Não permita que digam o contrário. Deus está cuidando de tudo.

Brian fez que sim com a cabeça desanimado, olhou de novo para nosso filho e saiu com o amigo.

Enquanto isso, Melissa estava na sala de espera quando chegou um pessoal da nossa igreja. A caminho do repouso, eu lhe mandara uma mensagem pedindo que ficasse de olho e que me chamasse quando eles chegassem. E eles tinham chegado, mas Melissa não queria interromper o meu descanso. Falou então com Janice, que voltara à sala de espera, para perguntar o que achava.

— Se ela estiver descansando mesmo, não vou acordá-la, pois é a primeira vez que dorme em o quê? Quatro dias? — disse Melissa.

— Tem razão — concordou Janice. — Melhor deixá-la dormir um pouco mais.

As duas esperaram um pouco, mas Melissa levantou de novo a questão.

— Não sei muito bem o que fazer. Ela também precisa comer. Acho que só beliscou alguma coisa a semana inteira.

— É, talvez seja melhor acordá-la.

Melissa levantou.

— Vou lá dar uma olhada.

Ela entrou na Sala de Família Ronald McDonald, onde eu ainda estava sozinha.

— Joyce? — falou, baixinho. — Joyce, querida, seus amigos chegaram.

A voz de Melissa entrou de leve no meu cérebro, mas eu não acordei. Eu ouvia sua voz. Tentei responder, mas as cordas vocais não reagiam. Ordenei que meu corpo reagisse, mas era como se ele tivesse entrado em greve.

Sim, estou acordada, eu dizia. Ou pelo menos achava que estava dizendo. Não tinha certeza de estar dizendo nada. Estava mergulhada numa pesada neblina, incapaz de sair dela.

Um dia ruim, imprestável, horroroso, podre

Como eu não respondia, Melissa achou que finalmente eu tinha pegado em sono profundo e voltou à sala de espera da UTI.

— Não sei, não — disse então a Janice. — Ela não me ouviu, está dormindo mesmo. O que é ótimo. — Só que ficou com uma pulga atrás da orelha. — Mas ela tem diabetes. Precisa comer, imagina como deve estar seu nível de glicose.

Ela decidiu então checar sem me acordar.

— Brian, a Joyce costuma andar com um medidor de glicose? — perguntou ao meu marido, que estava sentado ali perto.

— Não. Mas deveria. Tem algo errado?

Melissa não queria preocupar Brian, caso eu estivesse apenas dormindo. Ele já tinha muita coisa com que se preocupar, e ela rapidamente tratou de responder:

— Nada errado, não. Só estava querendo saber.

E voltou ao quinto andar.

— Joyce?

Ela tentou de novo me despertar, mas eu não reagia. E ela resolveu perguntar a uma das enfermeiras se podia emprestar um medidor de glicose. *Nada de mais*, pensou.

Só que era, sim.

— Você teria um medidor de glicose? Queria checar o nível de açúcar da minha amiga para lhe dar algo para comer se estiver muito baixo. Estou tentando acordá-la e ela não reage, mas acho que está só dormindo mesmo — explicou.

Esse simples pedido foi como um grave alerta de emergência. A enfermeira ficou preocupada e disse que se alguém não estava reagindo, o hospital tinha de fazer alguma coisa. Melissa tentou explicar de novo que não seria necessário. Mas a enfermeira bateu o pé. Melissa sabia que eu não ia ficar nada satisfeita. Sabia que o hospital certamente estava exagerando, mas também sabia que a última coisa que minha família precisava era que eu também acabasse hospitalizada.

— Código Azul, quinto andar, Sala Ronald McDonald. Código Azul.

SUPERAÇÃO: O MILAGRE DA FÉ

O alarme soou em todo o hospital, e em instantes apareceram oito funcionários com uma maca.

Melissa ainda tentava me acordar, mas eu só conseguia olhar para ela. Estava em total torpor.

— Que dia é hoje, Joyce?

Eu sabia a resposta, tenho certeza de que estava na ponta da língua, mas simplesmente não saía. "Ãhnn" era a única coisa que eu conseguia proferir. *Vamos lá, Joyce. Você sabe.* Mas nada, não saía absolutamente nada.

— Está com fome? — perguntou ela.

Essa resposta eu não sabia. Quando um diabético não comeu e tem uma queda violenta dos níveis de glicose ou simplesmente desmorona, não costuma querer comer. Eu não sabia se estava com fome ou não. Não me lembrava da última vez que havia comido. *Não faz muito tempo, faz?*

— Vamos botá-la na maca. Temos de levá-la para a emergência.

A voz era de alguém por trás de Melissa. Minha mente berrou: *Não!* Mas eu só conseguia olhar confusa para a minha amiga.

Mãos fortes me pegaram pelos braços e pernas e me puseram na maca. Enquanto isso, eu protestava mentalmente, completamente grogue, sem conseguir dizer nada. Eu sabia que deveria ter ficado no quarto de John. Não deveria ter ido para lá. Agora como é que eu ia voltar para o meu filho? Ele precisava de mim, e eu não estaria lá para cuidar dele.

Finalmente consegui dar um gemido, quando eles me puseram no elevador e apertaram o botão. Esse dia estava se revelando mesmo um horror.

CAPÍTULO 15

Uma visita inesperada à Emergência

— Não, de jeito nenhum.

Eu me sacudia na menor e mais desconfortável maca do mundo, me sentindo melhor e mais alerta depois de tomar um suco de laranja e uma boa dose de glicose para estimular a produção de insulina. Meu nível de açúcar no organismo aparentemente tinha mergulhado de cabeça quando decidi que essa história de comer era para os fracos.

Mas só por terem me dado suco de fruta e açúcar a equipe médica da emergência estava achando que podia dizer onde eu deveria ficar nas próximas oito horas. Acabavam de me informar que eu seria internada no hospital para adultos do outro lado da rua.

Era evidente que não sabiam com quem estavam falando.

— Não, não, não. Podem desistir dessa ideia. Não há a menor chance de vocês me afastarem do meu filho. Nem pensar. Nem era para eu estar aqui!

— Não estamos preocupados apenas com seu nível de insulina. Temos aqui um diagnóstico de exaustão. O que significa que a senhora *tem* de repousar. É muito sério, Sra. Smith.

— Não se preocupem. Não vou virar uma paciente.

SUPERAÇÃO: O MILAGRE DA FÉ

Melissa, que me acompanhara à emergência, interveio.

— Talvez seja melhor ouvi-los, Joyce.

— *Não.*

O médico me deixou sozinha no quarto, e dali a dez minutos apareceu minha irmã.

— Como está se sentindo? — perguntou, preocupada.

— Melhor. Eles me deram uma dose daquelas para que continue de pé. Mas agora querem me internar. Dá para acreditar? Querem me mandar para o outro lado da rua!

Quando minha irmã fechou a boca, comprimindo os lábios, eu entendi que estava perdendo.

— Joyce — começou ela, hesitante —, acho que você deveria *mesmo* ser internada.

O quê? Eu não estava acreditando; a única pessoa que eles podiam mesmo encontrar para me obrigar a fazer alguma coisa era minha irmã. Jogo baixo.

Pois eu me muni de determinação, respirei fundo e sacudi a cabeça. *Nem ela* ia me fazer arredar pé.

— Não vou. Nem pensar.

— Mas você não está em condições de voltar para lá — argumentou Janice.

— Desse jeito não tem como ajudar John.

— Sem chance. Pode esquecer.

— Mas...

— Não. E ponto-final.

Com um suspiro pesado, ela finalmente cedeu.

— Está bem, então vou dizer ao médico...

Isso aí, irmã. Pode dizer a esse médico que é melhor desistir da ideia.

Ela saiu e não muito depois voltou com o médico da Emergência.

— Quer dizer então que sua irmã não conseguiu convencê-la, hein?

Ele não parecia nada satisfeito nem disposto a concessões.

Isso aí, isso aí, amigão, você tem o seu trabalho... e eu tenho o meu.

— Bom, vou liberá-la...

— Ótimo.

Uma visita inesperada à Emergência

— *Com uma condição* — prosseguiu ele, me cortando. — Vai ter de tomar seu remédio. Comer regularmente. E vir para cá dormir pelo menos oito horas.

Oito horas? Ele por acaso estava louco?

Olhando para as mandíbulas do homem, vi que estava disposto a fincar pé e teimar tanto quanto eu. *Grrr.*

— Ok, tudo bem. Eu prometo. Prometo fazer tudo isso.

— Estou falando sério. Oito horas aqui. Temos um quarto para as pessoas dormirem. Caso contrário, vamos mandar a segurança levá-la para o outro lado da rua.

Que história era essa? Eu por acaso tinha cinco anos?

— Entendido — respondi, com os dentes cerrados.

Janice me abraçou e prometeu cuidar de tudo com Jason quando eu estivesse descansando.

— Não se preocupe, nem precisa mais pensar no caso. Nós vamos cuidar de tudo. Você sabe como eu amo esse menino e não vou deixar nada acontecer com ele sob minha supervisão. Combinado?

— Combinado. Onde está Brian?

— Está vindo. Parou primeiro no quarto de John para orar com Jason.

Gostei de saber disso.

E de fato não demorou para Brian aparecer.

— Como está, amor? — Ele estava com o mesmo ar de exaustão que eu. Os olhos meio vidrados, cheio de olheiras. Pensei até que ele corria o risco de se juntar a mim na área de repouso da Emergência. Fechou os olhos com força e quando voltou a abri-los olhou para mim. Era um olhar de preocupação. — Não posso perder você também, Joyce. Preciso de você. Por favor, descanse um pouco e se cuide, está bem? Prometa.

Eu não queria ficar ali, mas finalmente caiu a ficha de que meu filho precisava de uma mãe forte e saudável. E meu marido precisava de uma esposa que o ajudasse a carregar aquele fardo. Estava mesmo na hora de repousar.

Uma enfermeira me acompanhou pelo corredor até uma sala com várias camas beliche de aspecto esterilizado alinhadas ao redor. Escolhi a mais distante da porta e deitei. Só que a cama era tão curta para o meu 1,77m que eu só caberia se deitasse em posição fetal.

SUPERAÇÃO: O MILAGRE DA FÉ

— Mais tarde virei aqui ver como você está, mas tente dormir — disse ela ao apagar a luz e fechar a porta.

Claro, sem problema. Vou agora simplesmente desligar o cérebro e dormir enquanto meu filho doente está lá em cima tentando resistir sabe-se lá ao quê!

Fechei os olhos, mas o sono não vinha. Não porque eu não estivesse com sono; as paredes eram tão finas que eu ouvia todo mundo que passava. Cada conversa, cada passo, cada anúncio pelo alto-falante. Parecia que tudo atravessava as paredes, ecoando num volume potencializado.

Maravilha. Oito horas neste lugar, nesta posição. Um suspiro me escapou da boca.

Eu me concentrei na respiração. Talvez assim conseguisse relaxar.

Mas o pensamento logo voltou para o meu menino no andar acima. Meu filho querido que havia chegado inesperadamente à minha vida e à vida de Brian num momento em que a maioria dos pais começa a entrar na fase do ninho vazio.

Deus nos alegrara tanto com aquela criança. E Deus tinha me redimido de uma escolha terrível que eu fizera mais de três décadas antes.

Eu sempre fora uma cabeçuda, e aos 17 anos me apaixonei por Charlie, um homem seis anos mais velho. Era divorciado e tinha dois filhos. Mas isso não me incomodava. Com ele eu me sentia viva, livre, maravilhosa. Não me importava que ele não fosse da mesma religião que eu. Nem que meus pais achassem problemático e me advertissem para ficar longe. Eles não o conheciam como eu conhecia. Para mim eles estavam errados, e eu, certa, e eu ia provar isso. Ia casar com aquele homem, ter uma família e viver feliz para sempre.

E assim fiquei superempolgada ao engravidar logo depois da formatura no colégio.

Mas Charlie não.

— Dá um jeito de se livrar disso — disse ele.

Ele não sabia o que estava dizendo, era o que eu pensava. Eu ia ajudá-lo a entender como aquela gravidez era uma coisa maravilhosa.

Uma visita inesperada à Emergência

Por mais que tivesse adorado dar a notícia a Charlie, não podia dizer aos meus pais. Não queria o desgaste todo das lições de moral, então não falei nada. Nem foi tão difícil, na verdade. Consegui dar um jeito de esconder a gravidez o tempo todo, usando roupas largas, e fingindo que só tinha engordado. E eu tinha mesmo.

Ao se aproximar o nono mês, comecei a ficar com medo. Charlie não falava de casamento e dera a entender várias vezes que eu deveria entregar o bebê para adoção. Eu ficava adiando a decisão, pensando que ele estava apenas fazendo corpo mole, mas acabaria vendo que o melhor era se casar comigo para começarmos uma família. Mas, no fundo, comecei a me perguntar: *E se ele não se casar comigo, como vou sustentar esse bebê sozinha?* Eu mal tinha concluído o ensino médio e recebera uma bolsa para estudar música na faculdade, mas recusara por achar que ia me casar com Charlie. Não tinha uma profissão, nenhum sustento.

Finalmente, concordei em dar o bebê para adoção. Assinei os papéis e tentei não pensar mais no caso. E comecei a fantasiar: quando o bebê fosse adotado, Charlie se casaria comigo, veria que estava errado e insistiria em pegarmos o bebê de volta.

Até que chegou a data prevista para o meu parto. Meus pais ainda não sabiam de nada, e eu disse que ia passar uns dias fora ajudando uma amiga da família que acabara de ter bebê a cuidar dos outros filhos. Charlie me pegou e me levou ao hospital, onde o meu médico induziu o trabalho de parto. Lá estava eu, na sala de parto, assustada, sozinha e longe de Deus. O que deveria ter sido um momento de celebração com a família em volta tinha virado uma realidade fria e estéril com um homem que já tinha filhos e não estava interessado em ter mais.

Eu dei à luz um lindo menino de rostinho redondo e bochechudo, enormes olhos azuis e uma leve penugem loura na cabeça. Ele tinha dedos longos nas mãos e nos pés, pernas finas e compridas. Era perfeito. Durante os dois dias no hospital, eu o segurei e acariciei. Não conseguia me separar daquele serzinho tão precioso, estava completamente apaixonada. Como ia conseguir entregá-lo? Como Charlie podia não querer aquela criança, o filho dele?

SUPERAÇÃO: O MILAGRE DA FÉ

Em um dos momentos em que eu tinha meu bebê nos braços, Charlie foi me visitar. Era a primeira vez que o via desde o momento em que me havia deixado no hospital. A expressão séria no rosto e o corpo tenso deixavam bem claro que ele não estava satisfeito de me ver segurando o bebê.

— Quer segurar? — perguntei.

Ele aceitou, com relutância. Eu via que estava emocionado com a criança. Ele sorriu, brincando com os dedinhos do bebê.

Eu estava certa. Ele vai mudar de ideia! Mas não demorou, ele levantou o bebê e o colocou de novo em meus braços.

— Quando eles vão levar? — Foi tudo que disse.

No terceiro dia, acordei toda animada para pegar meu bebê de novo, mas a enfermeira entrou sozinha. Sentou-se na beira da cama e pegou minha mão.

— A agência veio hoje de manhã — sussurrou, gentilmente. — Ele foi levado.

Uma dor que eu nunca havia sentido invadiu meu corpo e dilacerou meu coração. Implorei para morrer, soluçando no travesseiro.

De coração e mãos vazias, saí do hospital e tentei continuar com a minha vida, mas o buraco que se abrira no meu coração não fechava. Eu ainda alimentava uma leve esperança de que Charlie voltasse atrás e fosse buscar nosso filho. Mas os dias passavam e ele agia como se nada tivesse acontecido, e aos poucos fui me dando conta de que ele não tinha a menor intenção de fazer qualquer outra coisa que não fosse deixar o passado no passado.

Voltei para casa depois de quatro dias, com 13kg a menos, e, ingênua que era, achava que meus pais não iam desconfiar de nada. Estávamos no fim da década de 1960, quando ninguém, nem o hospital, dava informações, e meus pais nunca conversavam sobre sexo nem coisa alguma comigo, portanto eu não sabia das mudanças que ocorrem no corpo de uma mulher após dar à luz. No domingo seguinte, botei meu vestido favorito, que voltara a caber em mim, e desci as escadas. No meio do caminho, senti uma umidade saindo do peito e molhando o vestido. Corri para a cozinha para tentar enxugar com uma toalha, mas o fluxo não cessava. Eu não sabia que meu leite havia descido.

Uma visita inesperada à Emergência

Minha mãe entrou, olhou para o vestido e congelou. Seu olhar de choque e horror me perfurou.

— O que você fez com esse bebê?

Eu me debrucei na bancada e comecei a soluçar. Eu tinha perdido um bebê, decepcionado e enfurecido meus pais, a tal ponto que meu pai ficou sem falar comigo durante um ano, e ainda não estava casada.

Apesar de toda essa dor e de ter entregado nosso filho para adoção, fiquei com Charlie e engravidei de novo menos de um ano depois. E de novo veio aquela esperança. Mas exatamente como tinha acontecido com nosso primeiro filho, Charlie não queria saber de casamento nem de família. Pelo menos até ser convocado para o serviço militar. Ainda estávamos em plena guerra do Vietnã, e acho que ele pensou que, se nos casássemos e tivéssemos aquele bebê, ele seria dispensado do serviço militar. E assim, no dia 25 de outubro de 1969, tendo minha mãe como testemunha, Charlie e eu fizemos nosso juramento diante de um juiz de paz em Liberty, Indiana.

Infelizmente, Tio Sam não estava nem aí para o fato de ele ter uma esposa e dependentes para cuidar. Um mês depois do casamento, Charlie foi convocado, e eu voltei a morar com meus pais.

Com oito semanas de gravidez, quando Charlie estava no campo de treinamento, senti cólicas terríveis e sangramento.

— Por favor, Deus, não leve o meu filho — implorei, apavorada com a possibilidade de um aborto. — Já perdi um bebê. Por favor, não me deixe perder este também!

Chamei minha mãe, e meus pais me levaram às pressas para o hospital. No caminho, chamei por Deus. Havia meses não falava com Ele. Continuava indo à igreja com meus pais e me comportando como se acreditasse. Mas uma vez casada e grávida, na verdade eu achava que minha vida estava bem, e não tinha precisado Dele até então. Naquele momento, porém, eu não conseguia parar de orar. Eu pedia, implorava, barganhava com Deus. Se Ele pelo menos salvasse o meu bebê, eu faria qualquer coisa por Ele.

No hospital, o médico me deixou em repouso absoluto, e Deus atendeu às minhas orações. Aos 19 anos, dei à luz outro filho, Tom. Fiquei exultante. Eu

SUPERAÇÃO: O MILAGRE DA FÉ

tinha um filho para segurar nos braços, amar e mimar. Embora ele não substituísse o filho que eu dera para adoção, era um menino lindo, e eu o adorava.

Até que, dois anos depois, no Dia das Mães, fomos de novo abençoados com outro menino precioso, Charles. Nossa família estava completa... ou quase. Aquele vazio de ter perdido meu primogênito ainda me doía no coração. Para piorar as coisas, meu casamento, que já não era lá tão forte assim, começou a desmoronar.

Com a minha personalidade decidida e controladora, eu tinha certeza de que poderia consertá-lo. Eu seria capaz de fazer meu marido me amar e amar nossos filhos. Convencê-lo a querer ser um chefe de família. Só que, quanto mais eu tentava, mais as coisas pioravam, até que finalmente entendi que precisava de um salvador para mim mesma e a minha família.

Quando Ele atendeu às minhas orações e impediu que eu abortasse Tom, agradeci a Deus e O deixei de novo fora da minha vida. *Agora está tudo sob controle, mas obrigada, Deus*, foi basicamente o que eu disse a Ele. Mas então passei a ter dificuldade em manter meu casamento. Vinha lutando e trabalhando e seguindo em frente, mas com resultados que nos destruíam, em vez de nos abençoar. Estava na hora de encontrar Deus — e dessa vez eu sabia que tinha de me comprometer ou simplesmente esquecer. Com Deus as coisas não podiam ficar mais ou menos.

Comecei voltando a frequentar a igreja. Eu adorava; era uma sensação boa, familiar. Mas embora minha vida espiritual estivesse voltando aos trilhos, o mesmo não acontecia com meu casamento. Muitas noites, quando Charlie estava fora de casa trabalhando ou fazendo *outras* coisas que acabei descobrindo depois, eu ficava deitada no chão do quarto depois que as crianças iam para a cama, implorando a Deus por um lar cristão. Mas não era para ser, e depois de oito anos e meio de casamento Charlie eu finalmente nos divorciamos, e eu me tornei mãe solo de dois vigorosos meninos em fase de crescimento.

Mas eu tinha amadurecido. Reconhecia que minha necessidade de Deus não era apenas nos momentos de desespero, mas o tempo todo. Se eu me apegasse a Ele nas partes boas e fáceis da vida, testemunhando Sua fidelidade a mim, quando viessem as partes difíceis eu sabia que poderia contar com

Uma visita inesperada à Emergência

um companheiro e salvador fiel sem precisar mais tentar encontrá-Lo nem barganhar com Ele.

A vida certamente não se tornou mais fácil depois que me comprometi verdadeiramente com Deus e passei a trabalhar minha relação com Ele, mas eu de fato me sentia mais satisfeita e completa. Sentia um contentamento subjacente que nunca tinha experimentado quando tentava com todas as forças controlar tudo.

Quase seis anos depois do meu divórcio, outro homem entrou na minha vida. Brian amava Deus e era um homem de compaixão, bom e sensível. Me ouvia e me respeitava. Amava meus filhos e os acolheu, tornando-se exatamente o tipo de homem de que eles precisavam.

Nós nos apaixonamos. Embora a vida parecesse boa e nós estivéssemos noivos, eu escondia dele um segredo que começou a me corroer. Antes do casamento, fui me aconselhar com uma amiga bem-intencionada, embora terrivelmente equivocada.

— Brian não sabe que dei meu primeiro filho para adoção — contei-lhe. — Eu queria contar, mas parece que nunca surge a hora certa. E também não encontro palavras para dizer isso. O que devo fazer? E se eu contar e ele desistir do casamento?

Minha amiga ouviu com empatia e então disse palavras infelizes.

— Joyce, as chances de você um dia encontrar esse menino ou de ele te encontrar são quase nulas. Para que desenterrar essa história toda lá atrás? De qualquer maneira, poucas pessoas sabem e não tem como Brian descobrir, então não se preocupe. Deixe o passado no passado.

No fundo do coração eu sabia que aquele conselho não era o certo. Eu já tinha estrada suficiente para saber que quando achamos que um segredo está muito bem guardado, ele *sempre acaba vindo à tona*. Mas ela me oferecia uma saída fácil, e eu aceitei. Casei-me com Brian sem que ele tivesse a menor ideia de que eu era mãe de três filhos, e não de dois.

Brian adorava meus filhos, mas eles estavam crescendo e ele queria que nós dois tivéssemos um filho. Eu também queria. Queria uma família unida e amorosa. Queria uma família cristã para irmos juntos à igreja e seguir Deus. Parecia que finalmente Deus estava atendendo às minhas preces de anos antes.

SUPERAÇÃO: O MILAGRE DA FÉ

Só que não do jeito que eu imaginava. Sofri um aborto após o outro. E meus dias de fertilidade tinham acabado.

Brian e eu seguimos nossa vida, os dois de coração partido, mas comprometidos um com o outro e em tornar nossa família o mais feliz e maravilhosa possível. Meus meninos concluíram o ensino médio e começaram a vida de adultos por conta própria. A casa, que ainda gostaríamos de ver cheia de risos de crianças, parecia vazia.

Eu estava chegando aos cinquenta e tentando descobrir o que gostaria de fazer na próxima etapa da vida. O trabalho e a igreja nos ocupavam. Tudo parecia acomodado. Mas Deus se lembrou das minhas orações e do profundo desejo de Brian e escolheu o momento e a maneira mais inesperados para recuperar o que tínhamos perdido.

Brian começara a visitar a América Central em breves missões da nossa igreja. Como produtor de vídeo profissional ele levava seus equipamentos e filmava o trabalho do nosso grupo, compartilhando as histórias e os vídeos na igreja ao voltar. Nessas viagens, seu coração se partia de compaixão pelas crianças órfãs e sofridas nos vilarejos que visitava.

Depois de várias dessas viagens, ele começou discretamente a pesquisar possibilidades de adoção. Ao longo dos anos tínhamos conversado várias vezes sobre a possibilidade, mas a parte financeira sempre nos parecia pesada demais. Atingimos então uma idade "acima do ideal" e não tínhamos mais como adotar crianças americanas. Mas ainda havia a possibilidade de adoção internacional para casais mais velhos.

Em uma noite de fevereiro de 2000, munido de suas pesquisas, da papelada toda e dos formulários de candidatura, ele entrou na cozinha, enquanto eu lavava a louça do jantar.

— Que você acha de adotar uma criança?

Lá estava Brian, o coração na boca, louco por uma última oportunidade de ser pai. Eu estava com um quarenta e nove anos! Ele tinha 46 anos. Será que a gente aguentaria as mamadeiras de madrugada, as noites sem dormir, os dentes crescendo, as fraldas e tudo mais que vem no pacote com um bebê?

Uma visita inesperada à Emergência

Fiquei olhando para meu marido, tão doce e sempre tão bom e generoso comigo. Eu jamais seria capaz de lhe negar algo assim. Além do mais, para ser sincera, eu também ficava empolgada com a ideia de ter outro bebê.

— Acho legal. Mas só uma coisa... — E vi a tensão tomar conta do seu corpo, na expectativa de alguma condição difícil que eu pudesse apresentar.

— Se adotarmos, não vou voltar a trabalhar. Já passei por isso de trabalhar e cuidar dos filhos. Vou ficar em casa para curtir essa criança.

Imediatamente ele relaxou e abriu um enorme sorriso.

— Combinado!

— Tudo bem. Onde eu assino?

Iniciamos então o processo de adoção de um bebê. As despesas ainda eram motivo de preocupação, e nós então fizemos uma segunda hipoteca da casa, confiando que Deus nos ajudaria a encarar o desafio financeiro. Não tínhamos pensado em escolher um bebê da América Latina, onde Brian estivera, tendo desenvolvido um apreço pela gente de lá, mas Deus sabia o que estava fazendo quando o mandou para essa região e abriu seus olhos para os dramas lá vividos. Assim, quando veio a chance de adotar um bebê da Guatemala, Brian ficou empolgado, e nós agarramos a oportunidade. Quase nove meses depois do dia em que Brian falou comigo pela primeira vez sobre a adoção, em 15 de novembro de 2000, nós tínhamos nos braços o pequeno John, então com cinco meses e meio.

Estava muito abaixo do peso quando chegou, ainda usando fraldas e roupas de recém-nascido, mas nós o levamos para casa, o alimentamos bem e o cobrimos de afeto. E claro que podemos *mesmo* tê-lo mimado demais.

Eu louvava Deus por Sua bondade conosco e achava que nossa família estava completa. Mas Deus ainda não tinha acabado de redimir o meu passado.

A dor no coração por causa do meu primogênito e da decisão de entregá-lo para adoção nunca havia cessado, mas a adoção de um novo filho trouxe de volta o meu passado com a força de um tsunami. Eu pensava em como a mãe biológica de John devia ter chorado e sofrido com aquela decisão. Me perguntava onde estaria o meu primogênito. *Será que ele está bem? Os pais adotivos estão cuidando bem dele? Será que o amam? E o mimam e o cobrem de afeto?*

SUPERAÇÃO: O MILAGRE DA FÉ

Certa manhã, quando John tinha 3 anos, botei-o para dormir e me sentei para minha prática diária das mensagens devocionais com Deus. Peguei meu exemplar de *Tudo para Ele*, de Oswald Chambers, e abri ao acaso para a leitura do dia (como sempre fui mulher de vontade própria, nunca gostei de seguir a leitura indicada para o dia!). A página era do dia 30 de junho, e o título veio sem rodeios: "Faça agora mesmo!" O texto falava de corrigir um erro, terminando assim: "Se reconcilie com essa pessoa... *agora mesmo!*"

Eu não prestei muita atenção no assunto — até que abri meu outro livro de devoção, *Experiências com Deus*, de Henry Blackaby. Mais uma vez, abri em uma página aleatória e comecei a ler. E, mais uma vez, recebi a mesma mensagem: *Você precisa cuidar do seu passado.*

Caramba, muito estranho mesmo, pensei. *Deus, o que está querendo me dizer? O que quer que eu faça?*

A resposta não demorou, e veio bem clara. Quase como se desse para ouvir, senti Deus respondendo no meu coração: *Quero que encontre o seu filho.*

— Está brincando comigo? — perguntei em voz alta. — Você sabe tudo que passei. E agora vem me pedir *isso*?

Quero que encontre o seu filho.

Eu não podia estar ouvindo Deus direito. Era evidente que Ele não entendia o que aquilo significava. Os problemas que eu estaria criando para mim mesma. Brian ainda não sabia o que eu tinha feito tantos anos atrás.

— Por onde começo? Eu nem sei por onde começar! — disse a Deus, esperando assim acabar com a história.

No computador.

Provavelmente não vou achar nada mesmo, pensei. Liguei o computador, entrei no Google e digitei "adoções em Ohio".

Em segundos apareceu uma lista de alternativas. Em letras garrafais vermelhas no alto da página, o primeiro site, "Buscando o reencontro: Kenna Peterson", dizia em sua descrição: "Especial para mães naturais de Ohio, US$175."

Eu quase caí da cadeira de tão pasma.

Ali, naquele momento, eu sabia que, com um clique, poderia mudar minha vida para sempre. *Que nada, é algum golpe*, pensei. *Não vão conseguir achá-lo...*

Uma visita inesperada à Emergência

Mas... que mal pode fazer? Claro que não vou gastar dinheiro nenhum se eles não apresentarem alguma prova.

Cliquei no link do site e apareceu um formulário a ser preenchido. Perguntava o sexo do bebê e dia e ano do nascimento. Digitei, embora não lembrasse da data oficial, pois ele nasceu à noite e eu estava dopada porque o parto tinha sido longo e difícil.

Digitei: "Menino, nascido em 21 ou 22 de maio de 1969." Em seguida, dei meu nome e número de telefone e apertei o botão Enviar.

Recostei-me na cadeira e fiquei olhando para a tela por alguns instantes. Pronto, eu tinha feito; tinha tentado. Soltei um pesado suspiro. A esperança tinha voltado, mas o medo também. E se eles não encontrassem nada? E se encontrassem? O que eu faria, em qualquer dos dois casos?

— Ok, Senhor, fiz o que pediu — falei em voz alta, me afastando do computador.

E tentei não pensar mais nisso ao me ocupar das tarefas do dia. Botei roupa para lavar duas vezes, lavei a louça, brinquei com John.

Cerca de três horas depois, meu celular tocou.

— Oi, aqui é Kenna Peterson — dizia uma agradável voz. — Sou da Buscando o reencontro. Quem fala é Joyce Smith?

Sempre tão falante, eu me vi sem saber o que dizer.

— Alô? — insistiu Kenna.

Limpei a garganta e afinal disse que sim, ela estava falando com Joyce Smith.

— Vai ser fácil encontrar o seu filho, pois acabei de passar para o computador todas as microfichas de mães para bebês, embora ainda não tenha feito de bebês para mães. Fui verificar e, em 1969, no mês de maio, nas duas datas, houve apenas três crianças oferecidas para adoção em Ohio. E apenas uma era menino.

Comecei a piscar muito. Não só estava sem fala, mas aparentemente perdera o entendimento também. Não conseguia processar o que ela acabara de dizer.

Ela continuou, como se a ausência de resposta fosse a coisa mais natural do mundo.

SUPERAÇÃO: O MILAGRE DA FÉ

— Na sexta-feira vou ao escritório do registro civil e então terei mais informações. Volto a ligar no sábado, está bem?

Resmunguei minha aprovação e ainda consegui grunhir um "Ótimo" na despedida.

Quando Brian voltou para casa à noite, perguntou como fora o meu dia.

— Alguma novidade?

Eu hesitei. *Será que eu conto?* Mordi o lábio e decidi que Kenna provavelmente não ligaria no sábado com alguma notícia.

— Não, o dia foi bem normal.

Só que ela ligou, sim, no sábado. Tinha localizado os pais dele.

— Se o seu filho está querendo obter carteira de motorista em Ohio, terei as informações sobre ele na segunda-feira.

Brian! Aquilo estava acontecendo mesmo, e eu tinha de confessar para o meu marido.

Passei 24 horas com uma náusea permanente no estômago.

Conte a ele. Conte a ele. Conte a ele!, meu cérebro repetia o tempo todo. Mas outra parte do cérebro dizia: *Não, não, NÃO!* Era como se eu tivesse um diabinho num ombro e um anjinho no outro, cada um me puxando para um lado. Como é que eu ia fazer uma surpresa assim para ele? Aliás, estava mais para uma bomba do que para uma surpresa.

Até que, no domingo de manhã, quando eu ainda estava na cama, virei para o lado e toquei no ombro de Brian para acordá-lo.

— Preciso contar uma coisa.

E desfiei a história toda, desde a entrega do meu filho para adoção até o telefonema de Kenna Peterson.

— Certo. E o que vai fazer agora?

Se eu achava que o amava até então, não era nada em comparação com a onda de amor que senti por ele naquele momento.

Naquela manhã, na igreja, nosso pastor, Jerry Harris fizera a convocação que costumava fazer no fim do culto para que as pessoas que precisassem de orações especiais chegassem à frente. Como se Deus tivesse posto uma cereja no alto de um sundae só para deixar bem claro o que queria, Jerry acrescentou:

Uma visita inesperada à Emergência

— Alguém aqui presente esta manhã tinha um bebê no seu passado. Deus quer você saiba que ele está cuidando de tudo.

Depois que meus joelhos cederam e eu consegui sair do estado de estupefação, fui praticamente a primeira a chegar ao altar.

Na segunda-feira, Kenna primeiro entrou em contato com Joe perguntando se ele sequer sabia que tinha sido adotado e se queria falar comigo. As duas respostas foram positivas, e no mesmo dia ela me pôs em contato com meu filho. Apenas dez dias tinham se passado desde a minha busca no computador. Curiosamente, do jeito maravilhoso que as coisas são com Deus e Sua forma de agir, minha primeira conversa com Joe foi no dia 30 de junho, exatamente o mesmo dia escrito na página da leitura "aleatória" que me tinha posto nesse caminho. Duas semanas e várias conversas por telefone, explicações e muitas lágrimas depois, encontrei meu doce filho Joe pela segunda vez na vida. E ele era mesmo tudo o que eu esperava e rezava o que fosse.

Agora eu estava enroscada no beliche duro da emergência, pensando em tudo que tinha passado na vida. Eu perdera um filho, e Deus o trouxe de volta para mim. Ele redimiu meu passado. E então a enorme bondade e compaixão de Deus me deu outro filho, que eu perdi e que Deus me tinha devolvido quatro dias antes deste momento.

— Deus — sussurrei naquele quarto escuro. — Você me deu Joe de volta e me deu John de volta. Sei que não nos trouxe até aqui, com todos esses milagres, para deixar alguma coisa acontecer ao John agora. Mostre de novo que O Senhor é fiel. Grande Médico, venha e seja quem eu sei que é. Eu creio.

Aos poucos a paz começou a se estender sobre meu corpo, como um cobertor me cobrindo dos pés à cabeça. E pela primeira vez em quase uma semana eu dormi.

CAPÍTULO 16

Trocando o medo pela fé

Brian estava à porta do quarto de John, trêmulo e sentindo todo o peso do mundo. Tinha descido para me ver e agora estava no quarto do nosso filho. *Primeiro John, e agora Joyce*, pensava. *Não sei se vou aguentar muito mais. Preciso que o pastor Jason ore por mim, para me dar de novo alguma esperança.*

— E aí, Brian! — cumprimentou Jason.

Meio hesitante, Brian entrou no quarto olhando para tudo ao redor, menos John. Seus ombros estavam meio arqueados.

— Como você está? — perguntou Jason, quando Brian não respondeu.

Finalmente ele se voltou e olhou para Jason, com os olhos se enchendo de lágrimas.

— Não vou conseguir sem Joyce. Nem consigo imaginar cuidar de tudo isso sem ela.

— Sente-se aqui comigo. Vamos conversar.

Brian se aproximou de uma cadeira junto a Jason e caiu nela.

— Acabei de ver Joyce lá embaixo na emergência. Estou com medo. Não posso imaginar perder Joyce *e* John. — Ele fez uma pausa, fechou os olhos e pensou em todo o estresse do último ano, antes mesmo de acontecer tudo isso. — Estou com problemas no trabalho, não estou me sentindo muito bem. Acho que não consigo aguentar.

Trocando o medo pela fé

— Para começo de conversa, você não vai ter de fazer nada sem Joyce. Não deixe o inimigo mentir para você e encher seu coração de medo. Depois, você não vai perder John. Não vai ser assim. Estamos falando de vida, para John e agora para Joyce. Ela só precisa se cuidar.

Brian se mexeu na cadeira, descrente. *Sei que o pastor Jason tem razão*, pensou. *Mas estou cansado de ter de lutar o tempo todo para as coisas darem certo.*

— John precisa do pai neste momento. Você é o herói dele, ele o ama muito. Ele *precisa* que você seja forte.

Brian processou as palavras de Jason por alguns instantes, ainda inseguro e perdido. Sua mente sabia a verdade, mas em meio a todo aquele cansaço, a luta para não ouvir os sussurros de medo do inimigo parecia demais para ele. Em certo sentido, Brian se sentia preso num dilema espiritual. Queria desesperadamente ficar comigo e nosso filho, mas aquilo exigia muito dele em termos emocionais. Ele olhava para John com todos aqueles tubos, ouvia o ritmo das máquinas de suporte à vida e sua mente rapidamente voltava para aquela cena com o amigo, quando John se debatia, claramente cheio de dor. Ele não queria aquilo para o filho, mas lutava contra pensamentos pessimistas como: *E se o meu amigo tiver razão?*

Não, não quero pensar nisso. O pastor Jason pode me ajudar a não entrar nessa.

— É difícil ficar aqui neste quarto — confessou, finalmente.

— Eu sei — disse Jason.

— Na sala de espera, eu ainda estou perto de John, mas às vezes ficar lá...

Embora o pastor Jason e eu exigíssemos que ninguém dissesse palavras de morte sobre John, Brian encontrava pessoas que não se mostravam vigilantes. Era obrigado a ouvir ou entreouvir palavras de dúvida, medo, desesperança e morte, sempre ditas por pessoas bem-intencionadas que provavelmente achavam que estavam levando conforto e preparando-o "para o pior". *Qualquer um* teria dificuldade de manter uma perspectiva de vitalidade em um ambiente assim. Mas a luta emocional de Brian tinha outra dimensão. Ele tivera no ano anterior problemas de saúde que o deixaram, aos 61 anos, fisicamente debilitado. Sem contar que ficava à beira da exaustão por conta

SUPERAÇÃO: O MILAGRE DA FÉ

das muitas horas de trabalho — e, além do mais, andava estressado porque a Boeing vinha promovendo um programa de demissões que poderia acabar por atingi-lo. Tudo isso *junto* formava um quadro de sobrecarga emocional para qualquer um.

Muitas vezes ele chamava Jason ou algum outro pastor para orar por ele, pois sentia que o inimigo usava as palavras dos outros e todos os problemas daquele ano para enchê-lo de medo. "Parece que estou o tempo todo resistindo a ataques espirituais", ele costumava me dizer.

Então, enquanto falávamos de vida em torno de John, Brian tinha de combater as conversas negativas, preocupado em não alimentar suas esperanças. *E se ainda assim ele perdesse John?* Essa simples ideia era dolorosa demais para ele. E a realidade de estar vendo as duas pessoas mais importantes para ele acabando em um hospital o abalavam completamente. Ele precisava se cercar de uma atmosfera voltada para a vida.

— Pastor, não sei se tenho essa força em mim. Estou cansado. Foi um ano muito pesado. Estou com medo.

— Tem razão. Você *não* tem forças para enfrentar tudo isso. Mas Deus tem. Quando as Escrituras nos dizem que "a alegria do Senhor é a vossa força", é exatamente o que a Bíblia quer dizer.

Ele explicou então que a alegria não vem do que vemos ao nosso redor, nem sequer do que o médico diz ou deixa de dizer. A verdadeira alegria é uma transação sobrenatural que acontece quando buscamos o Senhor e dizemos sinceramente: "Não sou capaz de fazer isso sozinho."

Brian se empertigou na cadeira, ouvindo as palavras do nosso pastor.

— Veja bem — continuou Jason. — Não entre nessa de medo. Não dá para ter fé quando se está tomado pelo medo. Quando abrimos lugar para o medo no coração e na mente, abrimos também a porta para que o inimigo nos ataque. Tudo que andamos ouvindo dos médicos e mesmo de outras pessoas são provas falsas de que o inimigo está tentando nos convencer de que é verdade. Deus nos disse que John vai viver, e a prova real é *essa*. Os anjos no quarto, as cores brilhando sobre a cabeça de John, seus batimentos cardíacos, os outros milagres... É a *isso* tudo que temos de nos apegar.

Trocando o medo pela fé

— E como você consegue? Eu tenho a sensação de estar sendo constantemente atacado. Minha mente fica me dizendo que devo ouvir essas outras vozes, que eles estão certos, que não devemos alimentar esperanças. — Brian tem um senso muito prático das coisas. — Acho que as pessoas que entram em uma igreja em um domingo concordam que Deus é capaz de criar mundos do zero. Acho que não é muito difícil de acreditar. O problema é fazer milagre com coisas específicas. Deus criar o universo, tudo bem, era o Seu grande plano. Mas saber se Ele é capaz, no caso da minha família, de nos dar a reviravolta milagrosa de que precisamos, isso para mim é difícil, pois nunca antes vi acontecer perto de mim, na minha vida.

— Quantas e quantas vezes Jesus não operou milagres para pessoas comuns, na vida cotidiana — lembrou Jason. — Quando o inimigo vier atrás de você com provas falsas, pergunte a Deus qual é a verdade. Você pode ser sincero com Deus. Ele entende o medo. Mas quer que você troque o medo pela fé. Conte a Deus como está se sentindo, e então volte para as promessas que Deus fez na Sua Palavra.

— Entendo. É que agora ando muito sobrecarregado.

— Entendo perfeitamente — prosseguiu Jason. — Faça o seguinte. As Escrituras nos dizem que não nos preocupemos com o amanhã. Um minuto de cada vez. Não se preocupe com o que vai acontecer daqui uma hora, nem daqui um dia. Deus já está lá, cuidando dos detalhes. É um momento após o outro. Cada dia é um novo dia. Fique alerta e torne cativo todo entendimento para levá-lo a obedecer ao Cristo, como está escrito em 2 Coríntios 10:5. Não deixe o inimigo convencê-lo de nada diferente disso.

Ele então desafiou Brian a se certificar de que estivesse lendo a Bíblia e orando. Muitas vezes, em uma situação traumática, é a primeira coisa a se fazer, e é exatamente do que precisamos!

— Se não encher a mente com a palavra de Deus, o inimigo vai tentar enchê-la com suas mentiras — disse Jason. — Resumindo, não deixe a mente solta. Quando vierem esses pensamentos mentirosos de medo, não dê chance para se firmarem e ganharem espaço.

SUPERAÇÃO: O MILAGRE DA FÉ

— Faz sentido. Vou usar essa estratégia. — Brian respirou fundo e olhou para John. — Eu o amo muito. Sou tão grato por tê-lo como filho. Nem posso imaginar viver sem ele. — Seus olhos se encheram de lágrimas de novo. — É o meu camaradinha.

Brian levantou-se, aproximou-se da cama e tomou a mão de John.

— Ei, camarada. — A voz de Brian falhava ligeiramente. — John, tenho muito orgulho de você e sou grato por ser seu pai. Você vai ficar bem. Estou aqui com você. Você vai conseguir. Continue lutando. — As lágrimas corriam pelo seu rosto, e a cada frase a voz ficava mais forte, mais firme. — Estou sentindo falta do meu parceiro de basquete. Fico tão grato por Deus nos ter dado você. Desde aquele telefonema que recebemos para adotá-lo, você é meu filho, eu fiquei muito orgulhoso de ser seu pai. Eu te amo. Você vai conseguir.

Os ombros recurvados que Brian trazia ao entrar estavam eretos, e ele continuou segurando a mão do filho. *Não vamos perder você, meu filho.*

Eu fui uma moça obediente e fiquei o máximo que pude lá embaixo no quarto para familiares. De fato consegui dormir um pouco e me esforcei por repousar o máximo de tempo possível, mas acabei vencida por todo aquele barulho que passava pelas paredes finas como papel. Encontrei uma enfermeira e jurei "pela minha honra" que descansaria se ela me autorizasse a voltar lá em cima. E já era tarde da noite.

Primeiro fui ver Brian, dizer que eu estava bem, e depois segui para o quarto de John. O quarto estava tranquilo. Uma música religiosa dançava no ar, trazendo calma e serenidade. Sentado ao lado de John, Jason olhou quando eu entrei e sorriu. Parecia cansado.

— Quer dizer então que você desmoronou — disse ele.

Eu sabia o que ele ia dizer agora: aquele velho papo de *Eu não disse?* Eu podia ser cabeça-dura, mas era capaz de dar o braço a torcer.

— É — reconheci, suspirando. — Tudo bem, preciso cuidar de mim. Não sou mais nenhuma menininha, e não me recupero mais como me recuperava quando tinha a *sua idade.* Você tem dito que isso aqui pode demorar. E estava certo. Pode deixar que vou me comportar melhor.

Trocando o medo pela fé

É duro envelhecer! Meu cérebro ficava me dizendo que eu tinha a energia e a disposição de uma pessoa de trinta anos, mas meu corpo de 64 dizia: *Devagar, mocinha*. Eu sabia que precisava me cuidar. Tinha aprendido a lição, e a que custo!

— Que bom que descansou um pouco. Quando ouvimos aquele anúncio do Código Azul e que era para o quarto Ronald McDonald, meu coração afundou. Tive mesmo a sensação de que era você.

— Ei, docinho — falei, me debruçando na cama de John para mudar de assunto. Eu costumava chamá-lo de "docinho" quando queria que ele entendesse. Estava copiando o novo *Star Trek*, quando o capitão Kirk chama os cadetes de polícia de "docinhos", e depois, quando os mesmos cadetes detêm Kirk, o chamam pelo mesmo apelido carinhoso. Eu esperava que, ao chamá-lo assim, John se sentisse mais à vontade. — Mamãe está aqui. — Eu olhei para Jason. — Como ele está? O que eu perdi?

Jason me contou do visitante que falava de morte, da violenta reação de John, Jason e Janice botando todo mundo para fora, Janice indo buscar ajuda e Brian entrando para ficar com o filho.

— Ele ficou um bom tempo, segurando a mão de John e falando com ele — disse Jason.

— É mesmo? — Brian brevemente ia ver John todos os dias, mas ficava tão abalado emocionalmente que tinha de sair. — Ficou mesmo?

— Sim, e tivemos uma ótima conversa.

Fiquei superfeliz de saber que Brian ficou um pouco com John, mesmo sabendo que ver o filho naquele estado o deixava muito perturbado.

— O Dr. Garrett também veio — prosseguiu Jason.

— De novo? Por quê?

Jason explicou que o Dr. Garrett voltara ao quarto porque estava preocupado com as taxas de John.

— Ele disse que, como a neurologista temia, eles estavam preocupados com a possibilidade de John estar tendo miniconvulsões.

— Espera aí — interrompi. — Como assim? John superou a marca das 72 horas e o risco de inchaço no cérebro, certo? Quando eu estava lá embaixo, esse prazo expirou. E agora estão dizendo que o cérebro está inchando?

SUPERAÇÃO: O MILAGRE DA FÉ

— Não, o cérebro não está inchando. Graças a Deus, não. Mas é isso que eles não estão entendendo. Os monitores dão sinais de que algo está acontecendo, mas eles não sabem o quê. E acham que podem ser miniconvulsões.

Jason me disse que o Dr. Garrett estava preocupado porque a função neurológica de John, que tinha melhorado, baixara porque o corpo estava muito debilitado. Eles não tinham como saber se ele ainda estava no mesmo patamar de antes.

— O fato de a febre não ceder também é motivo de preocupação, e eles receiam que seja por causa de uma infecção, mas também não a encontram. E a respiração ainda não está como deveria, embora ele esteja recebendo a quantidade máxima de oxigênio.

Por mais que eu detestasse estar ausente enquanto tudo isso acontecia, me dei conta de que ser obrigada a descansar provavelmente foi o ideal naquele momento. O dia já tinha sido tão caótico que acho que eu não seria capaz de enfrentar todas as novidades da tarde também.

— De manhã eles vão fazer um eletroencefalograma para tirar a limpo as convulsões.

Eu assenti, pois o neurologista tinha dado a ordem quando eu estava no quarto mais cedo. Peguei meu celular e fiz uma postagem no Facebook dizendo que John precisava de nossas orações. Nossa lista só aumentava. Nós rezávamos pela saúde de John, pela sua vida e para que tivesse forças, rezávamos por repouso e calma, por proteção e paz. O mais novo item na lista eram orações contra o caos e seus possíveis distúrbios.

— Acho que devemos nos concentrar em orar por *shalom* envolvendo este quarto — disse Jason.

A palavra *shalom,* "paz", na verdade significa a capacidade de quebrar a autoridade do caos na nossa vida. O que era um perfeito acréscimo a nossa lista de orações.

O Dr. Ream cumpriu a palavra: aquela terrível enfermeira da noite não voltou a aparecer. John teve outra noite difícil, com problemas de tosse, mas a nova enfermeira fez o possível para ajudá-lo a controlar a situação.

Trocando o medo pela fé

Jason ficou até duas horas da manhã. Quando se levantou para ir embora, sorriu.

— Vá descansar. Lembre-se, pode demorar.

— Eu vou. Prometo.

Demorado, pensei. Os médicos tinham dado a entender que John talvez ficasse na UTI por mais duas semanas, e só se tinham passado quatro dias. Será que todo dia seria assim?

CAPÍTULO 17

Deixando de lado a vingança

Sexta-feira, 23 de janeiro de 2015

Toda manhã, por volta das sete horas, a diretora do colégio de John, Nancy Benes, me ligava pedindo notícias de John. Mas nessa manhã foi ela quem teve notícias a me passar.

— A coisa mais incrível aconteceu — disse, animada. — Você sabe que toda quinta-feira temos um culto na capela da escola.

— Sim, você disse que haveria um encontro especial de orações por John.

— Foi o que fizemos, mas aconteceu outra coisa.

— Ah, é?

— Um pastor tomou a palavra. Sua participação já estava programada havia meses, de modo que ele não sabia nada de John nem o mencionou em sua mensagem, mas suas palavras se encaixaram perfeitamente na situação.

Segundo ela, o pastou falou sobre as pessoas nunca saberem o que o amanhã trará e que o importante é ter uma relação sólida com Cristo. No fim da sua fala, ele convidou a irem até a frente os alunos que quisessem se comprometer ou voltar a dedicar suas vidas a Deus.

— Mais de cem pessoas se apresentaram!

Eu rapidamente fiz um cálculo mental. A escola tinha quatrocentos alunos, e era uma escola *cristã*.

— Você está dizendo que mais de um quarto dos alunos se salvou ou renovou os votos?

Deixando de lado a vingança

— Sim! E até adultos se apresentaram! Alguns professores renovaram os votos e uma senhora que trabalha no refeitório entregou a vida a Deus.

— O Senhor seja louvado! — Quase gritei. *Deus é assim mesmo!*, pensei, rindo.

No meio do maior caos e de toda aquela loucura, mesmo quando parece que Deus não está agindo ou atendendo a nossas orações, mesmo quando parece que não há mais esperança, Deus aparece e faz alguma coisa espetacular, para nos lembrar que continua em ação. Ele nunca dorme, Ele não esquece, Ele jamais permite que um momento se passe em vão. Deus já estava redimindo o que tinha acontecido com meu filho.

Eu ainda estava surfando na onda daquela maravilhosa notícia quando Casey, a chefe da enfermagem, apareceu.

— Oi, Joyce, estive aqui ontem, mas você estava descansando. Podemos conversar agora?

De repente, a alegria que eu estava sentindo desapareceu e a indignação reprimida que guardava em relação àquela terrível enfermeira da noite começou a borbulhar de novo. Embora não a visse havia duas noites, eu não conseguia me livrar da raiva por todo o mal desnecessário que causara ao meu filho. Em hipótese alguma eu deixaria aquilo passar. Casey precisava saber que tipo de enfermeira tinha no seu departamento. E aquela enfermeira tinha de encontrar outro emprego *para ontem*!

— Como sabe, John teve um dia terrível ontem — comecei. — As taxas estavam descontroladas. Ele não reagia. Teve uma recaída enorme.

Ela concordava. Dava para ver que estava escutando, preocupada. Então fui em frente com a minha queixa. Contei que a enfermeira tinha aumentado os níveis de propofol e depois desaparecido, que tinha sido grosseira comigo e não parecia saber o que estava fazendo. Disse que estava preocupada com outros pacientes aos cuidados dela. Mas, sobretudo, comuniquei nos termos mais claros possíveis:

— Ela não vai voltar a cuidar dele. De jeito nenhum. *Nunca.* — Eu não queria nem saber se ela era a última enfermeira na face da Terra, estava falando sério. — Vou fazer uma queixa formal contra ela. — E, então, para me

SUPERAÇÃO: O MILAGRE DA FÉ

certificar de que Casey estava me levando a sério, repeti minha exigência:
— Não quero vê-lo de novo perto dela nem ela perto dele nunca mais. Não quero que ela volte aqui.

— Com certeza — disse ela, me tranquilizando. — Vamos cuidar para que isso não aconteça mais. Vocês terão outra enfermeira. Não precisa se preocupar.

É melhor mesmo, pensei. Caso contrário, a UTI ia assistir a um combate feminino daqueles: Joyce Smith *versus* Enfermeira Megera. E eu levaria a melhor. Ninguém ia fazer esse tipo de coisa com meu filho e sair ileso.

Não muito depois da minha conversa com Casey, Jason entrou, dessa vez acompanhado da esposa, Paula. Era a primeira vez que conseguira uma brecha no trabalho para ir ao hospital desde aquela primeira noite. E eu fiquei muito feliz em vê-la.

E eu estava de novo tão exasperada de pensar no que aquela enfermeira da noite fizera que era bom ter um público amigo para compartilhar minha aflição e indignação!

— Sabe, certos contratempos e dificuldades de John aqui podiam ter sido evitados, mas *essa enfermeira...* — falei. E fui em frente no desabafo. Falei de todos os pequenos motivos de irritação que tivera com a enfermeira da noite. — Apresentei queixa hoje de manhã. Quero que ela seja demitida. — E mais e mais reclamações. Até que finalmente eu disse em alto e bom som: — Deus vem fazendo todo esse trabalho maravilhoso, e ela querendo desfazer? Ah, não, não, não, não vai mesmo! Eu acabo com ela!

A enfermeira do dia entrou e pediu que fôssemos para o corredor para ela mudar a roupa de cama.

Quando já estávamos no corredor, Paula se virou para mim.

— Joyce, olha só — começou. — Essa enfermeira, por pior que tenha feito, não pode desfazer o trabalho de Deus. Você sabe disso. O Senhor trouxe o seu filho de volta da morte. E nós não vamos nos alinhar com esse espírito controlador. Simplesmente não vamos. O seu filho ainda está aqui. Deus vai continuar tomando conta de tudo. A gente não precisa ser vingativo.

Deixando de lado a vingança

Eu senti como se uma flecha tivesse acertado o ponto do meu cérebro que fica bem entre os olhos. Eu concordava com tudo que ela dizia. Precisava largar daquele sentimento e me acalmar e deixar que Deus cuidasse de tudo. Sou uma pessoa controladora e teimosa, e queria ajudar Deus a resolver essa situação! Mas no fundo do coração sabia a verdade *antes mesmo* que Paula dissesse, só precisava que alguém viesse me dizer: "OK, não precisamos fazer isso."

Suas palavras de alerta penetraram minha raiva e me ajudaram a sair daquele lugar vingativo. Ela foi corajosa de me confrontar daquela maneira. Não é nada fácil confrontar uma pessoa disposta a lutar. Mas ela me amava e amava nossa família, e assim estava disposta a permitir que eu possivelmente voltasse minha raiva contra ela. Deus a usou para me ajudar a me dar conta de que a situação com a enfermeira tinha ficado para trás.

— Joyce, Deus viu essa enfermeira. Ele vai cuidar disso, no tempo Dele, do jeito Dele.

Ela tinha razão. Eu ia preencher o relatório, continuaria me recusando a permitir que aquela mulher tivesse contato com meu filho, mas não permitiria mais que ela controlasse minhas emoções. Não permitiria mais que eu mesma me transformasse numa força de caos no quarto do meu filho. Estava na hora de ter as coisas de novo sob controle e entregar aquela minha raiva.

Soltei um forte suspiro.

— Você tem razão. Não quero ser essa pessoa. E não vale a pena perder de vista o que ganhamos e o que Deus está fazendo por causa dessa enfermeira.

Eu achei graça só de pensar naquilo. Quer dizer que eu estava achando que uma enfermeira seria capaz de impedir a ação de Deus e Seus planos para o meu filho? Quão pequena minha fé era pra eu sequer pensar aquilo?

E assim, ainda de pé ali no corredor, Paula e eu oramos. Com essa oração, senti a paz e a calma retornarem. Se eu quisesse lutar por alguma coisa, tinha de focar na preservação da paz e da calma naquele quarto — e dentro de nós.

Inspirada nessa conversa, provavelmente eu não deveria me surpreender, quando voltamos para o quarto, ao ver que meu filho estava de novo agitado. Eu tinha de ficar me lembrando que aquele garoto tinha se afogado. Ficara literalmente submerso na água fria durante mais de vinte minutos. Qualquer

SUPERAÇÃO: O MILAGRE DA FÉ

pessoa leva pelo menos uns dez dias para se recuperar de uma gripe! De modo que o corpo daquele pobre menino — que tinha morrido! — ainda não engrenara na cura que estava destinada a ele.

A febre que não dava trégua ao longo da semana chegara ao seu auge. A temperatura ultrapassou a marca dos 38 graus, e depois dos 39, e depois dos quarenta. Mais uma vez John se viu cercado de uma atividade frenética.

— Precisamos resfriar seu corpo. Estamos preocupados que haja lesões cerebrais por causa da temperatura.

A enfermeira administrou Tylenol e aplicou no corpo adesivos de resfriamento Arctic Sun.

Febre intensa, possibilidade de miniconvulsões, preocupação com pulmões e respiração, uma nova possibilidade de lesão cerebral, embora a eventualidade de inchaço no cérebro tivesse sido deixada para trás menos de 24h antes... Eu tinha a sensação de que o inimigo *realmente* queria o meu filho morto.

— Deus, ele está nas Suas mãos. Faça o que tem de fazer — repetia, impotente, sobre o corpo de John.

Com tudo que já estava sendo administrado no seu corpo, eles não queriam continuar com o propofol, se possível, e de qualquer maneira a substância não deve ser usada por período superior a 24 horas, pois pode fazer mal ao fígado, e vinha sendo utilizada já havia quatro dias. Sem o propofol, ele continuava fora do ar, mas consciente de ter algo insuportável enfiado na garganta e querendo se livrar daquilo. E começava a se agitar e a empurrar os tubos do ventilador, tentando se desvencilhar, de tal maneira que foi necessário aplicar uma dose.

Eu sabia que a equipe tentava ao mesmo tempo deixá-lo o mais desperto possível e se certificar de que não estava se sentindo muito desconfortável. A pergunta era: "Seria o caso de suspender toda medicação e deixar que ele suporte tudo?" Um bom efeito colateral (para John) do propofol é que ele provoca perda de memória recente, o que pelo menos não o deixaria recordar o acontecido. Eu ficava imaginando: *e se ele não sentisse dores e ficasse acordado e plenamente consciente todo esse tempo? Que ansiedade não haveria de sentir tendo de passar por todo esse tratamento estando consciente?*

Deixando de lado a vingança

Exatamente como acontecera nas tentativas de estabilização dos primeiros dias, o malabarismo continuava para a equipe. Toda vez que diminuíam a medicação, John tinha uma severa reação de resfriamento, o corpo começava a tremer e sacudir.

Eu ficava de coração partido vendo-o arder em febre alta, suando, e depois esfriando e tremendo, resistindo aos adesivos e tubos, sem entender o que estava acontecendo. Vez por outra ele abria os olhos, me via e me encarava com um olhar de morte, como se eu tivesse feito aquilo com ele.

— John. — Jason tomou sua mão e a segurou firme. — Melhor não ficar olhando assim para sua mãe. — Ele também percebera.

— Tudo bem — falei. — Acho que ele não entende onde está nem o que aconteceu.

— Bem — prosseguiu ele, ainda falando com John —, se não parar de encarar sua mãe, vou puxar o seu cateter.

— Há, há! — Nós dois caímos na risada. Era bom descontrair um pouco e desfrutar daquele momento, depois de tanta tensão.

Vez por outra, em algum momento de tranquilidade, Jason ou eu dizíamos baixinho a John:

— Você está no hospital. Sofreu um acidente. Mas está bem. Está tudo bem. Só que você precisa se curar. Está entendendo?

Ele apertava nossa mão, dizendo que sim. Mas aí o propofol entrava em ação, e ele esquecia o que lhe havíamos dito. Portanto, eu sabia que ele não sabia o que estava acontecendo nem por quê. Tudo o que registrava era que estava cheio de dores e mal-estar, e que eu estava ali do lado sem fazer nada para resolver isso.

Até que finalmente o Dr. Vincent Gibbons, um dos neurologistas, veio fazer um eletroencefalograma. Os médicos esperavam que o procedimento mostrasse o que estava acontecendo no corpo de John, pois achavam que ele estava tendo convulsões cerebrais, além de tudo mais que já sofria.

Estava quase na hora da nossa reunião com o pessoal de relações-públicas do hospital para tentar controlar o circo midiático que estava para começar. Nós então deixamos o Dr. Gibbons trabalhar. Mandei mensagem a Brian dizendo que tínhamos de sair para a reunião, mas ele não respondeu, e eu então fui ao seu encontro na sala de espera. Mas ele também não estava lá. *Onde é que ele anda?* Tentei ligar, mas nada. Esperamos o máximo possível, enquanto eu continuava mandando mensagens de texto, até que finalmente falei para Jason que não podíamos mais esperar. Eu não queria de jeito nenhum que Brian deixasse de participar da reunião, mas sem saber onde ele estava nem o que estava fazendo, que opção me restava?

— Essa história é muito impressionante, e vai sair do nosso controle. Já recebemos dezenas de pedidos de entrevista do mundo inteiro — explicou Jamie Sherman, chefe do departamento de relações-públicas, quando começamos a reunião.

Ela e Monica estavam sentadas do outro lado da mesa, de frente para mim e para Jason.

Ah, mas que ótimo, pensei, irritada. Eu sabia que precisava controlar minha atitude. Não era culpa de Jamie nem de Monica. Na verdade elas se mostravam gentis e compreensivas, e claro que estavam apenas cumprindo seu dever, mas eu estava irritada só de ter de estar ali.

— A história de John é incrível, e é compreensível que os meios de comunicação queiram cobrir — prosseguiu Jamie. — Mas um dos problemas é que todo mundo quer entrevistas exclusivas.

Bom, isso vai ser difícil, pensei, mas não estava muito preocupada com isso.

— Só quero que quem vier a falar do assunto trate a história e o meu filho com respeito.

— Naturalmente. Também é o nosso objetivo — disse Jamie.

— Joyce e eu conversamos e resolvemos que vou servir de contato — disse Jason.

Soltei um suspiro de alívio.

— Não posso sair de perto de John, e Jason vai cuidar da mídia. Brian e eu concordamos que vocês podem se dirigir a ele, que vai falar pela nossa família.

E assim, estando todo mundo de acordo, redigimos uma nota à imprensa para ser veiculada por Jamie e sua equipe.

Deixando de lado a vingança

Deus reuniu uma equipe de pessoas escolhidas para salvar a vida do nosso filho. John está se recuperando milagrosamente. Os médicos disseram incontáveis vezes que se trata de um milagre. Estamos focados em John e dando tempo para que Deus conclua o que começou. Queremos agradecer a todas as pessoas, literalmente do mundo inteiro. Somos gratos pelas orações. Por favor, não parem de orar.

Queremos agradecer a todos pelo apoio, desde a jovem que ligou para a emergência e os socorristas em Wentzville e Lake St. Louis pelo resgate. Ao Dr. Sutterer, médico da emergência no Hospital St. Joseph West, assim como à equipe de médicos e enfermeiras da UTI do Hospital Cardeal Glennon. E especialmente à nossa família da Primeira Assembleia de Deus em St. Peters, liderada pelo pastor Jason Noble. Uma equipe de pastores de várias igrejas — Brad Riley, Mark Shepard e Al Edney — tem sido incrível com a nossa família. Gostaríamos de agradecer aos meios de comunicação pela paciência neste momento incrivelmente emotivo para nossa família.

Resolvido o problema da mídia, pelo menos temporariamente, Jason e eu voltamos para John.

O Dr. Gibbons ainda estava fazendo o eletroencefalograma, e assim não pudemos entrar no quarto e falar com ele nem segurar sua mão. Eu me sentia completamente impotente.

Às vezes ser mãe é a experiência mais incrível do mundo. A gente cuida de um filho, ama, mima, fica feliz por vê-lo crescer, amadurecer, tornar-se independente. Outras vezes ser mãe é a experiência mais dolorosa que se pode ter. Eu estava ali ao lado do meu doce menino, um bebê que tinha nutrido, amado e mimado — sem poder fazer nada para livrá-lo daquela dor. Meu coração doía. Eu teria feito qualquer coisa, dado qualquer coisa para que o meu John não passasse por todo aquele sofrimento.

Tínhamos vivenciado milagres. Eu sabia que Deus estava presente, agindo nos bastidores. Tinha focado em falar exclusivamente de vida, me apegado àquela fé do tamanho de uma semente de mostarda, aquela fé que move mon-

SUPERAÇÃO: O MILAGRE DA FÉ

tanhas, a fé que Deus ama ver nos Seus filhos. De algum modo sabia que, se John saísse daquela, seria por causa da nossa fé.

No grupo de estudos da Bíblia, nós tínhamos estudado *Os patriarcas*, de Beth Moore. Aprendemos sobre os patriarcas da fé do Velho Testamento, e eu quis muito saber e entender por que Deus favorecia tanto Abraão, e por que a fé de Abraão era tão forte. Sua fé era de tal ordem que ele jamais questionava o que Deus lhe pedia. Simplesmente fazia. Quando Deus pediu que ele deixasse sua terra, Ur, em direção a um lugar não revelado, Abraão levantou-se e partiu. Que foi que Abraão fez para ser considerado amigo de Deus? E por que confiava tanto assim em Deus, a ponto de fazer o que quer que Deus pedisse?

Não que Abraão fosse perfeito. Para se proteger de um governante estrangeiro, ele mentiu sobre sua mulher, não uma vez, mas duas. Deixou-se convencer pela própria mulher a dormir com outra para engravidá-la — decisão que ainda hoje tem consequências para nós. Deus, portanto, não era fiel a ele porque Abraão nunca tivesse errado. Era simplesmente uma questão de confiança. Abraão confiava em Deus.

Eu queria abraçar e praticar essa fé praticada por Abraão. Essa fé era a chave da minha coragem de orar por John sem duvidar que Deus atenderia a minhas orações. Eu não tinha de saber as respostas, não tinha de ver o resultado final. Precisava apenas confiar em Deus e acreditar que Ele é sempre fiel, está sempre em ação, é sempre bom.

Eu estava agradecida pelos Seus milagres, mas no fundo queria que viessem mais ao meu tempo!

Às quatro da tarde, John, que passara o dia todo inquieto e incomodado, finalmente se acalmou. Parou de lutar, se debater, se agitar. Ainda estava com muita febre, a respiração continuava difícil, persistiam todos aqueles outros motivos de preocupação e nós ainda não sabíamos o resultado do eletroencefalograma. Nada mudara no seu corpo. Mas depois da oração de Paula e depois de ter me livrado da necessidade de vingança e de tentar controlar a situação, tudo havia mudado.

CAPÍTULO 18

Os limites da medicina moderna

Sábado, 24 de janeiro de 2015

— Nós achamos que John pode estar com meningite.

O Dr. Ream estava de pé encostado na parede, as mãos nos bolsos.

O ar saiu da minha boca como se ele tivesse me dado um soco no estômago. *Meningite.* A simples palavra já enchia o meu coração de medo. Eu sabia que era uma infecção séria das membranas do cérebro e da medula espinhal — mais um risco de lesões no cérebro e uma série de outros problemas de saúde.

Eles tinham feito todos os testes possíveis e imagináveis, todos deram negativo. Tínhamos recebido a boa notícia de que o eletroencefalograma de John não acusava convulsões. Na verdade, não mostrara nada fora do comum. Nenhum problema latente. Deus tinha atendido a nossas preces nesse sentido, mas ainda faltava explicar o que provocava aquela febre intensa.

Ninguém conseguia chegar a uma conclusão. Eles não encontravam qualquer indicação de infecção, e a segunda cultura pulmonar mais uma vez apresentou resultado estéril, o que era uma excelente notícia, mas tampouco ajudava os médicos a desvendarem o mistério.

Era evidente que o corpo de John estava combatendo *alguma coisa.*

Eu não gostei nada da suspeita de meningite, nem fiquei animada com o exame que teriam de fazer em John para verificar. Eles fariam uma punção lombar para colher material. O procedimento pode ser perigoso e doloroso,

SUPERAÇÃO: O MILAGRE DA FÉ

pois eles enfiam uma enorme agulha no espaço entre as vértebras da região lombar e perfuram a coluna vertebral para obter amostras do fluido cérebro--espinhal.

Engoli em seco.

— As bactérias podem ter vindo de toda a água suja que ele bebeu. Não sabemos. Primeiro vamos fazer uma tomografia computadorizada para ver se aparece alguma coisa, como inchaço no cérebro ou alguma lesão cerebral, no pescoço ou na medula espinhal.

Se assim fosse e eles fizessem a punção, ele poderia sofrer convulsões — o que já tinha sido descartado e nós não queríamos ver pela frente de novo.

— Espera aí — falei, pegando o celular. — Vou chamar o Brian. Ele precisa participar dessa decisão.

— Claro — respondeu o Dr. Ream, esperando enquanto eu mandava mensagem. Como Brian não respondeu, telefonei. Nada, ainda. *Onde ele está?*, eu me perguntava, sabendo que Brian não era de me deixar sem resposta.

— Vou correr até a sala de espera e ver se ele está lá — disse, Janice.

Enquanto esperávamos, o Dr. Ream decidiu tirar o colar cervical que John ainda usava; em virtude de todo o equipamento de suporte vital ainda ligado ao seu corpo, eles não haviam tido condições de determinar se ele estava com lesões no pescoço, na cabeça ou na espinha, e de que grau poderiam ser. Aquele colar era desconfortável para John e era uma das coisas que ele tentava tirar em seus momentos de agitação.

Eu sabia que ele não precisava mais usá-lo. Sabia que não tinha nenhuma lesão no cérebro, nenhum inchaço. Na verdade, depois daquela etapa de 72 horas, eles podiam tê-lo tirado, mas precisavam da autorização de um ortopedista. E esse médico deveria ter chegado na sexta-feira, mas não apareceu — o que deixou o Dr. Ream bastante insatisfeito ao entrar no quarto.

Em questão de minutos, Janice retornou sozinha.

— Ele não está lá. Não sei para onde foi.

Dei um suspiro, me perguntando o que fazer. Os médicos não podiam esperar, especialmente se de fato fosse meningite. Mas aquilo era muito sério, e eu não me sentia nada bem tendo de tomar uma decisão assim sem o conhecimento e a autorização de Brian.

Os limites da medicina moderna

Cocei a testa para aliviar um pouco o crescente estresse.

Tentamos encontrar Brian várias outras vezes, mas nada.

— Não vou dizer que o procedimento é simples, pois existem efeitos colaterais que são raros, mas representam uma possibilidade real — explicou o Dr. Ream. A qualquer momento que seja feita a punção — e só de falar já parece horrível —, existe a chance de acontecer algo com o fluido, podendo causar mais incômodo no cérebro e gerar uma série de outros problemas.

— Sei que você quer que o seu marido participe da decisão, e está certa. Mas precisamos de uma resposta o quanto antes, pois não é bom adiar.

— Claro. — Eu sabia que, se John estivesse com meningite, eles precisavam agir com rapidez, pois o corpo poderia sofrer sérias lesões, provocando derrames. *Sinto muito, Brian*, pensei. — Sim, vamos em frente.

O Dr. Ream se retirou, e pouco depois veio a enfermeira com um técnico. Como John estava ligado a tantas máquinas, ainda no suporte vital, eles tiveram de desligar tudo lenta e cuidadosamente para transportá-lo pelo corredor até a sala de tomografia.

Senhor, não sabemos a causa dessa febre, mas Você sabe, orei, em silêncio. Lá no fundo eu queria que fosse alguma coisa perfeitamente simples que a equipe médica tivesse deixado passar sem querer. Não queria que fosse meningite. Já não bastava um *afogamento*? Ainda teríamos de acrescentar mais isso à lista?

Brian entrou e assumiu um ar curioso e confuso quando viu o técnico desligando John das máquinas.

— Brian, onde você estava?

— Fui descansar um pouco na sala Ronald McDonald. Me disseram na sala de espera que você estava me procurando. O que houve?

Eu contei sobre a minha conversa com o Dr. Ream e o que ele ia fazer.

— Meningite?

Era como se ele não estivesse conseguindo processar a informação.

Enquanto nosso filho já estava pronto para ser transportado, eu disse a John que ele ficaria bem e que nós estaríamos ali de novo quando os exames terminassem. O técnico destravou as rodas da maca e o afastou. Eu vi o grupo se afastar pelo corredor com meu filho e desaparecer no fundo.

SUPERAÇÃO: O MILAGRE DA FÉ

Dei um suspiro pesado, o que eu vinha fazendo um bocado ultimamente. Entramos então no Facebook para atualizar o pessoal sobre as orações. Eu me sentia tão grata por pertencer a uma comunidade tão grande, uma família, na verdade, gente do mundo inteiro solidária com a dor e as dificuldades dos outros, e que orava para o nosso Pai. Nós nem conhecíamos todas as pessoas que estavam em oração, mas sabíamos que o filho de Mark Shepard, que fora transferido para a Alemanha pela Força Aérea, tinha um grupo de oração na base militar. Tínhamos missionários na Costa Rica e na China em oração. Havia gente da Holanda que nunca tínhamos visto pessoalmente e que ligava para a escola a fim de obter informações mais específicas sobre as orações por John. E muito mais gente. Eu estava impressionada com todo aquele apoio. Ela só reforçava a verdade: mesmo nos momentos mais sombrios, nunca estamos sozinhos.

Depois que John foi retirado do quarto, entrou outra enfermeira, que começou a limpar e esterilizar o ambiente para preparar para o procedimento. Entendendo que deveríamos sair, fomos para a sala de espera da UTI para levar as últimas notícias para todo mundo. Mas eu mal conseguia abrir a porta. A sala de espera estava lotada, pois era sábado e todo mundo estava de folga no trabalho ou na escola. Eu achava que na noite de segunda-feira, nossa primeira noite ali, havia muita gente, mas nem se comparava àquela multidão. Cada espacinho estava ocupado por algum corpo. Ou dois.

Provavelmente o tanto de gente também chamou a atenção do hospital, pois não demorou e apareceram funcionários para informar que abririam o salão de banquetes no andar abaixo para acomodar todos os visitantes. Também forneceriam lanches e bebidas. Eu fiquei muito grata por toda aquela atenção com nossos amigos. Eles estavam indo além do que se poderia esperar. A sala de espera começou a se esvaziar, embora minha família e eu ficássemos.

A tomografia computadorizada durou menos de meia hora. Na verdade, desvencilhar John das máquinas e transportá-lo levou mais tempo que o exame em si. Até que o trouxeram de volta e ele foi religado aos aparelhos e devidamente acomodado.

Os limites da medicina moderna

Finalmente, o Dr. Ream voltou para nos dizer que o resultado da tomografia era bom — nenhum inchaço, nenhuma lesão —, e eles então passariam ao exame.

Ficamos na sala de espera, e eu fiz o possível para não ficar imaginando o que eles iam fazer com John. Preenchi o tempo com conversas e orações. Quando Jason chegou, eu lhe passei as informações.

— Não seria o máximo se a febre simplesmente desaparecesse?

Ele sorriu e deu uma risada.

— Seria incrível mesmo. Com toda a tecnologia e os progressos da medicina, ainda existem limites para o que eles podem fazer e diagnosticar. Mas Deus não tem limites, certo?

— Não, não tem. Louvado seja por isso.

Mais para o fim da tarde, depois de voltarmos para o quarto de John, a Dra. Johnson, a neurologista, veio checar como ele estava. Mais uma vez tentou fazê-lo reagir, mas foi ignorada. Ela franziu os lábios e fez anotações na prancheta. Achei que ela ficaria satisfeita pelo resultado positivo no eletroencefalograma, mas na verdade parecia mais contrariada, como se não acreditasse no teste e achasse que ele estava mesmo tendo miniconvulsões.

Ela levantou o cobertor para ver os pés dele e fez mais uma anotação. Eu entendi o que ela estava examinando especificamente: o pé direito de John estava voltado para dentro, em um ângulo bem pronunciado, distúrbio que ele apresentava desde bebê.

— O pé ainda está em posição anômala — disse ela.

Eu comecei a rir.

— Se está esperando que esse pé vire para fora, vai esperar eternamente, pois ele nasceu assim.

Eu tinha certeza de que a neurologista deduzira que o pé era um indicativo das convulsões.

Ela apertou os olhos e franziu a testa.

— Seria interessante ter falado isso antes.

SUPERAÇÃO: O MILAGRE DA FÉ

— Bastava me perguntar. Eu não tinha a menor ideia de que era isso que estava querendo saber.

Ela fez mais uma anotação na prancheta e se retirou.

Quando o Dr. Ream entrou no quarto, em seguida, eu estava preocupada e confusa.

Ops, pensei, apertando o estômago para não vomitar. *Não pode ser meningite. Não, não, não. A gente tem rezado tanto. Deus, Você tem de cuidar disso!*

— Não estou entendendo — reconheceu ele. — John não tem meningite.

Espera, o que foi que ele disse?

— Não tem? — berrei.

— Não.

— Ele não está com meningite. — Eu precisava ouvir de novo.

— Não, o teste deu negativo.

Dei um suspiro de alívio tão alto que deve ter sido ouvido na fronteira do estado.

— Já esgotamos as possibilidades do que pode estar causando essa febre. — Ele coçou a cabeça e olhou para os pés. — Não sei bem o que mais poderia ser... nós checamos tudo, e deu negativo. Não há um motivo para ele estar com febre.

Ele prometeu que ficariam de olho e fariam todo o possível, mas não pareceu muito esperançoso.

Como explicar uma criança com febre de até quarenta ou 40,5 graus sem motivo aparente? E apesar de todo o conhecimento reunido pela medicina, ninguém conseguia entender, nem as cabeças mais brilhantes.

Nenhum motivo... nenhuma cura. Os remédios e antibióticos não eram capazes de aliviar a febre. Aqueles adesivos, em vez de Artic Sun [sol do Ártico], deveriam ser chamados de Desert Sun [sol do deserto], pela capacidade de resfriamento que estavam apresentando.

O Dr. Ream e sua equipe estavam desconcertados. Aquilo não deveria estar acontecendo, o garoto não podia estar sobrevivendo a semelhantes temperaturas por tanto tempo. E assim nossas preces se tornaram desesperadas de

Os limites da medicina moderna

novo. "Deus, os médicos não descobrem o que está provocando a febre. Nós acreditamos que, quando os médicos não sabem mais o que fazer, é quando o Senhor entra em cena e torna possível o impossível. Precisamos que acabe com essa febre, no poderoso nome de Jesus. Obrigado por tudo que já fez!"

Por volta das seis da tarde, a febre simplesmente desapareceu, tão subitamente quanto havia aparecido. Completamente. Foi como se alguém pegasse um pano e passasse para fazer a limpeza. Todas as taxas de John voltaram a um nível satisfatório, ele estava calmo e a temperatura estava exatamente onde precisava estar: 37 graus.

E a equipe sem saber o que pensar! Todos nós, aliás! Embora eu tivesse brincado que seria bom se a febre simplesmente desaparecesse, ainda assim fiquei pasma quando isso aconteceu. Nenhuma explicação, nem efeitos colaterais, nenhuma lesão, nada. Simplesmente. Foi. Embora.

Todas as possibilidades sobre as quais os médicos e a equipe tinham nos alertado não se concretizaram. O cérebro não inchou, não houve convulsões, nem infecção, e a febre passou.

Eu não sou de chorar. Mas quando a febre de John desapareceu, e ninguém sabia explicar nem como nem por quê, as lágrimas começaram a escorrer.

Olhei para Jason e vi que ele estava enxugando o rosto com as mãos. E aí caímos na gargalhada.

Meu deus, como Você é maravilhoso! Quantas surpresas! O Senhor prometeu que cuidaria de nós, e está cuidando.

— Você notou? — disse Jason — Sempre que nos dizem alguma coisa, começamos a orar, e é como se Deus respondesse: *Não, não, não vai ser assim?*

— Como se ele quisesse mostrar a todo mundo: *Eu posso fazer isso, posso fazer isso, posso fazer isso.* Ele atua melhor exatamente quando chegamos a um limite do qual não podemos passar.

Cerca de duas horas depois, a enfermeira da noite entrou e sorriu. Olhou para os monitores e os números. Sinais vitais estáveis, nada de picos de temperatura, tudo perfeito.

— Olha, acho que é um bom momento para todo mundo dar uma descansada — disse ela. — Ele está bem. Agora vai dormir. Vamos deixá-lo descansar. Vão para casa descansar um pouco também.

SUPERAÇÃO: O MILAGRE DA FÉ

Eu sabia que ela estava certa. Sempre que entrava gente nova no quarto, com todas aquelas visitas entrando e saindo, as coisas ficavam mais intensas para ele: os números, os batimentos cardíacos, tudo subia. Havia seis dias que eu não ia para casa. Mas ainda assim a enfermeira estava pedindo que eu me afastasse do meu bebê. Não havia sugerido que eu saísse do quarto, mas que todos fôssemos embora do hospital e voltássemos para casa. Mas nossa casa ficava a quarenta minutos de distância. E se acontecesse alguma coisa? E se eu não conseguisse chegar a tempo? E se ele acordasse e eu não estivesse ali?

Jason botou a mão no meu ombro e disse, como se estivesse lendo meus pensamentos:

— Deus está cuidando. Olha que coisa incrível Ele fez hoje. Seus anjos estão aqui. John vai ficar bem esta noite. Acho que a enfermeira está certa. Todos nós deveríamos ir para casa descansar.

— Se precisarmos de alguma coisa — disse a enfermeira —, claro que chamaremos.

Neste momento vinha o supremo teste da minha fé. Eu me reclinei sobre John e sussurrei:

— Boa noite, fofinho. Seu pai e eu te amamos. Vê se descansa um pouco, amanhã venho te ver.

E saí lentamente do quarto, confiando que Deus continuaria sendo Aquele que eu acreditava que era: fiel, confiável, compassivo, verdadeiro, honrado, amoroso, generoso. Deixei meu filho em Suas mãos, longe das minhas. E fui para casa com Brian.

CAPÍTULO 19

Segurando a mão firmemente

Domingo, 25 de janeiro de 2015

Por mais agradável e familiar que fosse estar em casa, dormir na minha cama e tomar banho no meu banheiro, mentalmente eu não conseguia sair do hospital. Dormir a noite inteira não estava rolando, pois eu só conseguia pensar: *O que pode estar acontecendo com John? Será que ele está bem? Será que estão cuidando direito dele?*

Fiquei deitada ao lado de Brian, esperando, na esperança de que o sol nascesse e o alarme do relógio tocasse logo. Mas os minutos se arrastavam, e eu me obrigava a ficar na cama, embora estivesse louca para me levantar, pegar o carro e voltar para o Cardeal Glennon.

Até que, por fim, quando já estava achando que não aguentaria mais, o alarme tocou, enfim me deixando sair da cama e dar início ao meu dia.

Minha irmã Janice e meu cunhado, Don, já estavam de pé e fazendo as malas para voltar para Ohio. Eles se ofereceram para levar nosso cão, Cuddles, para não precisarmos ficar voltando do hospital para cuidar dele.

— John poderá buscá-lo quando sair do hospital — disse Janice.

Antes de voltar para casa, eles queriam ver John mais uma vez. Eu me ofereci para ficar em casa esperando até que eles voltassem, e então nos despediríamos. E eu iria para o hospital.

SUPERAÇÃO: O MILAGRE DA FÉ

Brian estava de pé e se aprontando para ir para a igreja: na noite anterior ele tinha dito que realmente estava sentindo necessidade de ir. Mas de manhã ele estava meio estranho. Parecia frio comigo, e quando falava, sua voz tinha um tom agitado.

— Você então não vai à igreja? — perguntou, entrando no banheiro, onde eu estava me penteando.

— Não, quero voltar logo para o hospital para ver John.

Nenhuma reação. Ele simplesmente pegou o tubo de creme de barbear e começou a sacudi-lo. Havia alguma coisa errada.

Eu larguei a escova de cabelo.

— Muito bem, o que está acontecendo?

— Nada.

Ele parecia indeciso e continuou sacudindo o tubo.

— Não vem com essa história de "nada". Você está incomodado com alguma coisa, quero saber o que é.

Espalhando a espuma no rosto, ele disse:

— Parece que você está tomando essas decisões todas sobre John sozinha, sem me consultar.

— Que história é essa? Você está sempre sendo informado. Eu te conto todas as decisões que eles precisam que a gente tome. Estou sempre repassando para você o que os médicos me falam, na mesma hora.

— Mas parece que eu fico sabendo das coisas junto com todo mundo. Como se eu ficasse de fora e não fosse informado como deveria. Só fiquei sabendo da punção lombar quando entrei no quarto e você disse que estava em andamento. Ele já estava sendo preparado para ser levado para a tomografia computadorizada!

— Espera aí! — *De onde é que saiu isso?* — Eu expliquei ontem que mandei mensagem, liguei, mas eles não podiam esperar que você acordasse e voltasse à sala de espera.

— Eu sei. É que... *o pastor Jason* está sabendo mais das coisas que eu.

— Isso porque *ele* fica no quarto, e você não. — Parei, tentando evitar que a conversa enveredasse por acusações e ameaças. — Sei que você está dando

Segurando a mão firmemente

atenção aos amigos e à família na sala de espera, orando com eles. Sei que é lá que sente que pode ser mais útil, mas não quer dizer que eu esteja ocultando informações de você de propósito.

Ele hesitou e se virou para mim. Dava para ver que sua mente analítica estava preparando algo.

— Às vezes... — disse ele, com a voz bem tranquila. — Eu tenho dificuldade para acreditar que Deus vai curar completamente o nosso filho.

Me deu vontade de estrangulá-lo. Eu sabia que Jason tinha tocado no assunto com ele. Sabia que estava dando ouvidos às vozes negativas, abrindo espaço para isso na mente, permitindo que crescessem e supurassem. Sabia que ele estava exausto, e quando isso acontecia, ele tinha mais dificuldade de manter a esperança. Aquele ano tão estressante estava se fazendo sentir na sua saúde espiritual e emocional, mas eu não ia conseguir lidar com aquilo naquele dia.

— O que exatamente você ainda quer que Deus faça para provar quem Ele é? — perguntei, contrariada. — Ele trouxe o seu filho da morte. O que mais você quer para parar de ouvir essas vozes da mentira? Você está abrindo brecha na mente para Satã convencê-lo de que está certo, e de que Deus está errado.

— Só quero que a gente não seja muito pretensioso nas nossas orações.

Eu sei que seria injusto da minha parte esperar que ele estivesse no mesmo ponto que eu naquele momento, mas também sabia que, pelo bem do nosso filho, estava na hora de ele encarar como era realmente sua crença em Deus. Ou acreditamos que Deus é quem Ele diz, e aceitamos e nos agarramos a isso, ou levamos uma vida de impotência, não querendo nos comportar como a Bíblia diz nem nos aproximar do trono com destemor para fazer nossos pedidos, acreditando que Deus está ouvindo e que vai nos atender. Brian tinha de fechar a mente ao inimigo, não oferecer terreno propício. Nosso inimigo conhece nossas fraquezas e faz tudo que pode para nos atacar e nos fazer esquecer quem é Deus e quem nós somos em Cristo.

— Brian, você precisa se livrar disso e parar de dar ouvidos a essas vozes.

— Você está certa desde o início de que tudo vai dar certo e vai ficar tudo bem. Claro, eu tenho esperança e quero que seja assim, mas...

— Não vamos entrar nessa...

SUPERAÇÃO: O MILAGRE DA FÉ

O estresse, a falta de sono, a tensão e a nossa idade, que não permitia mais que nos recuperássemos de uma semana inteira de tanto drama como antes, já mostravam seus efeitos conjugados, e o inimigo se aproveitava disso para colocar suas asinhas de fora. Tentava gerar conflito na primeira oportunidade. Mas eu não ia deixar que isso acontecesse.

Eu não queria dar uma de espiritualizada nem parecer arrogante e confiante demais. Mas eu sabia o que sabia. Tinha ficado metida em um quarto esterilizado de hospital, cercada de profissionais da saúde que lidam diariamente com a vida e a morte prontos para marcar a hora da morte do nosso filho. Tinha estado lá, invocando Deus, e Deus tinha botado o coração de John para funcionar de novo. Para mim era o que bastava para saber que a vontade Dele era que John vivesse. E quando orava para que a vontade de Deus fosse feita, sabia que seria, pois já vira a vontade de Deus em ação! Isto não é dar uma de espiritualizada, mas sim estar convencida da verdade e confiante nela.

Mas Brian tinha dificuldade de manifestar uma confiança como essa.

— Não vamos entrar nessa, Brian — falei. — Não vamos dar margem a esse tipo de tensão entre nós. É Satã que está dando as caras e tentando tirar nosso foco de onde deve estar. — Eu me aproximei dele. Precisávamos estar no mesmo time, unidos. — Me desculpa se eu não mantive você informado. Vou procurar melhorar. Sei que está sendo muito difícil para você. Sei que está preocupado. Eu te amo. A gente vai superar. — Peguei então a sua mão. — Por que não oramos por isso?

Ele ficou aliviado e concordou.

Nós nos alternamos na oração em voz alta. Oramos para que o inimigo não conseguisse causar discórdia entre nós. Para Deus proteger nossa mente e nos dar forças para aprisionar nossos pensamentos e fazê-los obedecer a vontade Dele. Oramos para Deus clarear nosso pensamento e nos impedir de dar ouvidos às vozes negativas que diziam que Ele "não ia" operar maravilhas. E oramos para Deus fortalecer a nossa *esperança*, para continuarmos focados no nosso filho e na sua total recuperação.

Segurando a mão firmemente

Ao terminarmos, Brian sorriu e me abraçou. Eu não sabia ao certo se ele estava convencido, mas de uma coisa não restava dúvida: em hipótese alguma eu permitiria que o abríssemos uma brecha para o inimigo na nossa família.

Nessa manhã, o culto estava carregado de energia. O espírito ali estava vivo e empolgado com o que Deus fizera ao longo da semana. Era exatamente ali onde Brian precisava estar. Sem ninguém para falar da possibilidade de John não resistir. Todos louvavam a Deus pela Sua obra e pelo que ainda ia fazer.

Durante a oração, o pastor Jason sempre separa um momento para orar especificamente pela cura, por aqueles que estão lutando e precisam de um toque de Deus. Ouvindo que Deus tinha ressuscitado um garoto de 14 anos, as pessoas começaram a se aproximar dos altares para que Deus também fizesse algo espetacular em suas vidas.

Depois, Jason espontaneamente convidou Brian ao palco para dizer o que pensava e abrir o coração com todo mundo.

Brian se ruborizou de surpresa, mas foi até a frente, abrindo caminho através de uma congregação que estava toda de pé, aplaudindo para demonstrar todo o seu amor e apoio.

— Obrigado — disse ele, com simplicidade, tentando esconder a emoção. Levou alguns minutos para se recompor, e então se encheu de ânimo. — Não venham me dizer que não servimos a um Deus que opera milagres, pois meu filho foi retirado do fundo de um lago gelado e hoje está vivo. — As pessoas vibraram. — É mesmo incrível ver o quanto Deus fez por John. A cada desafio que surge, vocês todos oram e Deus atende. Por favor, então, continuem orando. Nós acreditamos que ele vai se curar completamente. Mas ele ainda tem um caminho a percorrer. — Ele falou então da febre e do resultado da punção lombar. Mencionou as questões ainda pendentes, como os pulmões e a respiração de John, e, por fim, disse: — Se vocês buscam desesperadamente um milagre, quero dizer que sejam arrojados nos seus pedidos. Deus é capaz de qualquer coisa que Lhe seja pedida. Continuem orando! Obrigado de novo. Minha família e eu amamos todos vocês.

SUPERAÇÃO: O MILAGRE DA FÉ

Quando ele desceu da plataforma, todo mundo estava de novo de pé aplaudindo e festejando a sua coragem, a sua fé e as palavras verdadeiras que dissera sobre o Grande Médico, o nosso Deus.

Veio então a mensagem matinal de Jason. Ouvindo, Brian teve a sensação de que o Espírito Santo a destinara especificamente para o seu benefício. Jason, que tinha programado o tema daquela semana três meses antes, falou da importância da transformação, de não permitir que velhos hábitos e crenças e o nosso passado nos impeçam de ser aqueles que Deus quer que sejamos. Quando abrimos mão dessas coisas, podemos nos transformar radicalmente para Cristo.

Brian ouvia as palavras do pastor Jason pensando na conversa que tiveram comigo naquela manhã. Nos dois casos seu coração fora atingido. Claro que ele queria que o filho vivesse e pudesse florescer plenamente! O que o impedira de entregar tudo completamente a Deus e acreditar que Deus viria até ele? O medo. Brian se deu conta de que a melhor maneira de ajudar o filho era permitir que Deus o transformasse radicalmente, na maneira como rezava, no que pensava, no que dizia. E agora precisava que Deus lhe conferisse forças sobrenaturais para ajudá-lo a persistir. Seu filho precisava disso. *Ele* precisava disso.

Enquanto Brian estava no culto e eu continuava em casa, Janice e Don entraram no quarto de John minutos antes do Dr. Ream.

— Bom dia — disse o Dr. Ream. — Como John não está mais com febre e está tudo calmo, baixei o nível de propofol para checar as reações dele.

— Sim, ele continua reagindo — disse Janice.

— Uma das neurologistas informou que John se mostra totalmente sem reação quando ela vem testá-lo, então vamos dar uma olhada nisso.

John estava grogue e foi despertando lentamente. Voltou a cabeça para olhar ao redor e bateu com os olhos em Don. Tal como da primeira vez, ele o encarou.

— Reconhecimento cognitivo — disse o Dr. Ream.

— Sim — concordou Janice.

— E aí, cara — fez Don, se aproximando do pé da cama. Os olhos de John o acompanharam o tempo todo.

Segurando a mão firmemente

— Eu diria que é reconhecimento total — disse o Dr. Ream, surpreso.

— Sim — repetiu Janice —, eu também.

Quando Janice e Don voltaram em casa para pegar Cuddles e o cachorro deles, eu agradeci por terem vindo, os acompanhei até a porta e voltei para o hospital. Sabia que a equipe adoraria que John ficasse sozinho o dia inteiro para descansar, mas isso não ia acontecer de jeito nenhum! Eu queria — eu precisava — voltar ao encontro dele. E como eles praticamente tinham impedido qualquer outra pessoa de entrar no quarto, eu o tinha só para mim.

— Oi, John, voltei. Se comportou direitinho enquanto eu não estava aqui?

Ele ainda estava fora do ar, mas apertou minha mão. Estava diferente dos dias anteriores. Calmo. A temperatura em um bom nível. Os indicadores, idem. Mas eu sabia que não podíamos esmorecer nas orações. Ele continuava no ventilador, e precisava se livrar daquilo para começar a respirar sozinho.

Eu estava feliz só de olhar para ele e segurar sua mão.

Como é frágil a nossa vida, pensei. Olhando ali para ele, lembrei do dia que ele chegou à nossa casa.

Em novembro de 2000, quando fomos à Guatemala buscar John, meus filhos tinham 30 e 28 anos. No entanto, estávamos nos comprometendo a começar do zero a tarefa de criar um filho. Eu já tinha netos!

Brian e eu estávamos empolgados, especialmente ele. Viajamos para a Guatemala na quarta-feira, 15 de novembro, e na sala de embarque do aeroporto Brian pegou um caderno e começou a escrever uma carta para John.

Estamos no aeroporto e acabamos de escolher os assentos no voo de Atlanta para a Cidade da Guatemala. Dizer que estou ansioso provavelmente seria um eufemismo. Foram frenéticos esses poucos dias, fazer as malas e nos preparar... Quase não dá para acreditar que vamos finalmente viajar para buscá-lo depois de todos esses meses. Fomos ao primeiro encontro no Bethany Christian Services no dia 22 de fevereiro de 2000, para nossa primeira conversa sobre adoção. Já

SUPERAÇÃO: O MILAGRE DA FÉ

estávamos esperando havia quase seis meses para esta viagem ao seu encontro. Lembro a minha viagem de volta de Honduras em março de 2000. Chorei no avião, sabendo que a próxima viagem que eu faria à América Latina seria para buscá-lo, sem saber quando ou quem seria. Estar aqui fazendo essas anotações para você ler no futuro ajuda muito.

É muito estranho ter 46 anos, quase 47, e não conseguir controlar o nervosismo. É tanta coisa passando pela minha cabeça que fica difícil organizar os pensamentos. Sei muito bem que sem dúvida estamos em uma aventura, e sua mãe e eu estamos empolgados e felizes de estarmos tão pertinho de encontrar você.

Eu sentia orgulho do meu marido. Nós tínhamos embarcado juntos naquela aventura para trazer para casa o nosso precioso John. E que aventura!

Chegamos tarde da noite à Cidade da Guatemala e descobrimos que não tínhamos mais bagagem. Aparentemente ela tinha decidido ficar no aeroporto de Atlanta quando mudamos de avião. E também não encontrávamos Paco, nosso advogado. Era para ele vir ao nosso encontro assim que chegássemos, mas não o achávamos e nem tínhamos como entrar em contato. Nos advertiram a não sair do aeroporto sem ele, pois a região era perigosa. Mas às onze da noite, depois de esperar várias horas sem que ele aparecesse, nos dispusemos a nos arriscar na cidade.

Um adolescente se aproximou de nós e perguntou em um inglês capenga se queríamos táxi, e nós respondamos que sim.

Ele então chamou o menor carro que eu tinha visto na vida. O nome daquele modelo devia ser Caixa de Fósforo. Era um minúsculo Toyota azul no qual a gente mal cabia. Eu só conseguia pensar que talvez tivesse sido até bom termos perdido a bagagem. Ela teria de seguir em outro carro.

E lá fomos nós pela noite guatemalteca, sem ter a menor ideia se o motorista de fato estava nos levando para o lugar certo.

Eu nunca tinha visitado um país do Terceiro Mundo antes. E quando chegamos ao Hotel Casa Grande, perto da embaixada americana, não sabia

Segurando a mão firmemente

direito se deveria comemorar a honestidade do motorista ou ficar apavorada com a presença de guardas armados com fuzis em torno do prédio.

Os guardas usavam uniforme de camuflagem, cada um com um boné marrom com uma fina faixa preta. Para compor melhor o estilo, todos tinham um cinturão de balas atravessado no peito. E, claro, os fuzis.

Deus do céu, foi a única coisa que eu consegui pensar. Com certeza não estávamos mais no Missouri.

Fomos fazer o check-in e na recepção nos informaram:

— Um americano que disse que era o advogado de vocês está tentando entrar em contato. Que bom que chegaram.

Subimos então para o quarto, que era bem agradável. Piso de ladrilhos e paredes nuas. Duas camas de casal lado a lado, cada uma delas com sua colcha multicolorida. Simplicidade, limpeza.

Mal tínhamos nos acomodado no quarto, o que não levou muito tempo, pois não tínhamos bagagem, e o telefone tocou. Era o nosso advogado nos Estados Unidos, muito nervoso porque Paco lhe dissera que ninguém sabia do nosso paradeiro. Enquanto eu conversava com ele, bateram à porta.

Já era quase meia-noite. *Quem pode ser a uma hora dessas?* Estava previsto para recebermos John assim que chegássemos ao país, mas como já era tarde, e não havíamos encontrado Paco, achamos que o menino só seria trazido no dia seguinte.

Brian abriu a porta e lá estava Paco com sua filha de vinte e poucos anos, segurando aquele bebezinho minúsculo envolto em um cobertor que o engolia completamente. *Não pode ser o nosso bebê*, pensei. Era do tamanho de um recém-nascido.

Eles entraram, e a mocinha veio na minha direção. Eu nem tive tempo de dizer oi, e ela foi me entregando John sem pestanejar. Dava para sentir as vértebras dele pelo cobertor.

— Não encontramos vocês no aeroporto — explicou Paco.

Eu não entendia como isso podia ter acontecido, já que o aeroporto era mais ou menos do tamanho de uma loja de conveniência.

Paco colocou uma bolsa na cama mais próxima.

SUPERAÇÃO: O MILAGRE DA FÉ

— Tem aqui algumas coisas para quebrar o galho esta noite.

Ao todo, levaram uns quinze minutos.

— Volto de manhã para levá-los à embaixada, onde vão cuidar da papelada — disse Paco.

E os dois saíram.

Brian e eu ficamos olhando um para o outro, sem acreditar naquela cena. Era como se eles tivessem simplesmente entrado, dizendo "aqui está seu filho, para o resto da sua vida", e desaparecido na noite.

Brian abriu a bolsa, onde havia uma caixa de leite, uma fralda, um pijaminha, um cobertor e um bilhete da mãe temporária, dizendo: "Tenham boa vida. Aqui está bebê feliz."

John era tão pequenininho que quase desaparecia nos meus braços.

— Vamos desembrulhar para ver como ele é — falei, deitando-o na cama.

Ele me olhou com os olhos castanhos enormes, mas não deu um pio.

Eu abri o cobertor branco cheio de cavalinhos de pau amarelos, cor-de--rosa e azuis. Tinha muito pouco cabelo. Estava vestido com um macacão azul-claro do tamanho exato para a sua idade, mas ainda assim grande demais para ele. Tinha cinco meses e meio, mas pesava apenas 4,5kg. Tirei o macacão para ver o seu corpo. Era tão pequenino e frágil, dava para ver cada veia sob a pele. As pernas e os braços fininhos mais pareciam cordões, e o pé direito estava voltado para dentro, em ângulo bem pronunciado. A cabeça parecia do tamanho certo, mas o aspecto geral era macilento.

Meu Deus do céu, onde é que fomos nos meter? O que há de errado com esta criança?

Brian e eu ficávamos olhando para ele, que olhava para nós. Parecia claro que estava nos examinando, assim como nós a ele. Estiquei o braço e peguei sua mãozinha, e imediatamente ele agarrou meu polegar com os dedinhos.

Eu era mãe de três filhos, mas estava completamente confusa. *Será que ele vai querer dormir sozinho na cama? Será que quer colo? Está inseguro?* Eu não sabia direito o que fazer, e fiquei com ele no colo um pouco, achando incrível que aquele bebê de fato tivesse se tornado nosso filho, e depois o entreguei a Brian.

Segurando a mão firmemente

— Toma aqui, papai — falei, observando com amor e orgulho enquanto ele aconchegava John suavemente no peito.

Até que por fim pusemos John na outra cama, e ele dormiu a noite inteira. Não chorou uma única vez, nem choramingou, em momento algum se comportou como se estivesse com medo de nós.

Na manhã seguinte eu me levantei, fiz uma mamadeira e ele bebeu sem nenhum problema. Depois troquei a fralda e o vesti de novo. E o acomodei de novo na cama para me arrumar. Quando saí do banheiro, lá estava Brian segurando John, os dois dormindo profundamente, felizes, como se sempre tivessem sido pai e filho.

Desde o momento em que o tomamos nos braços, John nos aceitou sem hesitação nem medo. Tudo que queria era ficar sentado, olhar para nós e agarrar nossos dedos. Mas nada de choro. Nem uma lamúria, um gorgolejo que fosse.

Achei que ele podia ser mudo. Na verdade, nem sabia que era capaz de chorar até um dia depois de voltarmos para casa nos Estados Unidos. John acordou no domingo dando um ataque, e gritava com pulmões de pregoeiro.

Estava ardendo em febre, e quando verifiquei a temperatura, quase desmaiei ao ver o termômetro marcando 40,5ºC.

Imediatamente liguei para uma enfermeira amiga minha.

— O que eu faço?

— Leva para a emergência. É uma criança do Terceiro Mundo. Você não sabe com que tipo de doença pode estar lidando.

No hospital eles deram infusão intravenosa, o que gerou outros problemas: ele começou a gritar ainda mais com as tentativas de prender um dispositivo intravenoso naqueles bracinhos minúsculos. Nos disseram que ele estava com infecção no ouvido. Durante o voo, fluidos tinham entrado no ouvido, causando a infecção. Receitaram antibióticos e nos mandaram para casa. No dia seguinte, consultamos um pediatra que tinha sustentado a tese sobre doenças do Terceiro Mundo. Mesmo com cinco meses e meio, nosso filho estava recebendo cuidados incrivelmente protetores e milagrosos de Deus.

O médico olhou para ele.

SUPERAÇÃO: O MILAGRE DA FÉ

— Ah, ele está bem. É apenas carência de calorias. Ele estava sendo alimentado, mas provavelmente foi prematuro e precisa de mais calorias. Basta dar alimentação para bebês prematuros e ele vai ficar bem.

Um mês depois, voltamos para um check-up. A essa altura John ganhara três quilos e meio. O bebezinho esquálido se transformara em uma criança robusta e rechonchuda de bochechas redondas. Ao vê-lo, o médico exclamou:

— Nossa! Vamos com calma! Vamos cortar essa alimentação para prematuros, ou daqui a pouco ele terá de fazer uma dieta.

Mesmo quando doente, John sempre fora a criança mais fácil de agradar. A mãe temporária tinha razão: ele era um bebê feliz.

Eu sorria com essas lembranças, vendo-o ali tranquilamente deitado na cama do hospital. Olhei para minha mão. Seus dedos estavam agarrados ao meu.

CAPÍTULO 20

Uma descoberta incrível

Segunda-feira, 26 de janeiro de 2015

A manhã de segunda-feira começou tranquila.

As coisas estavam muito melhores entre Brian e eu. Ele chegara ao hospital na noite de domingo e, enquanto ele segurava a mão de John, conversamos sobre o culto na igreja e a partida de basquete do time de John à tarde, à qual Brian comparecera em nome dele.

— Eles estão sentindo muito a sua falta, John — disse Brian ao nosso filho. Contou que antes do jogo o time inteiro e os treinadores se juntaram ao redor dele para uma oração. — Foi incrível ouvir aquela garotada toda orando pelo John — disse ele. E então me contou que mais cedo, naquela manhã, sentira uma mudança de atitude. Ele queria levar uma vida vitoriosa, sem o fardo da preocupação e do medo. Para isso, decidiu que o primeiro passo era dedicar mais tempo à leitura da Bíblia, para proteger os pensamentos. — Tenho seguido o plano "Escritura, Observação, Aplicação e Oração" de leitura da Bíblia em um ano, para recuperar o terreno perdido. Sabe como é, se a gente dá uma tacada errada no golfe, tem de voltar ao básico e aprimorar até voltar a fazer direito as coisas mais simples. Pois estou achando que preciso voltar ao básico diante de Deus. Se houver alguma esperança, virá Dele, de modo que preciso estar mais focado Nele.

— Acho uma ótima ideia — falei.

SUPERAÇÃO: O MILAGRE DA FÉ

Aquela iniciativa do meu marido me encorajava. E eu sabia que Deus honraria o passo de Brian na direção da fé.

Sorri ao pensar de novo na mudança que estava vendo em Brian. Eu sabia que teríamos de ficar vigilantes, mas ele ser capaz de reconhecê-lo era um passo gigantesco.

John estava tranquilo e com todas as taxas em ordem na manhã de segunda-feira. Jason estava conosco, brincando com ele, perguntando por que não fora ao culto na véspera, e aí começou a me contar que Brian se saíra muito bem, e contou das orações e da empolgação das pessoas por saberem que John estava melhorando. Nisso, por volta das nove e meia, a Dra. Johnson, a neurologista, apareceu para verificar como John estava reagindo.

Estranho, pensei. Não me lembrava de ter visto a enfermeira do dia, Ciera, diminuir o nível de propofol, o que as enfermeiras costumavam fazer antes das visitas dos neurologistas.

Também notei uma outra coisa fora do comum. O Dr. Ream também chegou, mas em vez de entrar e vir falar conosco, ficou junto à porta, por trás da cortina de privacidade. Era como se estivesse espiando escondido. Mas por quê?

— Bom dia, John — disse a Dra. Johnson.

Antes que ela tivesse tempo de examinar John, o Dr. Ream partiu para cima dela.

— Ouça bem o que vou dizer — começou ele, com voz firme. — Pare de convocar minha equipe para baixar o nível de propofol e então aparecer aqui quinze minutos depois esperando que ele mostre desempenho para você, como um animal de circo. Ele é um pré-adolescente, esse propofol está infiltrando suas células. E, portanto, são necessários mais que quinze minutos, pois ele ainda tem de processar os resíduos no organismo.

Eu tinha gostado do Dr. Ream desde o início. Ele tinha um humor seco, que muitas vezes salvou minha sanidade mental, e era um homem de compaixão. Mas depois daquela cena eu podia ter me levantado da cadeira para lhe dar um beijo. Eu não estava nem aí para os métodos de trabalho da Dra. Johnson, mas saber que outro médico tinha descoberto aquele erro me dava vontade de soltar fogos.

Uma descoberta incrível

Depois que a Dra. Johnson se retirou, nem um pouco satisfeita, o Dr. Ream virou-se para mim.

— John agora precisa que o tiremos desse ventilador para respirar por conta própria. Os pulmões ainda estão debilitados. Quanto mais tempo ele ficar na UTI, maiores as chances de pegar uma infecção, pois isto aqui está cheio de germes, considerando-se os tratamentos em andamento. Claro que a gente não quer que isto aconteça. Mas a realidade é que se a pessoa não sair da UTI, acaba não conseguindo se recuperar. Se me permite o trocadilho, é como se John estivesse no meio da água, e a gente precisasse que ele começasse a nadar de novo para a margem.

Ele explicou que era necessário começar a tirá-lo gradualmente do propofol, para ficar mais alerta e desperto. Eu concordei, e quando o Dr. Ream se retirou, fui de novo desesperada para as redes sociais divulgar a lista de orações do dia: (1) que os pulmões de John ficassem completamente limpos para que o médico pudesse retirar o ventilador; (2) que John não sentisse medo ao despertar. Precisávamos de mais uma intervenção de Deus para tirar John do ventilador e da UTI. Jason e eu oramos junto a John para que o sopro de Deus mais uma vez entrasse por seus pulmões, trazendo a cura total.

Tendo deixado para trás essa empolgação, o quarto voltou ao clima calmo e pacífico que havia prevalecido no dia e na noite anteriores. E então Jason foi inesperadamente chamado a dois outros hospitais, para casos de emergência, e se retirou, prometendo voltar mais tarde à noite.

Como John não estava mais entre a vida e a morte, Brian e eu resolvemos que ele voltaria ao trabalho, vindo ao hospital à noite. E assim, com o afastamento de Jason, Brian, Janice e Don, eu era a única presença constante no quarto.

O resto do dia transcorreu sem nenhum incidente. A enfermeira do dia, Ciera, vigiava John de perto, aparecendo regularmente. Mas os indicadores se mantinham constantes, e à tarde começaram a diminuir lentamente a dosagem de propofol.

SUPERAÇÃO: O MILAGRE DA FÉ

Terça-feira, 27 de janeiro de 2015

É exatamente quando as coisas parecem mais calmas que precisamos reforçar a guarda contra o inimigo. O apóstolo Paulo escreveu que "Porque não temos que lutar contra a carne e o sangue, mas, sim, contra os principados, contra as potestades, contra os príncipes das trevas deste século, contra as hostes espirituais da maldade, nos lugares celestiais." (Efésios 6:12). Em outras palavras, quando acontece algo ruim, precisamos olhar além do físico e considerar que talvez o problema real esteja no reino espiritual, e o inimigo esteja usando o reino físico para perturbar, gerar caos e confusão, e nos impedir de focar em Deus e na Sua obra e vontade na nossa vida.

Tudo correu bem. John estava melhor. Seus pulmões até começaram a se fortalecer — ou, para citar o Dr. Ream, John tinha começado a nadar aos poucos para a margem. Eu não deveria ter me surpreendido quando chegou a hora da mudança de turno da enfermagem.

Casey, a enfermeira-chefe, cumpriu a palavra, e a Enfermeira Megera não era mais a enfermeira de noite da John. Mas ela continuava naquele andar. E fazia questão de passar pela porta do quarto de John só para dar uma olhada lá dentro. De início, fiquei simplesmente perplexa diante daquela audácia! Mas aí comecei a responder com um olhar fulminante. Eu queria que ela soubesse que não podia me intimidar, especialmente se tratando da saúde do meu filho.

Melissa Fischer chegou tarde nesse dia, como fazia quase sempre desde a internação de John, pronta para passar o resto da noite. Conversamos um pouco, comemorando a recuperação dele. Os níveis de oxigênio estavam bons e agora era necessário que os pulmões conseguissem respirar sem ajuda do ventilador.

Estávamos, Melissa e eu, do lado da cama de John, começando a orar, quando percebi alguém entrando no quarto. Alguém tocou levemente minhas costas. Assim que dissemos "Amém", uma mulher começou a cantar suavemente. Era a capelã.

Uma descoberta incrível

Naquele momento o corpo de John mergulhou no caos. Os alarmes dos monitores endoideceram, os níveis de oxigênio despencaram, braços e pernas começaram a se agitar e a se debater na cama.

— Não queremos que você faça mais isso — falei.

Nós tínhamos acabado de orar pelo meu menino e parecia que a influência espiritual dela trazia perturbação.

Ela se sentou e ficou calada, enquanto Melissa e eu voltávamos a cobrir John de orações. Aos poucos, seu corpo se acalmou e os alarmes silenciaram.

E à porta do quarto durante esse caos estava a Enfermeira Megera, de braços cruzados e uma expressão sombria no rosto, um sorrisinho debochado.

Mais tarde, quando tudo se acalmou, e rememoramos aquela loucura, Melissa disse:

— Meu Deus, que coisa mais estranha.

— É mesmo — concordei.

— Você acha que ela vai fazer alguma coisa?...

— Olha, só quero ver se ela tentar.

Quarta-feira, 28 de janeiro de 2015

O Dr. Ream e os estudantes de medicina fizeram sua parada da manhã em frente ao quarto de John. Quando a equipe de enfermeiras e técnicos se juntou a eles, o Dr. Ream fez um resumo dos progressos de John, que eram animadores. Tão animadores que ele queria tirar John do ventilador.

Eu apurei os ouvidos.

Eles repassaram os níveis de gás no sangue de John, sua respiração e outras questões ligadas à função pulmonar. À medida que o líder do grupo de residentes lia os números de John em voz alta para o grupo, o Dr. Ream ia comentando:

— Bem, os números não atendem aos critérios de remoção da ventilação.

E, para consolidar a explicação, depois que o residente concluiu, o Dr. Ream confessou:

SUPERAÇÃO: O MILAGRE DA FÉ

— Ele ainda não está atendendo à maioria dos critérios. E ainda temos dificuldade para manter inflada a parte inferior dos pulmões, o que significa que podem sofrer colapso se removermos a ventilação. Ele deveria continuar pelo menos mais uns dois dias. Mas precisamos tirá-lo do ventilador antes que ele comece a andar pelo corredor.

Eles continuam dizendo que os pulmões estão debilitados, pensei. E aí passou uma palavra pela minha cabeça: *Deus.*

Alguém do grupo fez uma pergunta que eu não consegui ouvir. Mas o Dr. Ream respondeu:

— Se fosse outro garoto, eu o deixaria no ventilador mais alguns dias, mas não vai parecer nada bom se John começar a andar pelo corredor ligado a ele.

O grupo achou graça, enquanto minha mente tentava rapidamente processar o que eu achava que tinha ouvido. *Eles vão retirar o ventilador. Hoje. Espera aí: agora de manhã?*

Fiquei nervosa e animada e peguei o celular para falar com Brian.

— Eles querem tirá-lo do ventilador.

— Hoje?

— Sim! Agora! Ore!

Eu sabia que Brian largaria tudo no trabalho para se juntar a nós se pudesse, mas o esquema lá não permitia, assim tão de repente.

Meu telefonema seguinte foi para Jason.

— Eles vão retirar o ventilador — falei assim que ele atendeu.

— Estou indo.

Telefonei para meus outros filhos e para Janice para dar a notícia e pedir que orassem.

A partir do momento em que o Dr. Ream anunciou sua intenção, foi um verdadeiro turbilhão de atividade.

Primeiro, Ciera desligou o propofol. Estava na hora de John despertar e começar a respirar por conta própria. Nós sabíamos que levaria um tempo para a droga se dissipar, pois estava sendo administrada havia muito tempo e o corpo dele já tinha um estoque.

Em seguida, apareceu uma terapeuta para submeter John a um tratamento por nebulização.

Uma descoberta incrível

— Vai ajudar na limpeza dos pulmões e das vias aéreas — explicou ela, enquanto ajustava o aparelho ao respirador.

Simultaneamente, ela o vestiu com um dispositivo de oscilação de alta frequência da parede torácica, nome complicado de um colete que servia para sacudi-lo como um chocalho nas mãos de um bebê hiperativo. E, de fato, quando ela o ligou, o peito de John começou a vibrar e se movimentar com rapidez para remover o muco e os fluidos que pudessem obstruir as vias aéreas quando ele se livrasse da máquina de respirar.

Enquanto a terapeuta ainda fazia o seu trabalho, o Dr. Ream voltou ao quarto e começou a conversar com ela.

— Na próxima etapa, vou precisar de dois terapeutas de respiração e de um anestesista aqui, caso tenhamos de botá-lo de novo na ventilação.

Voltar à ventilação? Aí foram os *meus* pulmões que ficaram sem ar. O que até então era uma mistura de empolgação e ansiedade em mim tinha virado cem por cento ansiedade.

— Dr. Ream — chamei. Não consegui me conter. Eu precisava saber exatamente o que aquilo significava. — Qual é a probabilidade de o senhor ter de voltar o botá-lo no ventilador?

Ele soltou o ar pelas narinas, como se não estivesse a fim daquela conversa, naquele momento, com a mãe do paciente. Mas eu sabia que ele seria honesto comigo.

— Muito grande. Cerca de noventa por cento das vezes a gente tem de reventilar.

— Porque ele... simplesmente vai parar de respirar?

Eu disse isso mais como um comentário do que como uma pergunta. Podíamos então voltar a uma situação de vida ou morte.

— Simplesmente parar. Sim. — Mas em seguida, como se quisesse me tranquilizar, ele acrescentou: — Por isso é que vamos convocar todo mundo. Estaremos preparados para o que acontecer.

Ele então explicou que o problema estava parcialmente no fato de a parte inferior dos pulmões de John não inflar plenamente, ocorrendo aderências, e, portanto, a equipe tinha dificuldade de manter os pulmões abertos.

SUPERAÇÃO: O MILAGRE DA FÉ

Deve ser um dos critérios que eles tinham de levar em conta antes de retirar o ventilador, concluí. Se eles o removessem e os pulmões não cooperassem, ele teria de ser ligado de novo. E era arriscado.

Como todo adolescente sabe perfeitamente quando apertar os botões de ansiedade da mãe, John, como se tivesse recebido a deixa, endoideceu. Agitava os braços para atingir qualquer coisa que aparecesse pela frente. Depois começou a jogá-los para cima e para baixo, batendo sem parar na cama. Jogava as pernas como se estivesse dando golpes de caratê. Tentou agarrar os tubos do ventilador. Sacudia a cabeça violentamente de um lado para o outro.

Ninguém tinha me dito que ele reagiria dessa maneira, e não era nada bonito de se ver. Como estava recebendo propofol fazia dez dias, o corpo tinha se acostumado. E sem a substância, ele entrava em crise de abstinência. Mais que isso, contudo, o propofol o deixava inconsciente do que acontecia com ele. Privado dos seus efeitos, ele ficava mais alerta ao ambiente, o que causava confusão, pânico e total desconforto. Aquele tubo que descia pela garganta não estava exatamente massageando ele.

Ele já se debatera muitas vezes antes, mas dessa vez era diferente: mais frenético, mais intenso.

Meu Deus do céu, pensei, em pânico. *Será que houve alguma lesão cerebral? Será que ele vai ficar assim?* Embora soubesse que Deus o havia curado e haveria de curá-lo completamente, era a minha natureza humana se manifestando. Veio uma onda de náusea e medo, como um tsunami.

Tentei agarrar seus braços para evitar que se machucasse batendo na grade da cama, mas ele resistia. Ciera, outra enfermeira e a terapeuta de respiração preparavam John, cuidando dos tratamentos e tentando conter seus braços e pernas. Ou seja, todo mundo mundo estava com as mãos ocupadas.

Felizmente Jason apareceu a tempo de ver John levantar as pernas e batê-las contra a cama.

— Que houve? — perguntou, tentando agarrar as pernas de John e baixá-las.

— Eles suspenderam o propofol.

— Estão avançando rápido.

Uma descoberta incrível

— É mesmo. Pretendem tirar logo o ventilador.

Os olhos de John estavam arregalados de medo, e ele os voltava para mim com um olhar de morte.

O sangue me subiu e eu o soltei. Apavorada. Meus olhos deviam transmitir medo, pois Jason perguntou:

— Que houve com você, Joyce?

— E se... e se ele ficar assim? — Eu olhei para Jason. — E se ele não conseguir respirar e o cérebro for afetado? E se houver lesão cerebral?

Foi a vez de Jason me lembrar da batalha espiritual pelo controle do pensamento, exatamente como eu fizera dias antes com Brian.

— Espera aí, Joyce, não! — disse ele. — Estamos aqui para isso. Deus não nos permitiu chegar até aqui para deixar isso acontecer. Só aceitamos cura total.

— Certo — respondi, engolindo em seco, me determinando a voltar ao foco que vínhamos mantendo. — Cura total. — Mas as palavras de confiança não combinavam com o que eu estava sentindo. *E se... e se e... e se...*, era o que ficava passando pela minha cabeça.

— Joyce. Deus não vai nos levar para o meio da água e nos largar lá. Deus não é assim. Certo?

— Certo.

Entraram mais profissionais da equipe médica, e nós nos afastamos para observar e orar. O Dr. Ream voltou ao quarto e parou perto da parede para supervisionar tudo antes que eles dessem início de fato ao procedimento de remoção. A equipe conseguiu prender os braços e as pernas de John com ataduras, mesmo enfrentando forte resistência dele. O colete continuava sacudindo seu peito, dando a impressão de que a parte superior do corpo estava passando por um terremoto.

Enquanto a equipe se apressava nos preparativos, ele voltou a cabeça e me viu. Seu olhar implorava, em pânico. Eu engoli em seco de novo, fazendo força para não chorar. Eu sabia que seria um sacrifício para ele, mas ele teria de suportar para ficar cem por cento de novo.

— Vá reconfortá-lo, mamãe — disse o Dr. Ream em meio a todo aquele barulho.

SUPERAÇÃO: O MILAGRE DA FÉ

Eu mesma estava com tanto pânico, de olhos arregalados, respirando com dificuldade, que não tinha muita certeza se seria capaz de reconfortá-lo. Meio tonta, fiz que sim sem muita convicção e me sentei na cadeira mais próxima da cama. Minha mente estava completamente esgotada, estática. O ar estava carregado de expectativa e estresse. As coisas que o Dr. Ream tinha me dito ficavam passando pela minha cabeça. *Noventa por cento dos pacientes têm de ser reventilados. Talvez ele não consiga respirar sozinho.* Eu nem sequer conseguia esboçar uma oração, dizia apenas *Ó, meu Deus.* Jason foi até o pé da cama, pegou o pé de John e começou a rezar.

— Fala com ele, mamãe. Segura a mão dele — disse o Dr. Ream de novo.

Eu peguei a mão de John e apertei. Os olhos dele ainda transmitiam pânico.

Eu nunca tive dificuldade de me expressar, por que então as palavras me faltavam naquele momento? Por fim, soltei a única coisa que eu conseguia pensar.

— Não vai se acostumar a esse colete vibrador. Não vou poder comprar um para você.

Do fundo do quarto, o Dr. Ream elevou a voz:

— Ah, compra, sim! Eu tenho as calças vibradoras, são o máximo!

Todo mundo caiu na gargalhada. Eu mal conseguia respirar de tanto que ria. Aquela gracinha tinha quebrado minha apreensão e meu estresse, e minha mente voltou a funcionar. Era exatamente do que eu precisava para relaxar e ajudar John a superar aquele momento.

Passados alguns minutos, parecia tudo em ordem. Os terapeutas de respiração e o anestesista estavam em um canto do quarto, observando e esperando.

— Muito bem, vamos agir depressa — instruiu o Dr. Ream. — Estamos prontos?

Ciera e outro técnico disseram que sim.

Jason e eu nos afastamos de John para deixar que a equipe trabalhasse desimpedida. E em silêncio eu orava concentrada. Foi uma das orações mais intensas da minha vida. Assim como tinha rezado pelos batimentos cardíacos de John, dessa vez rezava pelos seus pulmões. Ele tinha de voltar a respirar por conta própria. Fora aquele primeiro dia, eu nunca tinha me sentindo tão ansiosa. Não era por falta de fé; depois de tudo que John tinha superado, eu não queria que tivessem de voltar a submetê-lo à ventilação.

Uma descoberta incrível

O que eu não sabia ou não entendia é que qualquer pessoa reage do mesmo jeito quando essa droga é retirada. Se alguém tivesse me dito isso antes ou durante aquele pesadelo, talvez eu não tivesse ficado tão desesperada, mas foi horrível ver John se debater tão freneticamente com os braços e as pernas.

Assim que começaram, o Dr. Ream e sua equipe trabalharam metodicamente e com todo o cuidado possível, mas todos nós sabíamos que o tempo era fundamental. Eles tiveram de desligar o ventilador, retirar o longo tubo da garganta de John e botar uma máscara de oxigênio nele. O procedimento todo foi concluído em três ou quatro minutos.

A equipe se afastou para dar acesso a um dos terapeutas de respiração, que submeteu John ao segundo tratamento respiratório, basicamente para nebulizar as vias aéreas e garantir que ficassem desobstruídas.

Restava ver se os pulmões iam fazer seu trabalho.

Cura total, pensei. *Noventa por cento dos pacientes precisam ser ventilados novamente, mas dez por cento não. Muito bem, Deus, faça o que tem de fazer.*

— Quanto tempo John ainda vai ficar na UTI? — perguntei ao Dr. Ream.

— Pelo menos mais dez dias.

Todos estavam calados, observando tensos para ver o que ia acontecer com John.

Até que os pulmões despertaram e começaram a trabalhar sozinhos.

O Dr. Ream sorriu, depois gargalhou, como se estivesse espantado.

— Esse garoto...

Ele tinha permanecido conosco durante todo o procedimento, mesmo nos preparativos e no segundo tratamento respiratório, que duraram cerca de vinte minutos. Ele poderia ter dito à equipe: "Me chamem quando tiverem terminado." Mas permaneceu ali até se certificar de que John estava bem.

— Vamos ficar de olho nele — falou para mim.

Embora John não fosse precisar ser ventilado de novo, acho que o Dr. Ream ainda não estava plenamente convencido.

Por volta de meio-dia, meu filho Charles chegou.

— E aí, cara? — cumprimentou John.

— Oi, cara — veio uma voz baixinha, áspera e abafada de trás da máscara.

SUPERAÇÃO: O MILAGRE DA FÉ

O quarto inteiro parou, três queixos caídos até o chão. Jason, Charles e eu nos entreolhávamos e olhávamos para John sem acreditar. E começamos todos a chorar. Charles e Jason soluçavam e viraram o rosto para não serem vistos por John. Acho que queriam se mostrar fortes diante dele. Já eu, não contive o choro. Passadas apenas três horas aproximadamente desde a remoção de um ventilador que dava suporte vital a John havia dez dias, meu filho estava falando. Era impossível! Ele não deveria estar conseguindo nem respirar, quanto mais falar!

Eu me levantei da cadeira próxima de John para Charles se sentar. Jason e eu nos sentamos no sofá para observar a conversa dos dois irmãos tão unidos. Era difícil ouvir o que John dizia, mas sua capacidade de falar estava intacta.

Por fim, John ficou tão incomodado com a máscara de oxigênio que a retirou da boca e a levou à testa para falar melhor.

Cerca de uma hora depois, por volta de uma da tarde, o Dr. Ream veio checar a situação e ficou estatelado. Olhou para John, com a máscara de oxigênio na testa, e começou a piscar sem parar. Ajeitou os óculos.

— Você está respirando?

John simplesmente assentiu.

O Dr. Ream olhou para nós... àquela altura, já estávamos apenas apreciando o espetáculo! Ele sorriu e se retirou. Minutos depois, Ciera estava ao lado de John com uma cânula nasal, aquele tubo bifurcado que é encaixado nas narinas para fornecer oxigênio. Ela arrumou tudo, disse que ele estava se saindo incrivelmente e foi embora.

Mas pouco tempo depois até isso incomodava John, que tirou o tubo e mais uma vez o levou à testa. Eu achei graça. Se o garoto estava respirando, eu não ia recriminá-lo e obrigá-lo a botar de novo no nariz.

Cerca de duas horas depois, por volta das três da tarde, o Dr. Ream voltou para checar o estado de John. Dessa vez, vendo-o com o tubo nasal na testa, eu quase achei que o médico ia desmaiar. Ele arregalou tanto os olhos que cobriam quase todo o rosto!

— Está conseguindo respirar sem isso? — perguntou.

— Estou — disse John.

Uma descoberta incrível

E aí eu tive certeza de que o Dr. Ream ia ter um infarto.

— Voce está *falando*!

Ele chamou Ciera.

— Quero uma gasometria arterial dele.

Meia hora depois, o Dr. Ream voltou mais uma vez.

— Muito bem, vamos tirá-lo completamente do oxigênio. Ele está com cem por cento de oxigenação do sangue. — E riu de novo. — Realmente... Não tem nada assim nos manuais. A gente não sabe o que ele vai aprontar agora. Nem temos a menor ideia do que *deveria* aprontar. Não vamos nem tentar adivinhar. Não vamos dizer: "Vai ser um dia após o outro." A gente só...

Ele sacudiu a cabeça, levando a mão à testa.

Naquela noite, eles tiraram John da UTI.

CAPÍTULO 21

De pé, mas nem tanto ainda

Quinta-feira, 29 de janeiro de 2015

O minúsculo quarto da Unidade de Terapia Semi-intensiva no quarto andar era muito diferente da UTI. As enfermeiras da UTI ficavam o tempo todo em cima de John, fazendo as verificações com tanta frequência que podiam até ter montado uma tenda por ali para acampar. Nesse andar, era sorte ver uma enfermeira duas vezes por dia. Era como se a gente tivesse passado do Hilton para um hotel de beira de estrada. Não que eu quisesse voltar para a UTI Pediátrica! Mas precisava ficar me lembrando: *Isso na verdade é um bom sinal. Ele está melhorando e não precisa de tanta atenção.*

Também adoramos saber que Jackson, o menininho por quem tínhamos rezado e que teve uma recuperação incrível, fora transferido para esse andar ao mesmo tempo em que John. Remie também estava indo bem, mas eu sabia que perderíamos contato com ele estando em outro andar.

Sentada ali naquele novo quarto, vendo John dormir sem ajuda de uma máquina de respiração, eu sorri. O Dr. Ream tinha previsto que John ficaria na UTI pelo menos mais dez dias. Na realidade, ele ficara mais *dez horas.*

Como eu prometera me cuidar mais, me acomodei em um pequeno sofá--cama e tentei descansar. Por volta de uma da manhã, John começou a puxar a sonda do nariz. Persistiu até arrancá-la completamente, e acabou acordando. E aí ficou agitado e acabou me acordando também.

De pé, mas nem tanto ainda

Lá estava ele com a sonda na mão, chorando.

— Mamãe, não sei... — A voz ainda estava rouca, nada mais que um sussurro. Ele ergueu o tubo para me mostrar. — Arranquei. Achei que era meleca — confessou.

Eu achei graça e relaxei.

— Tudo bem, vida. Acho que de qualquer maneira você não vai precisar mais. Mas vou chamar a enfermeira.

E apertei a campainha.

Ele olhou ao redor, examinando o ambiente. Com ajuda apenas de uma lâmpada fraquinha no teto, além da luz do corredor projetada de um jeito meio lúgubre, ele moveu lentamente a cabeça.

— Por que estou aqui?

Eu não esperava uma conversa dessas no meio da noite. Quando ele acordava na UTI, eu tentava explicar as coisas nos termos mais simples — em geral apenas: "Você sofreu um acidente. Está no hospital. Está tudo bem. Eu estou aqui." Mas, sempre muito dopado, ele rapidamente esquecia.

Dessa vez, embora ainda houvesse algum resquício de propofol no organismo, o que o deixava meio grogue, ele se mostrava alerta e consciente o bastante para perguntar e querer uma explicação melhor.

Fui para uma cadeira ao lado da cama e segurei sua mão.

— Você sofreu um acidente.

— Eu caí na água?

— Foi, amor, isso mesmo.

Lágrimas começaram a escorrer pelo seu rosto.

— Foi muito tempo?

— Foi, mas você vai ficar bem.

Ele parou, absorvendo a revelação.

— Quem sabe que estou aqui? Meus amigos sabem?

Eu ri. De todas as coisas que podia ter perguntado, ele estava mais preocupado com a eventualidade de os amigos não saberem.

— Querido, *o mundo inteiro* sabe que você está aqui.

E ele não fazia ideia de como: a mídia acabava de publicar pela primeira vez uma reportagem mais longa sobre o acidente, com entrevistas dos dois Josh, dos médicos e de Jason.

— Sim, John, todos os seus amigos estiveram aqui para visitar e orar por você.

Ele apertou forte minha mão para se sentir aconchegado e conversamos umas boas duas horas sobre tudo que acontecera nos dez últimos dias. Ele queria saber todos os detalhes. Para mim era difícil responder, pois não queria que ele tivesse pesadelos, então medi bem as respostas, relatando os detalhes até certo ponto. Como era bom estar ali ouvindo sua voz, vendo que os processos mentais estavam intactos: nenhuma lesão cerebral, nem problemas de processamento das informações. Deus tinha tecido direitinho o seu cérebro de novo, tal como Jason e Brad Riley haviam pedido em oração junto a ele naquela primeira noite. Cura total.

Em dado momento, John levantou as mãos e as passou pelo cabelo. Seu rosto assumiu então uma expressão horrorizada, e seus olhos se encheram de lágrimas de novo.

Eu tentei não achar graça. Sabia exatamente o que ele estava pensando: *estou um lixo!* Aquele era o meu filho, obsessivo por limpeza. Para ele é normal tomar vários banhos por dia. Não gosta de se sentir suado nem sujo. Se vestiu alguma roupa por cinco minutos e resolve se trocar, vai tudo para o cesto de roupa suja. Para ele, o lema "A limpeza é santificada" pode não estar na Bíblia, mas deveria! E então se via ali, dez dias sem tomar banho.

— Não se preocupe — falei, querendo reconfortá-lo. — Nenhum dos seus amigos o viu assim. Você vai tomar banho amanhã de manhã. Agora procure descansar. Depois conversamos mais.

Ele estreitou os olhos, como se não acreditasse em mim.

— Ari.

— O que tem?

— A Ari me viu.

Do que ele está falando? E aí a ficha caiu: sua amiga Ari fora visitá-lo bem cedo pela manhã no dia em que ele despertou pela primeira vez. Charles me

De pé, mas nem tanto ainda

contou que John tinha aberto os olhos e a visto, mas como é que ele podia se lembrar?...

— Você se lembra da visita da Ari?

Ele fez que sim, e eu fiquei pasma.

Horas depois de eu ter apertado a campainha, uma enfermeira finalmente apareceu para checar os sinais vitais e ver como ele estava. Demorou tanto que quase esqueci por que a tinha chamado.

— Ele tirou a sonda quando estava dormindo.

E apontei para a sonda, na cama.

— Vamos ter de botá-la de novo.

Espera aí, como assim?

— Acho que não vai ser preciso. Tenho certeza de que o médico vai mandar tirar ainda esta manhã.

Ela olhou para mim como se eu estivesse com um terceiro olho.

— Não, com certeza teremos de reinserir a sonda.

Eu não gostava dessas palavras com *re*: *re-ventilar, re-inserir.* Suportar um tubo sendo enfiado do nariz até o estômago é um processo muito doloroso, e eu não permitira de modo algum que John sofresse mais que o estritamente necessário.

— Só depois que você chamar um médico para confirmar isso, pois ele já passou no teste de engolir. Vão fazer outro hoje de manhã, e tenho certeza de que ele vai passar também.

Antes de tirarem John da UTI, fizeram um teste de deglutição para ver como estava a garganta depois da retirada do ventilador. E ele se saiu bem, mas tinham marcado outro para a manhã seguinte. Eu deduzi que a retirada da sonda não tinha sido nada de mais, já que logo iam tirá-la mesmo.

Ela fechou a boca, como se não acreditasse em mim, e desapareceu. Cerca de uma hora depois, voltou com outra enfermeira.

— Vamos efetuar a reinserção.

Não gostei nada da notícia, e tinha certeza de que a enfermeira estava cometendo um erro. Olhei bem nos olhos dela para ter certeza de que seria entendida.

SUPERAÇÃO: O MILAGRE DA FÉ

— Vou dizer só uma coisa. Você pode colocar esse negócio de novo, mas se amanhã de manhã o médico vier aqui e tirar, eu vou atrás de você.

Ela pediu que eu saísse do quarto.

— Não — respondi, parando, decidida, ao pé da cama.

Eu queria deixar claro que não estava gostando nada daquilo. Elas o seguraram e enfiaram de novo o tubo pela garganta, já machucada, sem nada para diminuir ou amenizar o mal-estar. O tempo todo ele resistia e gritava. Eu sabia que aquilo machucava meu filho, e por consequência queria machucar aquelas duas.

Horas depois, pela manhã, o neurologista, Dr. Carter, chegou com a equipe e fez John beber água com um canudo.

— Muito bem. — O Dr. Carter parecia satisfeito. — Vamos tirar a sonda. Provavelmente já podia ter sido retirada ontem à noite.

O sangue me subiu à cabeça.

— John arrancou a sonda ontem à noite quando estava dormindo e a enfermeira insistiu em botá-la de novo. Eu disse a elas de noite que o senhor ia retirá-la de qualquer maneira hoje, mas elas enfiaram esse tubo de novo na garganta dele. E o machucaram.

O médico pigarreou, meio sem jeito. Dava para ver que ele não sabia como reagir ao meu desabafo. Mas eu não estava nem aí, pois só pensava em uma coisa: *Quero pegar essa mulher!*

E lá foram eles tirar a sonda pela segunda vez.

Mais ou menos uma hora depois, a enfermeira voltou, tomando o cuidado de não passar da porta — na verdade, a alguns centímetros de distância, bem no meio do corredor. Olhou para dentro do quarto e viu que eu a via.

— Então ele ainda está com a sonda?

— Não, não está.

Eu cuspi cada palavra. Antes que eu pudesse dizer mais alguma coisa, ela deu meia-volta e desapareceu no corredor. Se eu pudesse botar as mãos naquela sonda, nem sei o que seria capaz de fazer com ela — talvez enfiar na goela *dela*, para ver se *ela* gostava!

De pé, mas nem tanto ainda

Para a sorte dela, eu tinha outras coisas com que me preocupar. Nesse dia estava previsto que John se levantaria para começar a se movimentar.

A fisioterapeuta chegou toda falante e jovial.

— E aí, John! Pronto para levantar e começar a se mexer?

John era um garoto ágil e bem coordenado — afinal, jogava basquete, estava acostumado a arremessar e driblar os adversários enquanto quicava a bola. Mas até uma pessoa ágil e com muita coordenação motora fica atrofiada depois de onze dias em uma cama.

Seus dedos ainda estavam congelados em uma posição retorcida e enroscada, por falta de uso e pelo trauma sofrido pelo corpo todo, e ele não conseguia fazer coisas, como se erguer, amarrar o laço no roupão do hospital ou usar o iPhone novo que o irmão Charles trouxera na véspera (o velho tinha ficado no fundo do lago, junto com seu par de sapatos favorito).

A fisioterapeuta e eu fizemos as manobras necessárias com ele até conseguir botá-lo sentado na cama, com as pernas para baixo. E eu tive de dar uma parada, só para deixar cair a ficha. Uma coisa tão simples, e ainda assim, um milagre.

— Muito bem, vamos botar isso em você para não cair — disse a fisioterapeuta, segurando um cinturão de malha de cerca de dez centímetros de largura e passando-o em sua cintura.

E aí, contando *um, dois, três!*, nós o pusemos de pé.

Os olhos de John se reviraram tanto que poderiam entrar para o *Livro Guinness de Recordes*.

— Coleira legal — disse ele, dando alguns passos enquanto ela, um pouco à frente dele, segurava uma alça presa ao cinturão. — Vamos.

O pé direito, o que tinha uma torção de nascença, estava atrofiado em um ângulo horrível e as pernas estavam bambas, então ele avançava lentamente.

— Tudo bem, vamos devagar — disse ela. — Vamos só até ali ao banheiro, nada muito longe.

Depois de usar o banheiro e tomar uma ducha, ele ficou mais bem-humorado. Acomodou-se de novo na cama, exausto, e a fisioterapeuta se concentrou no relaxamento dos músculos. Trabalhou nas pernas e nos pés, depois nos braços e dedos.

SUPERAÇÃO: O MILAGRE DA FÉ

— Mamãe, você pode ajudar massageando os dedos, esfregando para tentar endireitá-los — disse ela.

Não precisava pedir duas vezes.

Mais tarde, Jason chegou trazendo presentes.

— Oi, John, já fiquei sabendo que você tomou uma ducha hoje. Sei que você gosta de um bom banho, então trouxe isso. — Jason entregou uma sacola cheia de produtos da Axe (xampu, desodorante), todos na fragrância Dark Thunder. — Achei que combina com você, poderoso como um trovão — disse ele, sem tentar conter o riso. — Pra ficar cheirosinho de novo.

John revirou os olhos.

Ah, meu filho tinha mesmo voltado pra mim — em todo o esplendor da sua glória adolescente.

Sexta-feira, 30 de janeiro de 2015

Agora que estava desperto e alerta, podendo receber muitas visitas, assim que as aulas terminavam o quarto se enchia de gente. Ele ficou feliz da vida de ver tantos amigos e colegas, mas a empolgação mesmo foi quando apareceu o time de basquete. Para mostrar solidariedade, traziam todos nos braços *sweat bands* pretas com o número quatro, o número dele, costurados em azul-petróleo. Ele abriu um enorme sorriso. Eles deram até uma bola assinada por todos. E foi aquela algazarra no quarto, cada um contando sua própria versão dos jogos que ele tinha perdido, do que estava acontecendo no colégio e como a experiência dele tinha sido importante para cada um.

Agora que finalmente não havia mais sedativos para deixá-lo grogue e inconsciente, e com todas as visitas, além da equipe médica, que ficava aparecendo toda hora para examinar, dar remédios, testar e avaliar, John mal conseguia descansar. Quando começava a cochilar, vinha alguém para acordá-lo.

— Estou muito cansado!

Eu praticamente sentia a dor dele, mas não podia fazer muita coisa.

Na sexta-feira à tarde, quando o Dr. Carter apareceu, John estava destruído.

De pé, mas nem tanto ainda

— Estou preocupado, ele deveria estar dormindo mais — disse o Dr. Carter. — Talvez seja bom começarmos com um sedativo leve.

— Espera aí — falei, depressa. — Antes de falar disso, vamos pensar um pouco. Ele está com dificuldade de dormir porque está em um hospital. Dois minutos depois que ele cai no sono vem uma enfermeira checar a temperatura, colher sangue para testar os níveis de oxigênio, fazer tratamento respiratório. Entendo o que está pretendendo, mas não dá para dizer uma coisa e fazer outra. Se quisermos que ele durma, temos de *deixá-lo* dormir.

Pela expressão do médico, fiquei me perguntando se não era a primeira vez em que ele tentava se colocar no lugar de um paciente internado.

— Claro, faz sentido — disse ele.

— É só deixá-lo dormir quietinho. Se ele precisar de algo, eu chamo uma enfermeira.

— É, acho que você tem razão — acrescentou ele. — Vamos ver como ficam as coisas esta noite.

Ele então foi deixado em paz. E, surpresa!, dormiu profundamente e teve o repouso de que precisava.

CAPÍTULO 22

Quero sair daqui!

Sábado, 31 de janeiro de 2015

O rei John abrira os salões da corte. Um movimento constante de simpatizantes, membros do fã-clube e amigos, para visitar, conversar e rir muito. Estavam todos sentindo falta do amigo, e vice-versa. Vinham atualizá-lo sobre o que ele perdera nas duas últimas semanas, mostrando as camisetas que tinham mandado fazer com os dizeres PERGUNTE-ME SOBRE JOHN SMITH e contando que sempre oravam por ele. Ele também ganhou uma enorme foto emoldurada de todos os alunos no ginásio, segurando um cartaz dizendo NÓS TE AMAMOS, JOHN! E adorou.

Mas toda aquela atenção também o deixava com saudades de casa.

— Quanto tempo ainda vou ficar aqui? — queixou-se certa noite para o pai e para mim. — Eu estou bem! Quero ir para casa.

— Eu sei, filho — respondeu Brian. — Mas antes querem ter certeza de que você se recuperou completamente.

— Mas já estou bom! Quero jogar basquete de novo, ficar com meus amigos.

Brian sorriu.

— Logo, logo. E olha só, daqui a pouco a gente está recuperando o atraso nos esportes todos.

Quero sair daqui!

Eu achei graça. Aqueles dois e os esportes. Que beleza vê-los de novo se entendendo. Brian tinha recuperado o filho.

— Você está muito magro! — disse Marie Glenville, ou Mama G, como John a chamava, quando apareceu sábado à noite para visitá-lo com a filha Alyssa, colega de escola e amiga dele. — Precisando engordá-lo um pouco. Por que essa magreza toda?

Ele pesava 59 quilos quando caiu no lago St. Louise. Agora, estava com 51. Tinha uma aparência abatida e desnutrida.

— Estou com *fome*! — exclamou, reclamando da garrafinha de suplemento alimentar Ensure ainda fechada na bandeja de hospital.

Convencê-lo a comer tinha sido uma luta desde a remoção da sonda. Queriam que ele bebesse suplementos da Ensure, pois fazia uma semana que ele não ingeria sólidos e não se sabia como o sistema digestivo reagiria a alimentos comuns. Mas John detestava aquilo e se recusava a beber. A mulher de Jason, Paula, fora a única a conseguir que ele bebesse uma garrafinha inteira, e ainda assim porque misturou a outras coisas e depois o ameaçou. Quando o médico finalmente permitiu que ingerisse alimentos sólidos, ele torceu o nariz.

— Não tem gosto, nem cheiro, nem tem cara boa — reclamava, afastando o prato.

— Está com fome? — perguntou Mama G. — Então por que não come?

— A comida aqui é uma droga.

— Está bem. Vou preparar algo e trazer.

Parecia que John tinha ganho na loteria. Mama G tinha um restaurante com a irmã, e as duas eram as melhores cozinheiras daquela região do Mississippi — quem sabe até do estado todo. Se era para ficar ainda mais tempo no hospital, pelo menos que ele pudesse ter a expectativa de uma boa refeição. Eu só queria vê-lo ganhar um pouco de peso. Mama G tinha razão: ele *estava* mesmo magro demais.

Segunda-feira, 2 de fevereiro de 2015

— Ele arrebentou todos os nossos prazos — declarou o Dr. Carter enquanto examinava John. — Nem dá para prever para onde estamos indo agora com esse garoto. Provavelmente teremos de continuar indo atrás dele. — E deu uma risada. — Ele vai acabar nos manuais de medicina.

John não estava achando nada de mais. Respirava normalmente, engolia normalmente, falava com uma voz rouca, mas normalmente. Os sinais vitais estavam bons, o nível de oxigênio continuava forte, e embora ele ainda andasse devagar e precisasse recuperar as energias, tudo mais voltara ao normal — até a destreza nos dedos.

Depois da questão da higiene, o que mais o incomodava era não poder fazer uso dos dedos. Ele queria mandar mensagens para os amigos e não podia! Então na sexta-feira começou uma fisioterapia por conta própria: exercícios de digitação. Forçava teimosamente os dedos a acertarem nas teclas do celular. A primeira mensagem foi para a amiga Emma, e a partir dali não parou mais. O que não entra na minha cabeça é que alguém conseguisse entender o que ele digitava. Como os dedos ainda não tinham a flexibilidade necessária, metade das mensagens não fazia o menor sentido, uma adorável bagunça de letrinhas, mas ele não desistia de se comunicar com o resto do mundo. Jason também tratou de ajudar nesse departamento. Os dois travavam verdadeiras guerras de emojis, para ver quem disparava a maior quantidade em menos tempo. Como os dois eram muito competitivos, queriam ganhar de todo jeito. E na segunda-feira os dedos de John estavam flexíveis e funcionais, voando pelo teclado com mensagens cem por cento legíveis.

A fisioterapeuta ficou satisfeita com o resultado e se concentrou na flexibilização de pernas e pés. Fazia John subir e descer de blocos e escadas, tomar banho sozinho, tocar os dedos dos pés, agachar e fazer outros movimentos que exigissem equilíbrio.

— Ele está indo muito bem — disse ela.

Quero sair daqui!

Acrescentou inclusive que, naquele ritmo, dentro de poucos dias não precisaria mais dela, pois estava recobrando a força, o equilíbrio e a flexibilidade com muita rapidez.

Ele evoluía tão bem, globalmente, que ficava contrariado com os médicos e terapeutas que vinham examiná-lo.

— Parece que estão querendo encontrar alguma coisa errada em mim — disse ele, depois que um dos neurologistas se retirou.

Os testes eram sempre os mesmos: ele tinha de esticar o braço e tocar a ponta do nariz com o dedo, o que fazia à perfeição todas as vezes. O tempo todo revirando os olhos, claro. Eu achava que aquele era um bônus: revirar os olhos *enquanto* toca o nariz deixaria qualquer neurologista impressionado! Mas parece que eles não encaravam assim.

Ele já estava tão irritado que a certa altura, toda vez que um neurologista aparecia, ele se enchia de determinação e automaticamente começava a performance: dedo no nariz. Olhos revirando. Dedo no nariz. Olhos revirando...

Os profissionais ali estavam fazendo seu trabalho, e, sinceramente, acho que ficavam meio desnorteados. Nunca tinham visto um garoto morrer e ressuscitar sem absolutamente nenhum comprometimento, nem mesmo algo sem maior gravidade! Então faziam a única coisa que sabiam: continuar examinando e testando. Para John, contudo, o que estavam fazendo era impedi-lo de voltar para casa e retomar a vida — aos 14 anos!

A partir da segunda-feira, John também teve de começar a lidar com a mídia. Uma coisa é ser recebido como herói pelos amigos e a família, mas outra muito diferente é receber esse tipo de homenagem de estranhos. Os meios de comunicação tinham se refestelado com a história, e Jason fizera um trabalho incrível nos mantendo informados, a mim e a Brian, sobre quem queria o que, e quando, e nos ajudando a estabelecer prioridades. Entre pedidos de entrevistas das estações de rádio, dos jornais e da televisão, os repórteres queriam sempre ouvir alguém e descolar aquele "furo". Só que até aquele momento as reportagens sempre incluíam os médicos e os dois Josh, mas não John. Na tarde de segunda-feira, apenas duas semanas depois do afogamento,

SUPERAÇÃO: O MILAGRE DA FÉ

Kay Quinn, apresentadora do jornal de uma afiliada local da NBC, apareceu com os operadores de câmera para uma entrevista com John, nossa família e os socorristas, além das enfermeiras e dos médicos da UTI Pediátrica. Pela primeira vez a gente autorizava um repórter a falar diretamente com meu filho. Eu confiava em Kay. Brian tinha trabalhado como diretor técnico dos noticiários de fim de semana durante cinco anos, e a conhecia bem. Achava que ela respeitaria nossa vontade e honraria a história de John, abrindo espaço para Deus e os milagres que tinha operado.

John não se mostrou muito receptivo à ideia de ser entrevistado: na verdade, a coisa o deixava emocionalmente confuso. Mas acabou concordando, quando expliquei por que as pessoas estavam tão interessadas nessa história, acrescentando que ele assim poderia compartilhar com todo mundo o que Deus fizera com ele.

— Mas com uma condição — disse ele. — Você e o pastor Jason terão de ficar comigo nessa entrevista e em qualquer outra.

— Feito — prometi.

Nós o pusemos sentado em uma cadeira na sala de espera da UTI Pediátrica, e Kay começou a fazer perguntas sobre aquele dia e o que havia acontecido. Ele só lembrava que tinha caído no gelo com os amigos.

— Lembro que deslizei os pés no gelo, tipo sentado no embarcadouro e deslizando para a frente e para trás. Lembro que me virei, apoiei as mãos no embarcadouro e baixei os pés para ficar em pé. Aí a gente começou a fazer vídeos com o celular, só de bobeira, correndo pra cá e pra lá e chegando o mais perto possível da água. A gente mandava mensagens para os amigos, só curtindo o momento. E aí minha mãe ligou e ficou tudo escuro.

Depois disso, ele não lembrava mais nada.

Eu sorri ao ouvi-lo dizer "Não lembro de mais nada", pois o melhor de tudo para nós, embora certamente não para a imprensa, era que Deus tinha atendido a mais uma das nossas orações. Nós tínhamos pedido a Deus que John não se lembrasse do horror da sua experiência. E ele não lembrava.

Por volta da hora do jantar, nosso quarto foi tomado pelo aroma mais incrível, e logo depois entraram Alyssa e a mãe, Mama G, com uma enorme

Quero sair daqui!

sacola de comida. Bife de panela com legumes e molho, purê de batata, ervilha com amêndoas, pãezinhos e a mais deliciosa sobremesa caseira, tudo especialmente para John. Cumprindo a palavra, lá estava Mama G oferecendo uma após a outra as quentinhas com os pratos mais perfumados, depositando-as na bandeja. Se ele quisesse comer, não seria eu a impedir, mas fiquei preocupada com a capacidade de absorção do seu organismo. Ninguém ali queria mais uma crise de diarreia.

— Agora que vai comer comida de verdade, provavelmente você vai sobreviver — disse Brian, brincando com o filho.

John concordou, sorriu, pegou um garfo e atacou. Na primeira mordida, respirou profundamente, gemeu e fechou os olhos em êxtase enquanto mastigava. A cada garfada, o mesmo resultado.

— Muito bom — repetia ele. — Delicioso!

O organismo se comportou perfeitamente, como se ele estivesse comendo daquele jeito diariamente. Mais um milagre.

Quarta-feira, 4 de fevereiro de 2015

Mais ou menos no meio da manhã, o Dr. Carter entrou no quarto com um enorme sorriso.

— Muito bem, John, parece que não temos mais motivos de prendê-lo aqui. Não sabemos mais o que fazer. Você é mesmo um milagre.

Aquelas palavras eram pura música para os meus ouvidos.

— Hoje? — perguntou John, já se empolgando.

— Hoje — respondeu o Dr. Carter, sorrindo.

Ficou todo mundo emocionado. Imediatamente mandei uma mensagem para Brian. Eu sabia que ele ficaria emocionado também. Precisávamos apenas esperar a papelada da alta, e finalmente John voltaria para casa!

Só que... aparentemente não era o que certas pessoas esperavam. À tarde, uma mulher do serviço social me informou que John iria dali para um hospital de reabilitação.

SUPERAÇÃO: O MILAGRE DA FÉ

— O quê? — gritei, me perguntando se ela estava completamente louca. — Por que isso? Ele não precisa.

— A equipe considera que John ainda precisa de terapia.

Tive certeza de que ela estava doida.

— Não vou interná-lo em uma clínica de reabilitação de jeito nenhum. Não mesmo!

E me sentei toda empertigada de braços cruzados, para ela entender direitinho a mensagem.

E ela entendeu, pois forçou um sorriso de boca fechada.

— Bom, certamente voltamos a nos ver antes de John partir.

Espere sentada, pensei, olhando enquanto ela saía do quarto.

Embora a alta estivesse prevista, enquanto esperávamos o Dr. Carter e o Dr. Gibbons assinarem a papelada, John ainda deveria fazer a última sessão de fisioterapia, e lá foi ele para a sala própria, caminhando bem e sem ajuda, enquanto eu aguardava no quarto. Várias pessoas tinham aparecido para me dar instruções sobre o processo de alta, o acompanhamento posterior, os check-ups. Não muito antes de John voltar, um sujeito meio ansioso entrou no quarto e se identificou como médico do hospital de reabilitação que eu recusara na conversa com a assistente social.

— John ainda vai precisar de assistência depois que tiver alta hoje — disse ele.

— Não, não vai — respondi. — Ele não precisa mais de fisioterapia.

John estava caminhando, falava e também tinha começado a comer (graças a muita comida contrabandeada por nós), e eu só queria entender por que exatamente precisaria de fisioterapia.

— Bom, vou tentar explicar — prosseguiu ele. — Se John não seguir um regime de internação para tratamento em tempo integral, os médicos não vão liberá-lo do hospital.

Foi como se ele me tivesse dado um murro no estômago. E quase imediatamente depois quase pulei da cadeira e *o* mandei para o hospital, pois estavam querendo dizer a uma controladora nata que ela não tinha controle sobre nada ali. Pior ainda, estavam dizendo a uma mãe que ela não conhecia seu filho tão

Quero sair daqui!

bem quanto eles, os "especialistas". Pois eu já tinha mostrado que essa teoria estava errada várias vezes seguidas desde a nossa chegada à emergência. E aí aquele indivíduo arrogante e teimoso que eu mal conhecia entrava no quarto de John para me dizer que o meu filho ficaria em regime de tratamento em tempo integral, e eles nem sabiam por quanto tempo.

— Ele não vai ficar internado para tratamento nenhum — falei, mais uma vez.

— É necessário.

— O senhor por acaso já o viu?

Ele fez uma pausa, como se não quisesse admitir. Eu inclinei a cabeça e olhei bem para a cara dele.

— Não — respondeu ele finalmente.

— Então como sabe que ele precisa de tratamento em tempo integral? Como chegou a esta conclusão?

— O neurologista disse que ele estava com problemas de reatividade.

Aquilo era novidade para mim. Todos os neurologistas se mostravam pasmos com a excelente reatividade dele.

— Que neurologista exatamente?

Ele hesitou novamente.

— O médico de plantão.

— Mesmo? Não sei o que estão lhe dizendo, mas o Dr. Ream e o Dr. Gibbons disseram que ele está tão bem que não sabem mais o que fazer com ele, que ele praticamente está mudando o conteúdo dos manuais de medicina. Portanto, o senhor não sabe do que está falando.

Ele aparentemente ficou ofendido, pois se empertigou, trincou os maxilares e declarou:

— Bom, o fato é que ele vai fazer o tratamento. E será um programa de internação.

— Não vai.

Ele deu meia-volta abruptamente e saiu do quarto. Por coincidência, John estava voltando e deu de cara com ele no corredor. Meu filho então entrou no quarto com o sujeito atrás dele.

SUPERAÇÃO: O MILAGRE DA FÉ

Ele se apresentou a John e começou a explicar por que estava ali. Assim que se deu conta do motivo da visita, John se exaltou e olhou para mim com um olhar que dizia: *não aguento mais isso. Quantas vezes preciso mostrar que já estou bem?*

— John, gostaria que me observasse e fizesse o que vou fazer, ok? — disse o sujeito.

John não disse nada, e engoliu a raiva. Aquilo não ia ser nada bom.

O homem tocou na ponta do nariz. John fez o mesmo.

A cada movimento que ele fazia, John prontamente repetia, e na maioria das vezes foi mais rápido!

E a cada movimento o rosto do médico ficava mais vermelho. Até que, por fim, ele se voltou para mim e disse as minhas palavras favoritas:

— Bom, você tem razão. — Mas se recusou a ceder completamente. — Ainda assim ele terá de fazer o tratamento.

— E eu pergunto mais uma vez, para quê?

— Existem nuances que vocês não percebem.

Será que eu pareço tão burra assim?, pensei. *Pode guardar esse seu jargão médico, pois ele não tem nenhuma nuance precisando de terapia.*

Ele saiu com um sorrisinho falso, e imediatamente telefonei a Brian para dar a notícia.

Cerca de meia hora depois, a assistente social voltou com um monte de papel e ostentando na cara aquele mesmo sorrisinho do sujeito ansioso.

— A senhora precisa assinar aqui. — E antes que eu pudesse dizer algo, ela prosseguiu: — Ou não poderemos entregá-lo aos seus cuidados.

Provavelmente eu não deveria, mas assinei.

E esperamos que o Dr. Carter assinasse os papéis da alta para sair dali!

Enquanto esperávamos, uma repórter do *St. Louis Post-Dispatch* veio nos entrevistar. Ficou empolgada ao saber que John teria alta na sua presença. Jason também entrou em contato com a KSDK, a estação de Kay Quinn, e eles logo mandaram também uma equipe para cobrir.

Por fim, às dez horas daquela manhã, a enfermeira entrou com a papelada da alta e um carrinho para transportar as coisas de John.

Quero sair daqui!

— Então chegou a hora.

Me surpreendeu que não tivessem trazido uma cadeira de rodas, mas acho que todo mundo sabia que não havia hipótese de ele sair desse jeito. Ele sairia andando.

Ele pegou a bola de basquete do time e foi saindo do quarto do hospital na frente de todo mundo, sem olhar para trás.

Jason, que chegara antes, empurrou o carrinho com os bichinhos de pelúcia que os amigos haviam trazido, a foto dos colegas com o cartaz NÓS TE AMAMOS, JOHN!, flores e outras coisas que tínhamos juntado. A enfermeira e eu íamos atrás. Eu não conseguia parar de sorrir, tão grata me sentia pelo que Deus tinha feito. Quando chegamos ao saguão para finalmente deixar o prédio, o fotógrafo do jornal e o operador de câmera da KSDK pularam na nossa frente e começaram a filmar John saindo do hospital.

John tinha entrado no hospital 16 dias antes. A comunidade médica inteira achava que no mesmo dia ele sairia na maca para o necrotério. Mas depois de dez dias na UTI e seis dias no semi-intensivo, ele saía pela porta sem hesitação, se valendo da própria força física: completamente normal, totalmente curado.

CAPÍTULO 23

Por que ele?

— Estou com fome — disse John assim que eu e ele estávamos em segurança dentro do nosso carro. — Vamos ao O'Charley's.

— Você que manda — respondi, sacudindo a cabeça e rindo.

Monica, das relações-públicas do Cardeal Glennon, sabia que John adorava o O'Charley's, e, de brincadeira, telefonara para o mais próximo contando a história dele. O gerente ficou encantado e resolveu oferecer uma refeição de cortesia.

Não deveria ter sido nenhuma surpresa para mim que a primeira coisa que meu filho adolescente queria fosse comer. Se ele quisesse se atracar com um prato em um dos seus restaurantes favoritos, não seria eu a impedir. Afinal, a gente tinha de comemorar. Então convidei Jason e fomos para o O'Charley's, onde John pediu seu prato favorito: nuggets de frango e batata frita. Deixou o prato limpo.

E fomos para casa. Entrar em casa foi como entrar em um santuário, uma calma maravilhosa. *Ok, ele está em casa*, pensei, quase chorando de alívio. *Vai dar tudo certo. Está tudo bem agora.*

Brian ainda não havia chegado, e nós dois então ficamos curtindo aquele sossego.

— Estou cansado — disse John. — Vou me deitar.

— Tudo bem, docinho. Vai descansar.

Por que ele?

De tarde, recebemos a visita inesperada de Dave, primo de Brian.

— Oi. Uma pena que não pude visitar John no hospital. Não sabia que ele já tinha recebido alta.

Eu expliquei que só tínhamos ficado sabendo na véspera, mas não podíamos ter ficado mais animados.

— Ele está dormindo.

— Tudo bem. Só queria entregar isto.

Dave estendeu a mão. Era uma gravata.

Estranho, pensei, mas peguei o presente.

— Obrigada. Pode deixar que eu entrego.

— É do Dr. Garrett. Passei no hospital e o encontrei. Também estava chateado por não ter se despedido do John e me entregou isto.

Desdobrei a gravata e dei com o rosto sorridente de Michael Jordan olhando para mim. E caí na gargalhada, lembrando que na quarta-feira em que John acordara pela primeira vez o Dr. Garrett prometera lhe dar sua gravata Michael Jordan se John prometesse melhorar e sair do hospital. Os dois tinham cumprido a palavra.

— Obrigada, Dave. John vai amar!

Quando Brian chegou, John ainda estava dormindo. Brian não quis acordá-lo, e apenas entrou no quarto para ver que ele *realmente* estava lá e bem, depois voltou para a cozinha.

— Que aventura, hein! — exclamei, me sentindo um balão esvaziado.

Tudo que eu queria era ficar sentada sem fazer nada. Brian parecia estar na mesma sintonia. Nessa noite, então, enquanto John dormia tranquilamente no quarto, Brian e eu simplesmente ligamos a televisão para relaxar. Para nós, o drama do acidente de John tinha ficado para trás, e podíamos enfim voltar à nossa vida cotidiana normal e sem graça.

Brian começou a zapear pelos canais, e nós vimos Kay Quinn, a apresentadora do jornal local da NBC. Ela estava apresentando a história da incrível recuperação de John Smith.

— É melhor apertar o cinto de segurança — falei a Brian. — A mídia agora vai cair em cima de nós com vontade.

SUPERAÇÃO: O MILAGRE DA FÉ

Terça-feira, 5 de fevereiro de 2015

John dormiu direto até a manhã seguinte. Brian foi dar uma olhada antes de sair para o trabalho, mas não quis acordá-lo. Quando ele finalmente se levantou, eu preparei torradas e o levei ao hospital de reabilitação, muito contra a nossa vontade. Mas eu tinha assinado o acordo, e se não cumprisse eles podiam mandar uma assistente social do Departamento de Serviços da Infância e da Família bater à nossa porta e tirar John de casa.

No caminho, John se queixou o tempo todo, e quando paramos no estacionamento começou a reclamar mais alto.

— Não sei para que isso. A maior besteira. Eu estou muito bem!

— Eu sei, John. Mas eles estão exigindo, então vamos logo lá para acabar com isso.

Uma enfermeira veio ao nosso encontro na sala de espera dos visitantes, fez o registro e nos conduziu a uma outra sala, onde teria início a sessão. O local era deprimente, triste. Não era lá muito grande, dava a impressão de ter gente demais. Havia pelo menos cinco terapeutas trabalhando com pacientes idosos, com certeza vítimas de derrame ou lesões cerebrais. Era como estar diante dos destroços de um trem: a gente não quer olhar, mas não consegue evitar. Fiquei morrendo de pena daquelas pessoas, pelo que tinham passado, mas meu filho não tinha nada a ver com aquele lugar.

A terapeuta decidiu começar pela terapia cognitiva, e pediu que John repetisse o que ela dizia. Mas falava baixo, e a sala estava cheia de gente, com muito barulho. Eu estava bem ali ao lado e não ouvia o que ela estava dizendo. John contraía o rosto tentando ouvir, para repetir, o que tornava suas respostas mais longas e desajeitadas. Mas além disso acontecia tanta coisa na sala que desviava a atenção dele. Até *eu* estava ficando meio confusa, então entendia o problema dele! Mas em vez de dizer exatamente isso a ela, ele persistia no esforço — acho que ele detesta reconhecer que não é capaz de fazer alguma coisa.

Por fim, a terapeuta achou que bastava. Virou-se então para mim.

— Acho que seu filho está com alguma lesão cognitiva.

Por que ele?

— Não, ele *não* tem nenhuma lesão cognitiva — respondi. — Não há nada errado com a função cerebral.

Ela sorriu de um jeito condescendente e se levantou.

— Vamos checar algumas outras funções. Me acompanhem, por favor.

Eu já estava me enchendo.

Ela nos conduziu por um longo corredor até a área de uma pequena cafeteria.

— Por favor, esperem aqui alguns minutos... Vou consultar outros terapeutas e volto logo.

John sentou de frente para mim, e assim que a terapeuta se afastou, disse:

— Não vou ficar aqui. Não preciso de nada disso, você não pode me obrigar. Não vou ficar.

Ele não estava dizendo "Não quero" nem "Por favor, me livra dessa". Estava determinado e *não ia* ficar mesmo.

Comecei a revirar a bolsa até achar a chave do carro e a entreguei a ele.

— Vai para o carro. Eu chego daqui a alguns minutos.

Fiquei observando enquanto ele se afastava, caminhando de maneira perfeitamente normal, e esperei que a terapeuta voltasse.

Passados alguns minutos, sem sinal dela, telefonei para Jason.

— Não dá para acreditar que ele acham que John precisa deste lugar para se "recuperar" melhor. Eles estão loucos — falei, assim que ele atendeu.

— Joyce — disse Jason com a voz mais calma possível. — Deus não nos trouxe até aqui para nos esquivarmos de mais essa necessidade. Vamos orar sobre isso. — E imediatamente ele começou a orar. Eu achei muito legal da parte dele não dizer simplesmente um vago "Vamos orar" e depois desligar. Com "Vamos orar", ele quis dizer naquele exato instante. — Deus, sabemos que Você prometeu curar John completamente. O Senhor não nos trouxe até aqui para deixar de cuidar também da necessidade de fisioterapia. Por favor, nos mostre o que quer hoje. Abra a porta que precisa ser aberta, feche todas as portas que precisam ser fechadas. Que Joyce e John possam estar em paz neste momento. Guie os passos deles. Obrigado por tudo o que fez até agora. É o que pedimos no poderoso nome de Jesus. Amém. — Fizemos silêncio na

SUPERAÇÃO: O MILAGRE DA FÉ

linha por alguns momentos, para permitir que as palavras da oração tivessem eco. Até que por fim ele disse: — Deus tem tudo sob controle, até isso. Ele está cuidando disso.

Eu sabia que ele estava certo e sabia também que estava deixando o meu egozinho controlador tomar conta. Precisava respirar fundo e me acalmar. Às vezes nós, mães, podemos virar Mamãe Ursa e partir para o ataque quando achamos que alguém pode fazer mal ao nosso bebê. Eu sabia que já tinha assumido esse papel várias vezes. Não ia me desculpar por isso, pois sei que faz parte do nosso papel de mãe: proteger a qualquer custo. Mas também sabia que se não tivesse cuidado essa parte da minha personalidade podia assumir o comando e eu passaria feito um rolo compressor por cima do que Deus já estava fazendo.

Durante a estada no hospital, tínhamos recebido pessoas excelentes, mas também algumas que tinham me tirado do sério. Eram os momentos em que Jason gentilmente me chamava à verdade: "Porque não temos que lutar contra a carne e o sangue, mas, sim, contra os principados, contra as potestades, contra os príncipes das trevas deste século, contra as hostes espirituais da maldade, nos lugares celestiais." (Efésios 6:12). Quando me deparava com essas pessoas, eu precisava lembrar contra quem estávamos lutando realmente. Precisava ficar de olho no reino espiritual e não travar a luta no reino físico. Jason muitas vezes dizia: "Quando combatemos o combate no mundo físico, muito rapidamente perdemos as forças. É preciso olhar além da pessoa que está diante de nós e lutar em espírito."

Mas reconheço que às vezes era difícil.

Respirei fundo de novo e esperei que a terapeuta voltasse.

Quando ela finalmente apareceu, antes que dissesse uma palavra eu comecei, com a gentileza e a firmeza possíveis.

— Isso assim não vai funcionar, e nós não vamos voltar. Vamos dar outro jeito em outro lugar.

Ao me levantar e me dirigir à saída, pensei: *muito bem, agora ela vai chamar a assistência social, e eu estou enrascada.* Imaginei que daria com um tira plantado na entrada da garagem de casa ao chegar.

Por que ele?

— Meu Deus — disse em voz alta enquanto passava por uma fileira de carros até chegar ao meu —, preciso que O Senhor entre nessa história. O Senhor nos trouxe até aqui. Sabe que John não deveria estar aqui. Resolva isto para ele, Senhor.

Desabei no banco do motorista e olhei para o meu filho, que estava chorando.

— Pronto, resolvido. Não vamos voltar mais. Não sei o que vamos fazer, mas vamos encontrar alguma coisa. — Parei por um instante então. Aquele pobre garoto tinha passado por dezessete dias de trauma, ele não precisa de mais aquilo. — Que quer fazer agora?

— Quero ir ao colégio. Quero falar com o Sr. Caimi.

Jason Caimi era o professor de educação física de John. Aquele pedido me surpreendeu, mas eu também sabia que ele e o Sr. Caimi tinham uma relação muito boa.

Pois seu pedido seria atendido. Se John queria encontrar o Sr. Caimi, eu faria acontecer. Rodei a chave na ignição, saímos do estacionamento e fomos para o colégio.

Chegamos por volta de 11h30. No momento em que nos aproximávamos da entrada principal, Marie Glenville, a nossa Mama G, também se dirigia ao portão carregando três grandes caixas de metal. Marie recolhia todo tipo de enlatados e embalagens para enviar artigos de primeira necessidade para soldados estacionados no exterior, e fazia esse trabalho em conjunto com a escola. Assim que viu John, deixou cair as caixas, o que fez um barulho daqueles no saguão, ecoando pelo corredor e trazendo um monte de curiosos às portas. Mama G e John se abraçaram efusivamente, e nós três começamos a chorar. Ela soluçava de alegria, e eu, por causa do dilema que estávamos enfrentando com a história da fisioterapia.

Quando finalmente olhou para mim e viu que eu estava chorando também, ela perguntou:

— O que houve?

— Preciso de um fisioterapeuta para o John mas não estou encontrando, e não sei o que fazer. O serviço social vem atrás de mim.

Ela ficou me olhando um momento de um jeito estranho.

— Por que não fala com Dave Meers? Ele trabalha com uma clínica de reabilitação.

Aquelas palavras foram como um raio na minha cabeça. Como é que eu tinha esquecido dele? Dave Meers era o principal treinador do colégio e acompanhava meu filho no basquete desde a quinta série. John só pensava em jogar para ele quando começasse o ensino médio. Deus tinha posto Marie exatamente no lugar onde queria que ela estivesse. Ela trazia exatamente a resposta de que precisávamos. Outro milagre. Fiquei pasma de ver que Deus tinha até isso sob controle: um dia depois de John ter alta no hospital, eu estava morrendo de medo do que podia acontecer, mas Deus já tinha cuidado de tudo.

6 a 28 de fevereiro de 2015

Pusemos John em contato com Dave Meers, e ele ficou muito mais feliz. Durante três semanas, seu tratamento contemplou treino de resistência no basquete, até todo mundo se dar por satisfeito e ele ser totalmente liberado.

John também voltou a frequentar o colégio metade do dia duas semanas depois de ter alta, e mais duas semanas depois passou a frequentar o período inteiro. Tínhamos assim certa aparência de normalidade, mas veio junto um momento de celebridade com o qual ele não se sentia muito bem. A atenção das garotas não fazia mal nenhum, mas a mídia, as constantes referências ao acidente se tornara uma espécie de assédio difícil de suportar.

Brian, Jason e eu fazíamos o possível para proteger John daquele frenesi, mas a partir do momento em que a reportagem de Kay Quinn foi ao ar, não havia mais como. Todos os noticiários da manhã, da tarde ou da noite, os *talk shows*, os programas de fofocas... todo mundo queria que John aparecesse. Nós autorizávamos com moderação, pois não queríamos deixá-lo esgotado, e também porque John queria voltar à rotina escolar, jogar basquete e sair com os amigos.

Por que ele?

Mas todo mundo conhecia a história, aonde quer que ele fosse havia sempre gente querendo abraçá-lo ou tocá-lo, fazer perguntas, ouvir da boca dele o que tinha acontecido.

— Mãe, por que não deixam isso para trás?

— Eu sei. — Essa era a única resposta que eu podia dar. Na medida do possível, Brian, Jason e eu constantemente trazíamos o foco de volta para Deus. — A gente deve usar o que aconteceu para lembrar às pessoas de Deus, como Ele é bom e fiel.

A maior pressão era daqueles que ficavam empolgados ao vê-lo e diziam: "Deus salvou sua vida para você fazer coisas incríveis" ou então "Deus tem grandes planos para você".

— O que é que eu vou responder? — perguntava ele para mim e para Brian. Pois é. O quê?

Mas nem todo mundo queria o bem. Havia garotos que comentavam, ao vê-lo: "Olha só, o Milagroso!" ou "E aí, já aprendeu a nadar, Milagroso?".

Uma pessoa especialmente, um adulto que vamos chamar aqui de Logan, o magoou muito. Um dia esse Logan o encurralou e perguntou:

— Por que você foi escolhido para superar isso e outra pessoa não? O que você tem de tão especial para Deus ter atendido às suas orações e não às minhas, quando um parente meu morreu no ano passado?

Dizer coisas assim em particular já seria muito inconveniente, mas essa pessoa fez questão de confrontá-lo na presença de colegas.

— Então, John? — insistiu Logan quando ele não respondeu. — Pode me dizer por que Deus permitiu que você continuasse vivo enquanto deixa que outras pessoas morram?

Eu entendo que Logan tinha perdido recentemente um parente próximo, e compreendo que é injusto. A morte é uma coisa terrível, horrível mesmo. Não é justo, seja como for que a gente encare. Também reconheço que a dor às vezes leva as pessoas a fazer ou dizer coisas absurdas, grosseiras, inadequadas. Mas falar esse tipo de coisa a um garoto de *14 anos*, na frente dos amigos, era muito pior que inconveniente.

SUPERAÇÃO: O MILAGRE DA FÉ

Eu só descobri uns dois dias depois, quando Emma, a amiga de John, veio nos visitar e me contou o que tinha acontecido. Era uma história tão inconcebível e ridícula que quase nem acreditei, só que Emma não mente.

— É verdade? — perguntei para John, esperando que ele caísse na gargalhada e dissesse que era tudo uma brincadeira.

Mas ele não riu. Não disse nada.

— John? — Eu não ia deixar barato.

Ele deu um suspiro e acabou reconhecendo que era verdade.

Imediatamente fui atrás de Logan e tive uma conversinha amigável sobre que diabos estava passando pela cabeça dessa pessoa para esperar que uma criança soubesse dos mistérios e da mente de Deus, Soberano Criador.

— Nem eu entendo essa história de saber por que Deus escolhe uns e não outros. Quem fala dessas coisas são os teólogos. Escrevem livros inteiros sobre o assunto. Por que botar um menino de 14 anos em uma situação como essa, botar um holofote em cima dele desse jeito, fazê-lo se sentir culpado por estar vivo, quando Deus operou nele o milagre?

Logan era adulto, deveria ter consciência. Se queria esse tipo de resposta, teria sido melhor vir falar comigo, com Brian ou com o pastor Jason. Provavelmente também não saberíamos o que responder, mas pelo menos teríamos conversado como adultos. Mas deixei bem claro que Logan não deveria provocar John, que não pediu que nada daquilo acontecesse com ele.

— Você não tem como explicar por que o seu ente amado não está mais com você — falei —, e isso não tem nada a ver com o meu filho. Então como espera que ele responda a uma pergunta assim? *Nem eu* sou capaz de responder.

Contei a ele sobre os amigos da nossa família que tinham um filho, Mitchell. Se um dia houve uma criança perfeita neste mundo, era ele. Obediente, bom, atencioso. Esse menino tinha fé em um nível inacreditável, mais forte que a maioria dos adultos. Todo mundo o chamava de "menino imbatível". E ele teve leucemia.

— Eu nunca orei tanto por alguém como orei por Mitchell. Ele tinha praticamente a mesma idade que John. Mitchell lutou bravamente um tempão, mas acabou perdendo a batalha para a doença. Eu fiquei arrasada, pois tinha

Por que ele?

certeza de que Deus ia curar aquela criança. Quer dizer... por que *não* curaria? Mitchell era um garoto incrível, com enorme potencial. Quando morreu, eu sabia no fundo do coração e na mente que Mitchell estava em um lugar melhor, onde nunca mais sofreria, perfeito e saudável. Mas saber dessas coisas não diminuía a dor que eu sentia.

Os olhos de Logan se enchiam de lágrimas enquanto eu continuava:

— Não sei por que Deus decidiu atender às minhas orações por John e não atendeu às orações por Mitchell. Não sei como explicar. Não sou Deus. A única coisa que sei é que Ele é soberano.

— Eu não estava encarando desse jeito — disse Logan. — Sinto muito. Não deveria ter feito isso com John. Você entende... quando a gente passa por esse processo do luto, às vezes a mente vai em direções erradas.

Eu não gostava nada que John tivesse de passar por aquelas situações, mas ficava grata pelas lições que traziam sobre aceitar os mistérios de Deus e louvá-Lo por quem Ele é. Nós fizemos questão de nos esforçar por ficar muito próximos de John e passar muito tempo conversando com ele sobre tudo que ele tinha e estava passando. Deus estava se valendo de tudo aquilo para ajudar a forjar em John o caráter cristão que conviesse a Ele. Enquanto John lutava com suas dificuldades, eu via Deus se tornando cada vez mais real, profundo e íntimo para ele. A verdade é que louvei a Deus quando Ele salvou John porque sabia que Deus é bom, fiel, amoroso e verdadeiro. Mas se não o tivesse salvo, ainda assim Deus continuaria sendo bom e fiel e amoroso e verdadeiro. Era isso que eu queria que John lembrasse.

CAPÍTULO 24

"Tem a ciência e tem Deus.
E isso é Deus."

Domingo, 8 de março de 2015

— Corre, John! — gritei na direção do quarto dele. — A gente não pode se atrasar.

Nesse domingo, John e eu voltávamos pela primeira vez à Igreja da Primeira Assembleia de Deus, e o culto inteiro foi dedicado a agradecer e celebrar os socorristas por seu esforço para salvar a vida de John.

Estava todo mundo nervoso e empolgado. Eu sabia que seria muito bom voltar à igreja e ver tantos amigos que haviam vigiado e orado por nós e nos apoiado, mas não sabia como John enfrentaria aquela atenção toda voltada para ele.

Jason tinha se esforçado muito para conseguir que todos os socorristas comparecessem, convidando o departamento de polícia de Lake St. Louis, os bombeiros de Lake St. Louis e Wentzville, os paramédicos, o Dr. Sutterer, a equipe da emergência do Hospital St. Joseph West e o Dr. Garrett, do Cardeal Glennon. Fiquei emocionada e muito grata porque todos eles aceitaram.

Dei uma olhada para ver como John estava vestido; ele usava a gravata Michael Jordan que o Dr. Garrett tinha dado de presente. Estávamos apresentáveis, então era hora de partir. John ficou meio inquieto no caminho, ansioso, sem saber ao certo o que aconteceria.

"Tem a ciência e tem Deus. No caso, é Deus."

— Vai ser ótimo, John — falei. — Pensa só nessas pessoas todas que Deus mobilizou estrategicamente para salvar sua vida. É incrível.

Assim que entramos, alguns homens da segurança da igreja nos acompanharam a uma capela lateral, onde encontramos o Dr. Garrett para uma oração antes do culto.

O Dr. Garrett se ofereceu para orar. Falou dos milagres na Bíblia, dizendo que mais uma vez Deus nos dera um milagre, e agradeceu. Suas palavras me fizeram chorar. E eu que achara naquele primeiro encontro que o homem era severo e indiferente... como me equivocara! Era um sujeito tranquilo e amável, muito atencioso e bom. Simplesmente derreteu meu coração com sua prece tão humilde.

Ao entrarmos no santuário, eu quase não aguentei aquela eletricidade toda no ar. Ficamos arrepiados! Era emocionante sentir a presença de Deus daquele jeito e ver a igreja lotada, com cerca de mil pessoas. Não havia lugar vazio. Ocupamos nossos assentos na frente no exato momento em que o serviço começava. Depois que todos entoaram alguns hinos de louvor, Jason subiu à plataforma e fez uma breve introdução sobre a história de John, em seguida chamando os socorristas. Um atrás do outro, eles subiram os degraus e ocuparam o tablado, e meu coração quase parou. *Quantas pessoas, Senhor. Você botou essa gente toda exatamente onde queria que eles estivessem. Obrigada, obrigada.*

— Esta manhã veremos a trama de milagres que Deus teceu com John — disse Jason enquanto o grupo continuava ocupando o palco. — Os médicos e profissionais da área médica fizeram um trabalho incrível, em parceria com Deus para chegar a esse resultado.

Ele então convidou os socorristas a darem seus depoimentos pessoais. O primeiro a se apresentar foi Tommy Shine, o bombeiro que encontrou John. Tommy recordou os momentos em que correu para o lago e começou a procurar metodicamente até localizar o meu filho.

— Vamos então dar o devido nome às coisas: o milagre no gelo aconteceu — disse ele. — A gente conseguiu tirar o garoto da água, e ele estava sem vida. Quer dizer, uma realidade bem dura. Ele estava sem vida... No fim das con-

SUPERAÇÃO: O MILAGRE DA FÉ

tas, será que a gente realmente esperava encontrá-lo? Claro que não. A gente espera sempre o melhor. Treina e se esforça o máximo possível, mas nunca espera que realmente aconteça, até acontecer. Então, para mim, foi um total espanto, um choque, fiquei assombrado.

Depois falou o comandante Mike Marlo, dos Bombeiros de Wentzville. Ele contou a história do seu ponto de vista, agradeceu aos socorristas e disse:

— Faço esse trabalho há 38 anos, e posso garantir que tem intervenção divina. Foi uma intervenção divina, eu realmente acredito.

Em meio aos aplausos, Jason perguntou:

— Comandante, com a sua experiência, qual esperava que fosse o resultado?

— O único garoto que conseguiu sair da água sozinho... claro que sabíamos que ele ficaria bem — respondeu o comandante Marlo. — O outro menino que foi resgatado pelo pessoal de Lake St. Louis, também sabíamos que ficaria bem. Mas o garoto que ficou submerso quase vinte minutos... esse tipo de coisa em geral não acaba do jeito que acabou. Por isso é que estou falando de intervenção divina.

Eu olhei para John. Ele digeria cada palavra.

Quem falou em seguida foi o Dr. Sutterer. Enquanto ele relatava sua experiência, eu fiquei arrepiada. Foi nesse momento que entrei em cena, e fiquei pasma de ouvir os bastidores do que tinha acontecido. Até então, não sabia da maioria dos detalhes. Respirei fundo, tentando absorver. O Dr. Sutterer disse que o corpo de John estava frio e sem vida, sua temperatura era de 31°C e todo mundo ali presente sabia que era uma situação grave. Ele explicou que, depois de tentar de tudo para ressuscitar John, eles finalmente decidiram que ele só podia ser declarado morto.

— Eu então mandei chamar Joyce — prosseguiu ele. — Queria que ela visse tudo que estávamos fazendo, sem surtir efeito. Ele nos deixara, e eu já estava prestes a ajoelhar diante dela para dizer: "Sinto muito. Seu filho faleceu." Mas quando ela entrou no quarto... — Ele hesitou, sacudindo a cabeça. — Até hoje fico... É indescritível. Nem tenho palavras para o que aconteceu naquele momento. Ela começou a orar, e começou a orar em voz alta. Gente que estava do outro lado da Emergência...

"Tem a ciência e tem Deus. No caso, é Deus."

Os aplausos prorromperam, em meio a gritos, todo mundo se levantou. Até o pastor Jason e o Dr. Sutterer se levantaram para aplaudir.

— Estou achando que talvez seja melhor já ficar de pé — disse Jason, rindo. O Dr. Sutterer contou que eu...

—... clamava a Deus com um pedido específico: "Senhor, manda o seu Espírito Santo para salvar o meu filho." E inexplicavelmente foi quando o coração dele voltou a bater. Provavelmente a pergunta mais importante que tenho ouvido desde que tudo isso ocorreu é: "Foi um milagre?" Ouço muita gente dizer: "Ora, ele foi salvo pela água gelada..." Eu não entendo de milagres. Entendo de medicina de emergência. Ninguém vem me procurar para fazer milagres. Me procuram para atendimento de emergência.

— Talvez agora passem a procurar... — brincou Jason.

O Dr. Sutterer riu.

— Não. Não, não vou botar isso no meu cartão de visitas.

— Podemos trabalhar juntos — disse Jason.

— Minha função aqui é apenas expor os fatos. Os especialistas em milagres podem examinar os registros do tempo decorrido, o tempo que John ficou debaixo d'água, quanto tempo ficou sem pulso, e acho que não resta a menor dúvida. E mesmo diante do fato de que seu coração voltara a bater, eu pensava: *Só mudei o lugar onde ele vai morrer.* Ele seria entregue aos cuidados do Dr. Garrett, e morreria na UTI do Cardeal Glennon. É realmente inacreditável que sua recuperação tenha sido total, sem convulsões nem lesão cerebral nem nada. Realmente milagroso. Essas coisas não acontecem. E o fato de ter acontecido no exato momento em que sua mãe implorava em oração, exatamente ali, é mesmo... — Ele voltou a hesitar, como se buscasse as palavras certas.

— Gostaria que todo mundo estivesse lá naquele momento só para ver o que aconteceu — prosseguiu. — Não dá para explicar. Não há explicação. — Ele continuou na sua explicação, e acabou dizendo: — Não havia dúvida quanto à sequência de acontecimentos. Se usássemos um algoritmo médico, diríamos: "Paciente morto. A mãe fez orações. Paciente ressuscitou."

Todo mundo riu e aplaudiu de novo.

SUPERAÇÃO: O MILAGRE DA FÉ

Veio por fim a vez de o Dr. Garrett falar. Depois de agradecer aos socorristas, ele disse:

— Quando fui informado desse trágico acidente e das circunstâncias em que ocorrera, do ponto de vista médico, nossas esperanças não eram muitas. Mas se trata de uma história milagrosa de um dom milagroso do nosso Pai concedido a um garoto de 14 anos chamado John Smith. Uma história que muitos preferem não acreditar quando ouvem pela primeira vez. Mas é verdade.

Ele começou então a enumerar tudo que acontecera no corpo de John do ponto de vista médico. E a lista não parava de crescer e ficar mais impressionante. Brian e eu não estávamos sabendo de tudo aquilo no hospital com John — embora eu saiba, naturalmente, que ele pode ter nos dito na primeira noite naquela sala de conferências, mas eu o mandei calar a boca!

Fato é que estava grata justamente por *não* saber. Será que teria acreditado com toda aquela determinação? Teria sido capaz de me apegar à minha fé? Ou será que aquela lista de problemas teria sido exatamente o que faltava para o inimigo botar o pé na porta da minha mente e das minhas dúvidas?

E o Dr. Garrett não acabava mais com aquele rol do que tinha acontecido com o corpo de John! Enquanto ele falava, Brian segurou a minha mão. Também era muito difícil para ele ouvir exatamente o que tinha desconfiado mas até então não sabia realmente. E aí John segurou minha outra mão. Eu olhei para os dois homens da minha vida. Nós três tínhamos lágrimas escorrendo pelo rosto, ouvindo aquela lista interminável dos motivos pelos quais John não deveria estar vivo. Agora sim é que caía de fato a ficha: *era impossível que John tivesse sobrevivido.*

E, no entanto, ali estava ele sentado ao meu lado, respirando, segurando minha mão, chorando, perfeitamente vivo! Morto, e desperto no terceiro dia; sete dias depois, o ventilador foi retirado; mais sete dias, e ele literalmente saiu andando do hospital, sem ajuda nenhuma. Não precisava de medicação. Nenhum efeito colateral. Qualquer um que conhecesse John antes do acidente e não tivesse sido informado jamais ficaria sabendo que de fato *acontecera* um acidente! Ele era exatamente o mesmo!

"Tem a ciência e tem Deus. No caso, é Deus."

Tive de me conter para não soluçar alto. Deus tinha pegado o que era impossível e dissera: *Mas Eu vou lhes mostrar que Eu sou. Eu sou um Deus todo-poderoso capaz de fazer o que digo que posso fazer.*

No fim da longa lista de tudo que acontecera e da narração cronológica, o Dr. Garrett disse:

— Fui criticado por algumas pessoas na internet por ter usado a palavra *milagre*. Disseram que eu deveria tomar cuidado com o que digo, pois sou um médico... Mas eu acredito firmemente que Jesus operou muitos milagres quando esteve aqui na Terra, e a Bíblia descreve alguns deles. Milagres ocorreram desde então. E o que aconteceu nesse caso... o próprio John Smith *é* um milagre.

Em seguida, Jason nos chamou ao palco. Enquanto subíamos, em meio a aplausos estrondosos, várias garotas gritaram:

— John, nós te amamos!

Brian e eu falamos brevemente dos milagres que presenciamos e da nossa gratidão à nossa família ali na igreja pelo apoio e as orações. E aí veio a vez de John falar.

Ele reconheceu que não lembrava nada, e começou a agradecer especificamente a várias pessoas. À medida que as mencionava, ia ficando mais e mais emocionado.

Ele está ouvindo a sua história pela primeira vez, eu me dei conta, precisando também enxugar os olhos. Até aquele culto, acho que ele não tinha se dado conta realmente do que lhe acontecera.

— Só gostaria de acrescentar — disse Brian — que Deus não cura ninguém pela metade, e Ele não curou John pela metade. Uma noite dessas, ele estava no banco traseiro do carro com um amigo, e os dois mandavam mensagens no celular, conversavam sobre garotas e ouviam música. E era tudo tão normal... Igualzinho a um outro dia três meses atrás. Antes de ele ter entrado e saído desse hospital... O Dr. Garrett falou do estado grave em que ficaram suas funções corporais, e 16 dias depois de ter caído nas águas do lago Ste. Louise, ele estava andando com as próprias pernas. Não sei como alguém é capaz de dizer que não foi uma coisa milagrosa. O Senhor é o mesmo ontem, hoje e para sempre. E tenho dito.

Fiquei muito orgulhosa de Brian. Com essa experiência ele tinha percorrido uma longa jornada rumo à fé. E estava totalmente certo.

9 de março — 30 de abril de 2015

Acordei sobressaltada. John estava gritando com todas as forças. Ignorando as dores e incômodos da minha artrite reumatoide, eu pulei da cama e saí correndo para o seu quarto.

Ele estava ensopado de suor, os olhos arregalados, e não parava de gritar.

— John! John, está tudo bem — falei, segurando seus braços e tentando desesperadamente acalmá-lo. — Respira. Está tudo bem. Eu estou aqui. Você está bem.

Ele botou as mãos no pescoço e começou a esfregar, o olhar vidrado de desespero se transformou em expressão de pânico.

— Eu estava...

Antes que ele dissesse mais alguma coisa, eu sabia o que ele ia dizer, e meu coração ficou pesado.

— A água... Eu estava debaixo d'água... Muito frio... — Ele começara a hiperventilar no esforço de me contar o que acontecera. — E um calor de queimar... Eles ficavam subindo e afundando, e eu estava na água. — Ele engolia em seco, as lágrimas caindo. — Eu estava engolindo água!

— Está tudo bem — falei, pegando-o nos braços e começando a embalar.

Que Deus o ajude a esquecer. Não permita que ele se lembre de nada disso. Por favor, meu Deus.

Foram vários minutos até ele se acalmar. Finalmente consegui que ele se deitasse de novo, orando por ele.

— Fica aqui — implorou ele.

— Pode deixar — respondi.

"Tem a ciência e tem Deus. No caso, é Deus."

Ele tinha uma cadeira reclinável no quarto, e eu me acomodei ali. Quando ele fechou os olhos para dormir, eu fechei os meus para orar.

Na noite seguinte, os pesadelos voltaram. E na outra noite, e na outra também. Durante muitas noites era sempre a mesma coisa: a sensação do frio gélido que se transformava em calor escorchante, a submersão, vendo aquela água lamacenta, turva e suja passar pelo seu rosto, a luta para tentar sair dali, engolindo água, e então acordando aos gritos.

Depois de algumas noites acorrendo assustada ao seu quarto, eu decidi dormir na cadeira reclinável para estar perto dele e reconfortá-lo e orar assim que os pesadelos começassem. Botei a cadeira perto da cama para tocar sua cabeça e orar pela sua paz quando ele começasse a se agitar. Durante muitas noites ficamos sentados conversando porque ele estava apavorado de voltar a dormir, certo de que o pesadelo recomeçaria.

Eu sabia que era um ataque espiritual, e redobrei minhas orações, pedindo que Jason e o pessoal da igreja orassem por ele. Até que certa noite os pesadelos simplesmente desapareceram, e nunca mais voltaram.

O momento em que isso ocorreu foi interessante porque, mais ou menos na época em que os pesadelos desapareceram, tínhamos consulta marcada com o Dr. Gibbons, um dos neurologistas do Cardeal Glennon.

O Dr. Gibbons fez o exame habitual, perguntou a John como estava indo e se havia algum efeito remanescente do acidente, obtendo resposta negativa. O Dr. Gibbons então disse:

— Bom, na verdade não há motivo para você voltar mais aqui. O motivo real desta consulta é que eu queria voltar a vê-lo! Você já se deu conta de como é incrível? Até hoje só se fala de você no hospital, você é o assunto favorito do Dr. Carter. Toda vez que consegue encurralar alguém quinze minutos em um canto, é de você que ele vai falar.

E dizendo isso, o bom médico deu alta definitiva a John. Agora tínhamos encerrado completamente com todos os cuidados médicos decorrentes do acidente. Dei um suspiro de alívio, ri e novamente agradeci a Deus pelo Seu trabalho na vida de John. Como era bom finalmente ter voltado ao normal.

SUPERAÇÃO: O MILAGRE DA FÉ

John também começou a ter dores de cabeça horríveis, queixando-se da visão. Eu não achava que fosse algo remanescente do acidente, mas não tinha a menor ideia do que pensar, então resolvemos levá-lo a um médico.

Examinando os olhos de John, o médico franziu a testa e se recostou na cadeira.

— Sei que não pode ser isso, mais seria negligência da minha parte não pedir que checassem — disse ele. — Os vasos do nervo ótico estão tão dilatados que parece que ele está nos primeiros estágios do glaucoma.

Procuramos então uma oftalmologista. Falamos do acidente de John e os assistentes geraram um monte de imagens do interior dos olhos de John, capturando até os menores vasos sanguíneos no seu centro.

Esperamos que a oftalmologista avaliasse as fotos, e logo ela voltou à sala e se sentou em um banco ao lado de John. Disse que ele precisava de uma nova receita, pois fazia algum tempo que não examinava os olhos e esta seria muito provavelmente a causa das dores de cabeça. Em seguida, ela mudou de assunto.

— Quanto tempo você ficou inconsciente?

— Eu não fiquei inconsciente — respondeu John, indignado. — Eu estava morto.

— Tudo bem. Quanto tempo ficou morto, sem oxigênio?

— Fiquei mais de uma hora sem batimentos cardíacos.

Ela arregalou os olhos.

— Incrível.

— Como assim?

— Os menores vasos sanguíneos do corpo são os dos olhos. Com privação de oxigênio, eles são os primeiros a se romper. — Ela parou. — Você não tem nos olhos um único vaso sanguíneo rompido.

Eu ri. Deus continuava nos mostrando o trabalho que tinha feito nos bastidores. Embora tivesse curado John completamente, podíamos continuar a louvá-Lo pela Sua obra.

E o risco de glaucoma? Não era nada. Os vasos dos nervos óticos de John eram mesmo excepcionalmente grandes, o que pode ser um alerta de glaucoma, mas ele simplesmente tinha nascido assim.

"Tem a ciência e tem Deus. No caso, é Deus."

4 de julho de 2015

Para comemorar o Dia da Independência, mas querendo na verdade ver o sobrinho, Janice e Don vieram de carro nos visitar por alguns dias. Pretendíamos ter uma comemoração tranquila, com uma boa refeição, para em seguida ver os fogos de artifício. Mas John acordou com dores no abdômen. Ele se queixou, mas eu achei que podiam ser gases, e pedi que me avisasse se as dores piorassem. Janice e eu estávamos na cozinha preparando o jantar. Como ele costumava me dar apenas pedacinhos de informação aos poucos, sem dizer direito como estava se sentindo, eu praticamente me esqueci do assunto, até que ele entrou na cozinha e perguntou:

— Você vai me levar para o hospital ou não?

Aí eu entendi que era sério. E lá fomos nós de novo para o nosso lugar favorito. No caminho, liguei para contar a Brian, que nesse dia estava cuidando da reprodução imediata dos vídeos dos lances no jogo de beisebol do St. Louis Cardinals, um trabalho paralelo ao que fazia na Boeing.

Assim que o pessoal do hospital puxou os registros de John e viu o que tinha acontecido com ele nesse ano, um monte de gente apareceu, pois ninguém sabia ao certo o que estava acontecendo nem se tinha alguma coisa a ver com o acidente. Não demorou, e Janice e Don chegaram também.

— O que estão fazendo aqui? — perguntei, espantada.

— Eu não sabia o que estava acontecendo, mas sinto que preciso estar aqui também, pois afinal sou "mãe" dele — disse Janice.

Eu achei graça, lembrando o dia em que um dos médicos no hospital tinha feito confusão, achando que Janice era a mãe de John.

Não muito depois de minha irmã e meu cunhado chegarem, meu filho Charles deu as caras.

John tinha mandado mensagem no caminho, mas nós não esperávamos que ele viesse!

— Que houve? — perguntou ele, com ar preocupado.

Vai começar o circo de novo, pensei, enquanto nos apinhávamos na salinha de emergência onde John se encontrava.

SUPERAÇÃO: O MILAGRE DA FÉ

Logo depois chegou uma enfermeira e aplicou uma injeção de morfina em John.

E a bagunça continuou. Don, Charles e John ficavam contando piadas e competindo para ver quem dava gargalhadas mais altas. A gente não tinha ideia de como as paredes ali eram finas: tudo que estávamos dizendo, as risadas ecoavam no quarto ao lado e chegavam até o posto de enfermagem!

Não demorou, e Jason também chegou.

— John, o hospital não tem programa de milhagem, não.

Todo mundo caiu na gargalhada de novo, e então ele orou com nossa família.

Eu bem que notei que dessa vez, na Emergência, estava sendo muito diferente da anterior, quando todo mundo me ouvira invocar Deus desesperadamente. Acho que nessa noite tínhamos sido designados para divertir o pessoal ali.

Às 16h30, o médico diagnosticou que o apêndice de John estava a ponto de se romper, sendo necessária uma cirurgia de emergência, o que foi feito. Na manhã seguinte, uma enfermeira entrou no quarto e nos disse que era preciso acertar uma papelada e ele seria liberado. Ela então começou a digitar no notebook.

— Muito bem, nosso paciente é... — Ela esperou que o nome dele aparecesse. — John Smi... — E deu um salto para trás, como se tivesse recebido um choque elétrico.

— Você é o John Smith? *John Smith?*

— Sooou. — Ele arrastou a resposta, como se não soubesse muito bem aonde ela queria chegar.

— John Smith que caiu no gelo?

— Sim.

— Eu estava fazendo meu estágio de enfermagem no Cardeal Glennon, e toda manhã nosso professor chegava querendo falar das coisas que estavam acontecendo com John Smith! E sempre terminava a aula dizendo: "Tem a ciência e tem Deus. E isso é Deus."

Fiquei boquiaberta. Meses depois, a comunidade médica ainda falava de John Smith, tendo de reconhecer que ele era um milagre.

"Tem a ciência e tem Deus. No caso, é Deus."

Quinta-feira, 11 de fevereiro de 2016

O time da nona série do colégio cristão entrou na quadra de basquete e se dirigiu para o nosso lado. Era um jogo em casa, e Brian e eu nos sentamos no lugar de sempre, de frente para o lado dos visitantes. Nós íamos jogar contra o Colégio St. Charles. Embora muitos colégios tenham apenas até a oitava série, o Cristão ia até a nona, de modo que nosso time tecnicamente estava jogando contra um time do ensino médio. Mais ou menos no meio do time alinhado estava John com as cores da equipe e seu número de calouro, 14. E com um ar muito sério, como se estivesse jogando pela Universidade Duke na divisão universitária. Eu tive de achar graça. Seu temperamento competitivo estava a mil, especialmente porque um amigo de infância, Gavin Cannon, jogava no outro time, no qual ele também estaria se não frequentasse um colégio particular.

O jogo podia ser importante para John porque ele queria vencer do amigo, mas era importante para mim por um motivo totalmente diferente. Um ano antes, com diferença de poucos dias, Brian e eu estávamos nas arquibancadas do time da casa vendo nosso filho e sua equipe em um jogo incrível no qual John fez a cesta da vitória. E no dia seguinte ele morrera.

Houve uma noite em que, quando estávamos Jason e eu conversando sobre como Deus completaria esse milagre, com John ainda na UTI Pediátrica do Cardeal Glennon, eu previ que Deus demonstraria a cura completa de John na quadra de basquete. E ali estávamos nós. Ele tinha jogado muito bem na temporada, mas era com esse jogo que estava mais preocupado.

John e o treinador Pat Turner tinham conversado sobre a melhor maneira de enfrentar o time do St. Charles, e o treinador disse que meu filho podia perfeitamente conduzir o jogo, como sentia que precisava. Com o manto da liderança nos ombros, e tendo passado semanas trocando ameaças com Gavin, dava para ver que John estava louco para entrar em campo. Ele estava focado, mas inquieto. As pernas não paravam, ele balançava os braços para a frente e para trás e depois dobrava para trás e limpava as solas dos tênis com a palma

SUPERAÇÃO: O MILAGRE DA FÉ

da mão. Esta última parte do ritual me enlouquecia: imagine só a sujeira em que ele estaria tocando. Mas todos os garotos faziam a mesma coisa, pois tinham visto os jogadores da NBA fazer.

— Bom, isso deve deixar os germes menos nojentos — falei para John quando ele me deu a explicação.

Eu vi Gavin do outro lado, com um enorme 24 na camisa. Ele tinha visto John e assentido. E aí fez um movimento dos lábios para dizer "Vamos vencer", e sorriu. Eu sabia que aquilo tinha esquentado John. Gavin morava no nosso bairro com os irmãos, e todos eles jogavam basquete juntos desde a terceira série. Mas John nunca conseguira vencer Gavin. Estava na hora de acertar as contas.

O jogo começou, e imediatamente eu ouvi John e Gavin berrando: "Eu fico com o 24!" e "Eu fico com o 14!". Iam ficar um de olho no outro. John pegou a primeira bola e saiu correndo pela quadra, pequenino e atrevido, enquanto o nosso lado urrava. Ele tentava parecer tranquilo, mas eu sabia que por dentro estava dando cambalhotas. Ele manobrava, driblava, desviava, se virava e mandava a bola tão bem quanto antes do acidente, senão melhor ainda. No desenrolar do jogo, parecia que John era perfeitamente capaz de fazer o que queria com a bola. No fim do primeiro tempo, o placar marcava 36 a 17, e John tinha marcado metade desses pontos. Nosso time estava endiabrado!

No intervalo, John foi ao território inimigo cumprimentar a família de Gavin. O pai de Gavin apertou sua mão, elogiando seu desempenho até ali, e disse:

— Agora para com isso!

Ao recomeçar o jogo, as outras equipes do colégio cristão tinham chegado e estavam sentadas atrás de nós. Eu adorava ouvi-las cantar e festejar o nome do meu filho. Era como se John não pudesse perder uma. Ele acertou oito das onze tentativas de cesta de três pontos. Parecia que quanto mais John e seu time faziam cestas, mais frustrada ficava a equipe adversária, que continuava a não acertar uma. A equipe de John atuava coesa e se movia com precisão pela quadra, bem guardados uns aos outros.

"Tem a ciência e tem Deus. No caso, é Deus."

Na reta final, nosso time não estava perdendo gás. A torcida, mal continha o entusiasmo. Até o treinador estava aos pulos, comemorando.

Uau, meu Deus, eu orava, de pé como todo mundo e berrando palavras de estímulo aos nossos garotos na quadra. *Demos a volta completa.* Deus tinha concluído Sua obra e deixado John em condições ainda melhores que antes.

O resultado final foi sessenta a 21. Sozinho, John saía vencedor do outro time por um ponto. Posso dizer que cultuamos um Deus poderoso mesmo.

Epílogo

Fevereiro de 2017

Nos dois anos transcorridos desde o acidente, Brian e eu, assim como todos os médicos, não constatamos nenhuma sequela em John. Absolutamente nada. Ele é o mesmo adolescente sensível e amável de antes, e continua revirando aqueles olhinhos quando quer protestar por alguma coisa. É interessante, pois quando levamos John aos check-ups ou procuramos algum médico por alguma questão, eles continuam a fazer as mesmas perguntas — "Algum efeito residual? *Alguma coisa*?" —, como se ainda não conseguissem processar o fato de que John esteve morto e leva uma vida tão normal e saudável quanto antes. Como se a ideia de um fenômeno sobrenatural inexplicável chamado milagre ainda fosse impossível, como se tivesse de haver obrigatoriamente uma explicação médica científica para o fato de ele ter sobrevivido nessas condições.

E eu sempre respondo feliz da vida:

— Tem. Chama-se Deus.

Mas muita gente acha que John não sobreviveu por causa de uma intervenção milagrosa da mão de Deus, mas porque ficou submerso em água gelada, o que teria congelado seu cérebro e os órgãos, protegendo-os. Parece uma boa explicação... só que não é possível. A água não estava tão fria assim, o cérebro teria de ser congelado antes dos outros órgãos e ele não poderia ter ficado morto por mais de uma hora. A verdade é que havia muitos obstáculos para

SUPERAÇÃO: O MILAGRE DA FÉ

ele sobreviver a um afogamento na água fria, segundo os especialistas médicos. Uma única pessoa, um adulto, sobreviveu a um afogamento na água fria: uma esquiadora que caiu e rompeu o gelo ao bater com a cabeça. Seu corpo ficou fora d'água. A cada tentativa de explicação científica, os especialistas são obrigados a reagir com um "Sim... *mas...*"

— Quero ver alguém me dizer que Deus não existe — disse-me Alex, a enfermeira da emergência que tinha se esforçado tanto e durante tanto tempo, com o gigante Keith Terry, na reanimação cardiopulmonar de John. — Eu sei que Deus existe. Já vi o que Ele faz. Vi Ele trazer uma criança de volta da morte.

As pessoas perguntam a John se Deus o visitou naquele dia na emergência. Para mim, elas queriam saber se ele viu alguma luz branca, ou anjos, ou um túnel comprido. Querem saber se ele foi ao céu quando morreu. Mas ele não teve nenhuma experiência desse tipo. Nem poderia. Só que todas as outras pessoas naquele quarto de alguma forma vivenciaram a presença e a força de Deus.

E foi o que aconteceu. Na verdade, o que aconteceu naquele dia na emergência foi tão incrível que várias pessoas da equipe passaram a se voltar para Deus. Alex foi uma delas.

Recentemente estivemos com o Dr. Ream e o Dr. Garrett para agradecer pela ajuda durante a internação de John no Cardeal Glennon.

— John decididamente cumpria todos os critérios para um milagre — disse o Dr. Ream. — Muitas famílias saem por aí dizendo essa palavra, mas nesse caso realmente não há nenhuma explicação além dessa.

— Foi uma experiência incrível. Só temos que agradecer a vocês — falei.

— Sim — concordou o Dr. Ream. — Mas não vamos repetir.

— Sou completamente favorável aos milagres, mas isso mesmo, nada de repetir — disse o Dr. Garrett, rindo.

— Uma vez basta! — garanti.

E ainda assim, as pessoas têm dificuldade de acreditar. Ouvindo as pessoas analisando e tentando deixar Deus fora da equação, eu só balanço a cabeça, descrente. Nós não assistimos apenas a um grande milagre: vimos milagre após milagre gerando um grande milagre.

Epílogo

- Os bombeiros "por acaso" tinham feito o treinamento de resgate no gelo uma semana antes da queda de John.
- Tommy Shine "por acaso" sentiu um empurrãozinho abençoado para avançar alguns passos na direção oposta e encontrar o corpo de John.
- O Dr. Sutterer "por acaso" decidiu esperar para declarar que ele estava morto.
- Eu orei e o coração de John "por acaso" começou a bater de novo nesse exato momento.
- O Dr. Garrett, especialista em afogamento e hipotermia, "por acaso" trabalhava no hospital onde John precisava de atendimento de crise.
- John engoliu muita água suja do lago, que ficou nos pulmões, mas "por acaso" a cultura deu resultado estéril.
- Toda vez que John enfrentava uma dificuldade e nós pedíamos que todo mundo entrasse em oração, ele "por acaso" superava o desafio.
- E John "por acaso" se recuperou totalmente, sem efeitos colaterais.

Não são apenas coincidências. Não, Deus juntou todo mundo de que precisava para operar esse milagre. E o milagre não tem nada a ver conosco. O milagre tem a ver com aquilo de que Deus é capaz.

Mas os milagres não se limitaram a John:

- O pequeno Jackson, paralisado aos 3 anos, "por acaso" estava à beira da morte quando nós oramos por ele, que se recuperou totalmente.
- Remie, que se afogou aos 3 anos, "por acaso" estava à beira da morte quando nós oramos por ele, que também se recuperou totalmente. Oito semanas depois do acidente, teve alta no hospital. Um ano depois, estava indo bem no pré-escolar, cheio de energia, levando uma vida que jamais poderia passar pela cabeça dos médicos.

Até a nossa igreja assistiu a milagres quando as pessoas começaram a acreditar e orar.

SUPERAÇÃO: O MILAGRE DA FÉ

- Durante o culto na Primeira Assembleia de Deus naquele primeiro domingo depois do acidente de John, um homem que tinha quebrado o pé e sofria de dores constantes relatou que a dor tinha desaparecido e o pé se recuperara. O que foi comprovado posteriormente pelos raios X.
- Na terça-feira seguinte, outro homem que acabara de ser hospitalizado com forte e profunda hemorragia cerebral, semelhante à que tinha matado seu pai sete anos antes, sobreviveu e ficou curado. Os médicos até hoje dizem que foi um milagre, reconhecendo que não esperavam que ele se recuperasse em absoluto, muito menos de maneira tão completa.
- Uma mulher com tumores policísticos nos rins, que haviam provocado falência renal, necessitando desesperadamente de um transplante, recebeu a doação do próprio filho e hoje está bem e curada.
- E uma mulher com câncer em estágio quatro saiu do culto naquela manhã de domingo sem qualquer vestígio dele no corpo. Os médicos não sabiam o que dizer.

Vendo o milagre de John e a força da oração, as pessoas ficavam esperançosas! Com essa esperança, acreditavam que se Deus era capaz de ouvir as orações de uma mãe como outra qualquer e curar um garoto de 14 anos como outro qualquer, como efetivamente fez, então poderia fazer o mesmo por elas. Durante meses continuamos a ouvir histórias incríveis de pessoas que começaram a orar e foram curadas de depressão crônica, ansiedade, fibromialgia, entupimentos cardíacos.

Sempre milagres! E os registros médicos estão aí para provar. Mas não eram apenas curas físicas. Houve também casos de cura espiritual e nas relações. Muitos colegas de John me procuraram para contar que a experiência mudou suas vidas. Um pastor amigo telefonou para me dizer:

— Eu estava em um momento em que não acreditava mais que Deus fosse capaz de operar milagres. E isso serviu para me alertar.

Era como se Deus abrisse as janelas do céu e derramasse milagres sobre a nossa família na igreja. Como se Ele dissesse: "Peçam! Vejam do que sou capaz!" Como se Deus estivesse falando sério ao dizer ao rei Salomão: "E se

Epílogo

o meu povo, que se chama pelo meu nome, se humilhar, e orar, e buscar a minha face e se converter dos seus maus caminhos, então eu ouvirei dos céus, e perdoarei os seus pecados, e sararei a sua terra." (2 Crônicas 7:14). Tendo vivenciado um milagre, posso dizer com certeza que é uma excelente barganha para ter meu filho de volta!

Quando entrei na Emergência naquele dia, não estava atrás de um milagre. Era apenas uma mãe desesperada que pedia ao seu Deus que fizesse alguma coisa pelo seu filho, acreditando que Deus de fato o faria. E a cada dia depois disso continuei acreditando que Deus ainda era capaz de fazer o que Ele dizia: curar, restabelecer, levar luz às trevas, extrair alegria da dor, transformar o luto em dança.

Uma das perguntas mais frequentes que me fazem é: "Você alguma vez duvidou?"

Não, não duvidei. Posso dizer honestamente que nunca houve um momento em que eu duvidasse de que Deus curaria John. O que não quer dizer que não passasse por momentos de estresse e ansiedade. Sou perfeitamente capaz de acreditar que um avião vai me levar em segurança de um lado a outro do país, mas quando vêm aquelas turbulências fortes, ainda assim sinto medo e fico estressada!

Mas existe um motivo para eu não ter duvidado, e bem simplista, infantil. Eu nunca duvidei porque *escolhi* acreditar que Deus é quem Ele diz ser. E ponto. Ou eu acredito ou não acredito. Com Deus não existem meias medidas. A dúvida seria dizer a Deus: "Sinto muito, mas não acredito que Você seja capaz de cuidar desta situação." Quando eu orei e o coração de John começou a bater de novo, para mim foi prova suficiente de que Deus tinha ouvido, estava agindo e continuaria em ação.

Minha maior frustração, sinceramente, era ficar exposta a pessoas que *de fato* duvidavam. Eles achavam melhor se "proteger" e tentar nos reconfortar dizendo: "Parece que a coisa está feia, é melhor não alimentar muitas esperanças." Só porque alguma coisa *parece* ruim, ou mesmo um caso perdido, não significa que nós não devemos ter esperança. A tempestade no mar da Galileia parecia horrível, mas Jesus a acalmou. Depois de morto e enterrado por quatro

SUPERAÇÃO: O MILAGRE DA FÉ

dias, Lázaro parecia (e cheirava!) mal, mas Jesus o ergueu do túmulo. E aqui, uma observação interessante: você sabe por que Jesus levou quatro dias para trazer Lázaro de volta do mundo dos mortos? Os judeus acreditavam que qualquer um seria capaz de trazer um morto de volta em dois dias. Mas só o Messias poderia trazer uma pessoa de volta da morte depois de três dias. O que só serve para mostrar que Deus realmente tem um propósito na maneira como age em todas as coisas.

A maior especialidade de Deus é tornar possível o impossível. Eu poderia desfiar aqui durante horas cada coisinha que Deus fez para tecer a trama desse milagre de proporções gigantescas, mas o que mais me impressiona é ter usado as orações de tantas pessoas para realizar o que nenhum mortal seria capaz de fazer.

Algumas semanas depois da alta de John, fomos ao consultório do médico para um check-up. Quando estávamos na sala de espera, entrou uma mulher. Tenho de reconhecer que àquela altura já tínhamos sido filmados por tantas câmeras e dado tantas entrevistas que aqueles rostos todos começavam a se confundir ou desaparecer. Assim, quando ela me viu e abriu o maior sorriso eu puxei o arquivo mental e comecei a percorrer as fichas para tentar lembrar se conhecia a pessoa, e de onde.

— Oi! — disse ela na minha direção ao se aproximar do balcão de atendimento.

E agora?, pensei. *Não tenho a menor ideia de quem é ela, e é evidente que ela me conhece.* Procurei sorrir e dar pinta de que éramos velhas amigas.

— Oi!

Por favor, Senhor, que ela não venha falar comigo, pois vou ficar muito sem graça.

Pois não é que, mal terminou de se identificar, ela voltou na nossa direção!

— Como vai? E você, John, como vai?

Eu simplesmente não conseguia lembrar de onde supostamente a conhecia.

— Sei que vocês não me conhecem — disse ela, sorrindo. — Mas queria contar uma coisa. Moro bem em frente ao lago onde resgataram John. Quando saí e vi o que estava acontecendo com ele, entendi que a situação era desespe-

Epílogo

radora. Eu tenho fé, e então entrei de novo em casa, me ajoelhei e comecei a fazer orações pedindo por John.

Fiquei pasma, e imensamente grata por saber que já estavam chegando a Deus orações antes mesmo de eu entrar na emergência e dizer as minhas preces em desespero.

Muitas vezes Deus nos convida a uma parceria com Ele para produzir milagres. De que maneira? Por meio da oração. Muitas vezes a gente se volta para as orações como último recurso: "A gente já tentou de tudo, só nos resta orar."

Recentemente eu ouvi no filme *The List* uma frase que resume o problema que tantas vezes temos com a oração: "Tanto os filhos quanto os inimigos de Deus cometem o mesmo erro. Eles subestimam a força da oração."

Será que Deus pode curar completamente apenas com uma oração. Com certeza. Mas muitas vezes, por algum motivo soberano, Ele quer que participemos ativamente da Sua obra. Quer que oremos e continuemos a orar. Quer que encaremos as orações como o primeiro recurso, o recurso constante. Tem a ver com o perfeito senso de oportunidade e propósito de Deus. Exatamente como fez com Lázaro, ele faz conosco.

Ele quer que oremos e oremos de novo e continuemos a orar, "sem cessar" (1 Tessalonicenses 5:17). Não quer que façamos orações apenas em momentos de crise, mas que oremos, como nos disse o apóstolo Paulo, "em todo tempo, com orações e súplicas de toda a sorte" (Efésios 6:18). Quer de nós isto: "Pedi, e dar-se-vos-á; buscai, e encontrareis; batei, e abrir-se-vos-á. Porque, aquele que pede, recebe; e, o que busca, encontra; e, ao que bate, abrir-se-lhe-á." (Mateus 7:7-8)

Descobri por que isso é tão importante. Se eu faço da oração um hábito, posso ver Deus em ação o tempo todo. E se O vejo em ação o tempo todo, se fortalece minha confiança Nele, e quando vêm as crises, minha fé já é forte, minha confiança é sólida e eu não preciso duvidar. Posso acreditar com muito mais facilidade que Deus é quem Ele diz, pois já tive a experiências muitas vezes. E minhas preces por sua vez ficam cheias de devoção e graças, não apenas pedidos.

SUPERAÇÃO: O MILAGRE DA FÉ

A verdade é que minha oração não era assim tão única nem eu era uma grande santa ouvida por Deus. Deus quer atender a todas as nossas orações. Qualquer um pode orar e alcançar um milagre. É o jeito como a gente se aproxima de Deus. Já brinquei algumas vezes dizendo que orei por mais gente que morreu do que por gente que continuou viva. Deus não atendeu às minhas orações por eu ser uma gigante da fé. Mas uma coisa eu fiz direito: acreditei com teimosia e determinação.

Acho que às vezes as pessoas querem que Deus faça alguma coisa por elas, e pensam que basta fazer uma oração e Deus vai pegar a varinha mágica e tudo vai ficar bem. Sim, Deus pode fazer isso. Quer dizer, Ele é o verbo que criou o mundo. Por que então não seria capaz de curar o câncer? Ele é. Por que não poderia livrar meu filho pródigo das drogas? Ele pode. Por que não pode salvar meu casamento? Pode. Mas se só quisermos falar com Deus quando precisarmos que Ele faça algo a respeito das coisas ruins acontecendo na nossa vida, estaremos preparando o terreno para decepções.

Não sei por que Deus decidiu salvar o meu filho e não uma outra criança. Não tenho a pretensão de estar por dentro da mente soberana de Deus. Só Ele sabe. Mas isto eu sei: Ele é bom; Ele sempre é bom. E o que quer que faça ou deixe de fazer, o que quer que permita acontecer, nada disso muda seu caráter compassivo e bom. Ele está vendo o conjunto, quando nós só vemos um pedaço. Ele está no controle. Ele continua sendo bom. E um dia, quando estivermos frente a frente com Ele, vamos entender tudo. Entenderemos todos os porquês, e tudo vai fazer sentido.

Até lá, temos o privilégio de estar nesta jornada, observando o que Deus faz. Como o pastor Jason gosta de dizer: "Senhor, toma as rédeas que eu vou na montaria." E quando formos, é melhor segurar bem, pois você e eu veremos as coisas mais impossíveis se tornarem verdadeiramente possíveis.

POSFÁCIO

Jason Noble
Pastor Sênior, Igreja da Primeira Assembleia de Deus,
St. Peters, Missouri

Quando cheguei ao hospital no dia 19 de janeiro de 2015, não tinha a menor ideia de que a situação era tão desesperadora. Ao longo da minha carreira de pastor, fui chamado a visitar muitos pacientes e orar por milagres. Mas nesse dia foi diferente. Embora houvesse no ar um clima de horrível desespero, não era menos forte a determinação de não acreditar em nada que ficasse *aquém* da transformação, por Deus, de uma impossibilidade no fato de John Smith se recuperar totalmente. Nenhum de nós sabia de fato como era grave o estado de John, nem da certeza que os médicos e a comunidade médica tinham de que ele não ia sobreviver.

Era o momento em que Joyce e Brian Smith, juntamente com toda a nossa comunidade da Igreja da Primeira Assembleia de Deus, tinham de escolher não aceitar o que víamos ou ouvíamos, mas as promessas de Deus. Era o momento de nos apegarmos à Palavra de Deus. E o momento de testar a real força da oração. Foi o que fizemos. Nós falamos a verdade das Escrituras, oramos e nos recusamos a permitir que qualquer conversa ou pensamento negativo entrasse no quarto de John. Focamos na verdade de que Deus é um Deus que dá a vida.

SUPERAÇÃO: O MILAGRE DA FÉ

Já nessa primeira noite, Deus me deixou claro que eu não deveria sair do lado de John e de Joyce. Que eu precisava estar ali para estimular, fortalecer e apoiar a família Smith. Deus não me liberou desse chamado. Guardarei pelo resto das nossas vidas um profundo vínculo de sentimento com Joyce, John e Brian. Sou grato a ela por me ter permitido testemunhar da primeira fila o que Deus fez na vida de John e da sua família. E sou grato por vocês também terem descoberto a história.

Nada do que leram aqui foi floreado. Quando Deus faz algo incrível assim, não há necessidade de enfeitar. O que aconteceu com John Smith é um dos milagres mais bem-documentados da comunidade médica.

Após ler este livro, você acredita que Deus pode tornar possível o impossível? É fácil dizer que Deus pode continuar fazendo milagres, mas e quando você está passando por uma crise e precisa desesperadamente de um milagre? Você acredita que ele *de fato* é capaz de fazer o que você está pedindo? E quando você ora e parece que não acontece nada? A sua fé se transforma em dúvida? Ou simplesmente aceita que precisa de um feito impossível?

Eu sempre estimulei as pessoas a acreditarem que Deus *pode* fazer milagres. Não sei *como* Ele vai fazer, mas sei que sempre atende a um pedido de ajuda, especialmente quando a situação parece mais terrível e desesperadora. Se é o seu caso, esta história é exatamente aquilo de que precisa. É uma história real sobre uma mãe, um pastor e uma comunidade de fé firmemente apegados à convicção de que Deus pode tornar possível o impossível.

Muitas pessoas querem uma fórmula milagrosa. Mas ela não existe. Cada milagre de Deus é diferente. Ele sabe exatamente o que precisamos e tem um propósito em tudo o que faz. Mas nós de fato *podemos* nos colocar em posição de receber um milagre. E foi exatamente o que fizemos. Nós primeiro oramos.

Muitas vezes ouço as pessoas dizerem: "Já fiz tudo que podia, agora só me resta orar." Elas encaram a oração como um último recurso. Pois eu quero desafiá-lo a orar *primeiro*, convidando Deus para a sua situação. Ele é capaz de coisas incríveis quando convidado.

Outro fator importante nisso de nos posicionarmos para um milagre é falar de vida, convicta e obstinadamente. As Escrituras nos dizem que morte

Posfácio

e vida estão em poder da língua (ver Provérbios 18:21). Diga palavras de vida em relação à sua situação. Apegue-se a cada promessa que Deus lhe fez nas Escrituras. Se Deus pode fazê-lo por John Smith, pode fazer por você também. Orando por tornar o impossível possível na sua vida, eu o incentivo a não botar Deus em uma caixinha. Muitas vezes oramos dizendo a Deus como atender nossas preces. Mas em sua soberana misericórdia Ele sempre nos atende com a melhor resposta e a melhor solução: a *Sua* resposta e a *Sua* solução. Em Isaías 55:8-9, Deus nos diz que Seus caminhos não são os nossos caminhos, e Seus pensamentos não são os nossos pensamentos. Ele age e pensa diferente de nós, e Suas respostas sempre são muito melhores que as nossas. Devemos lembrar que o maior milagre de todos é a eternidade. John Smith foi temporariamente curado, e por isso somos gratos. Mas John terá a suprema cura ao se posicionar diante de Deus e ser por Ele recebido na eternidade. Se John tivesse morrido naquele dia, ainda assim teria sido um milagre, embora não o milagre pelo qual esperávamos. Ele teria tido a experiência da suprema cura e de uma eternidade com Jesus no céu. Não devemos esquecer que às vezes a morte é tanto um milagre quanto a vida.

Os milagres estão em toda a parte ao nosso redor. Cada respiração nossa é um milagre da vida. Quanto mais você procurar, mas encontrará a obra milagrosa de Deus na *sua* vida. Mas é preciso procurar, é preciso esperar e é preciso saber reconhecer.

Sou grato por Jesus estar próximo dos que têm o coração partido e o espírito oprimido. Ele não nos promete que será fácil, nem que será o que esperamos que seja. Mas o plano de Deus sempre é o melhor. E Ele sempre promete nos acompanhar e nos ajudar em todas as impossibilidades que enfrentamos.

Se você não conhece o Senhor, eu o incentivo a tomar a decisão de entregar sua vida a Ele. É a melhor decisão que pode tomar. Nem sei como alguém é capaz de ir em frente sem Jesus em momentos como esse sobre o qual você acaba de ler. A Bíblia diz que, para se salvar, você precisa apenas acreditar de coração que Jesus veio salvá-lo e que você precisa de um salvador, para então confessar com suas próprias palavras, ou dizer uma simples oração: "Jesus, preciso de Você. Entra na minha vida. Me salve. Perdoe meus pecados. Minha

SUPERAÇÃO: O MILAGRE DA FÉ

vida é Tua. Por favor, recolha os pedaços quebrados da minha vida e me faça inteiro. Obrigado por me amar, mesmo quando eu não era assim tão digno de amor." Se fizer esta oração, é simples assim. Jesus entra na sua vida e começa a mudar o seu coração e a sua mente. Pegue uma Bíblia e comece a ler sobre como Deus é incrível. Encontre uma boa igreja para caminhar ao seu lado nessa nova jornada. E faça da oração uma conversa diária com Deus.

Como pastor, faço o melhor que posso para criar um ambiente *Faça de novo!* na nossa igreja, orando assim: "Senhor, nós sabemos que é capaz de milagres. Sabemos que pode tornar possível o impossível. Lemos nas Escrituras a respeito do Seu poder milagroso. Faça de novo! Não permita que seja apenas algo de que sabemos pelas leituras, permita-nos ter essa experiência hoje!"

E nós de fato tivemos a experiência. Essa moderna história de ressurreição relata tudo que Deus fez com e por meio de Joyce, Brian e John Smith. E espero que ela tenha mudado sua visão da maneira como Deus age. Espero que você tenha visto o Seu poder milagroso.

Eu o incentivo a acreditar no impossível. Pois, com Deus, *qualquer coisa é possível!*

O melhor ainda está por vir.

NOTA DA AUTORA

Continuo impressionada que Deus continue operando esse milagre. Mesmo quando achamos que as coisas se acalmaram e podemos retomar nossa vida, Ele aparece para dizer: *Ainda não acabamos, não!* (Este livro faz parte disso!) E mais gente fica sabendo das possibilidades impossíveis de Deus. Só posso dizer que sou grata por fazer parte dessa aventura, embora certamente não quisesse um bis.

Enquanto trabalhava neste livro, eu me espantava com novas informações sobre o estado de John naqueles primeiros dias e outras coisas que aconteceram, além de outras pessoas que ficaram sabendo da história e tiveram suas vidas modificadas. O que serve para me lembrar de que provavelmente nunca conhecerei de verdade a profundidade e o alcance do que Deus fez naquele período. E conheço gente que ainda está tentando processar o que vivenciou na sua participação no milagre — e a essas pessoas eu digo: "Deus ainda reserva coisas para você!"

Aqueles 16 dias no hospital e os dias que se seguiram estão para sempre marcados na minha mente. E, no entanto, sob certos aspectos, não passam de um borrão. Muitas pessoas me ajudaram enquanto fazíamos o melhor possível para recompor uma cronologia correta dos acontecimentos. Alguns desses acontecimentos e conversas podem na verdade ter ocorrido em outro momento, de um jeito ligeiramente diferente ou em um outro dia, mas de fato ocorreram. Quero aqui me desculpar por qualquer coisa que afirmamos de maneira incorreta. Saibam, por favor, que eventuais imprecisões são da nossa exclusiva responsabilidade, com elas não tendo a ver os membros da nossa família, nossos amigos, os socorristas ou qualquer pessoa da equipe médica.

APÊNDICE A

Apegar-se às Escrituras

As orações e as Escrituras foram as ferramentas que usamos para a batalha espiritual pelo milagre de John. Sempre que os médicos diziam que ele não ia sobreviver, nos descortinando as mais graves possibilidades, nós tomávamos a decisão de não seguir pelo que víamos ou ouvíamos, mas pelo que sabíamos e o que Deus e nos prometera na Bíblia. Durante o nosso período no hospital, e mesmo depois, nós constantemente invocávamos as seguintes Escrituras.

Sempre que você estiver enfrentando uma impossibilidade, apegue-se muito a esses versículos; não importa o que estiver vendo, siga aquilo que você *sabe*: que com Deus tudo é possível.

A promessa de proteger feita por Deus

"Porquanto tão encarecidamente me amou, também eu o livrarei; pô--lo-ei em retiro alto, porque conheceu o meu nome. Ele me invocará, e eu lhe responderei; estarei com ele na angústia; dela o retirarei, e o glorificarei."

(Salmo 91:14-15)

SUPERAÇÃO: O MILAGRE DA FÉ

"Quando passares pelas águas estarei contigo, e quando pelos rios, eles não te submergirão; quando passares pelo fogo, não te queimarás, nem a chama arderá em ti."

(Isaías 43:2)

A importância de falar palavras de vida

"A morte e a vida estão no poder da língua; e aquele que a ama comerá do seu fruto."

(Provérbios 18:21)

"Mas, o que sai da boca, procede do coração, e isso contamina o homem."

(Mateus 15:18)

"Destruindo os conselhos, e toda a altivez que se levanta contra o conhecimento de Deus, e levando cativo todo o entendimento à obediência de Cristo;"

(2 Coríntios 10:5)

Orações de cura

"Está alguém entre vós doente? Chame os presbíteros da igreja, e orem sobre ele, ungindo-o com azeite em nome do Senhor; E a oração da fé salvará o doente, e o Senhor o levantará; e, se houver cometido pecados, ser-lhe-ão perdoados."

(Tiago 5:14-15)

"Orai sem cessar."

(1 Tessalonicenses 5:17)

Apêndice A

"Orando em todo o tempo com toda a oração e súplica no Espírito, e vigiando nisto com toda a perseverança e súplica por todos os santos."

(Efésios 6:18)

"Pedi, e dar-se-vos-á; buscai, e encontrareis; batei, e abrir-se-vos-á. Porque, aquele que pede, recebe; e o que busca, encontra; e, ao que bate, abrir-se-lhe-á."

(Mateus 7:7-8)

Por paz

"Porque a inclinação da carne é morte; mas a inclinação do Espírito é vida e paz."

(Romanos 8:6)

Por esperança

"Porque eu bem sei os pensamentos que tenho a vosso respeito, diz o Senhor; pensamentos de paz, e não de mal, para vos dar o fim que esperais. Então me invocareis, e ireis, e orareis a mim, e eu vos ouvirei. E buscar-me-eis, e me achareis, quando me buscardes com todo o vosso coração."

(Jeremias 29:11-13)

Sobre a guerra espiritual

"Porque não temos que lutar contra a carne e o sangue, mas, sim, contra os principados, contra as potestades, contra os príncipes das trevas deste século, contra as hostes espirituais da maldade, nos lugares celestiais."

(Efésios 6:12)

APÊNDICE B

Carta do Dr. Sutterer

O menino estava sem pulso havia mais de vinte minutos quando chamamos a mãe para entrar no quarto. Lembro que ela se sentou na frente dele e de meia dúzia de enfermeiras, dos técnicos de respiração, dos paramédicos e técnicos cansados do prolongado esforço de reanimação cardiopulmonar. Havia pelo menos dois médicos de emergência dando assistência na ressuscitação, juntamente com um farmacêutico e muitos outros profissionais do departamento. Ela estava chorando, como seria de esperar, porque o filho acabava de falecer. E aí começou a gritar: "Eu acredito em um Deus poderoso e que Ele é capaz de milagres. Senhor, por favor traga John de volta para nós. Deus, por favor mande o seu Espírito Santo para curar esse menino!"

Nós continuamos trabalhando para ressuscitar o rapaz, sabendo que a situação era terrível. Debaixo d'água por mais de vinte minutos, chegando ao hospital sem pulso, com uma temperatura incompatível com a vida. Efetuamos reanimação cardiopulmonar durante mais vinte minutos depois da chegada à emergência. Nenhum dos prognósticos era bom. Mas o amor de uma mãe e, sobretudo, as orações de uma mãe podem superar qualquer obstáculo. A soberania de Deus não tem limites. Lázaro ficou no túmulo durante três dias. A filha de Jairo foi dada como morta. O filho da viúva da cidade de Nain estava sendo levado para fora da cidade em uma cerimônia fúnebre.

Esse John que vocês conhecem e amam estava na maca diante de mim naquele exato momento, sem qualquer sinal de vida, morto. Eu tinha esgotado todas as possíveis intervenções do meu arsenal científico, sem o menor sinal de êxito. Todos os recursos deste mundo estavam sendo aplicados nesse rapaz, sem qualquer sintoma, exceto a fria realidade de uma vida ainda em formação se extinguindo diante dos nossos olhos. Mas não era com as intervenções da medicina moderna que a mãe de John contava. Ela dava ao que estava acontecendo o nome de guerra espiritual. Mal havia a mãe de John invocado o Espírito Santo para trazer seu filho de volta e o monitor começou a sinalizar a pulsação rítmica, o pulso pôde ser sentido na virilha e na artéria carótida. Depois das numerosas tentativas de ressuscitação com remédios e da reanimação cardiopulmonar para mandar sangue no lugar dos batimentos naturais do coração. Da respiração por meio de um tubo plástico bombeado através de uma bolsa pressionada com a mão. Do emprego de dispositivos de aquecimento e da transfusão de fluidos aquecidos. Tudo sem resultado. O que deu resultado foi quando a mãe de John invocou o Espírito Santo.

O Espírito Santo baixou naquele quarto e imediatamente fez bater de novo o coração do menino. Desde a chegada, com temperatura de 31ºC, nós o vínhamos aquecendo constantemente, até chegar aos 35ºC. Foi quando seu coração veio a ser reativado pelo Espírito Santo, atendendo ao pedido de uma mãe em oração. Imediatamente a temperatura caiu de novo para 31ºC, mostrando claramente a inutilidade da nossa reanimação cardiopulmonar em comparação com a eficiência natural do coração pulsante concebido por Deus. O sangue circulava pelo corpo, mandando os fluidos gelados das extremidades de volta ao centro e fazendo cair dramaticamente a temperatura. Apesar de frio, ele estava vivo. E até começava a tentar respirar por conta própria,

Apêndice B

enquanto o preparávamos para o voo de helicóptero até o Hospital Infantil Cardeal Glennon.

Não sei se Lázaro voltou a ser o mesmo depois de sair do túmulo, nem por quanto tempo viveu ou se voltou a sofrer das enfermidades que haviam causado a morte. Não sei se a filha do centurião chegou a se recuperar completamente do episódio que antecedeu sua primeira morte. Nós tentaríamos descobrir se ela tinha alguma deficiência neurológica. Não ficou registrado se o filho da viúva recobrou a produtividade anterior à morte. Tampouco sei se John Smith voltará a ser o mesmo que era antes de cair no lago gelado. Mas sei que Deus é capaz de mais do que jamais imaginamos. Sei que Deus nos deu um presente, ainda que seja apenas por poucos dias. Tive o privilégio de testemunhar um milagre. Eu me preparava para dar a uma mãe a triste notícia de que seu filho se fora deste mundo. Ela tinha mais fé em Deus do que eu. Ela clamou por Deus, e Deus o trouxe de volta.

Deus, obrigado por esse presente de cada dia ao lado dos nossos entes amados. Aguardamos sempre ansiosos por cada hora que Senhor decidiu nos conceder com nossos entes queridos. Deus, dá-nos sustento neste momento difícil. Obrigado por nos cobrir com o sangue salvador de Jesus Cristo, que nos salva dos nossos pecados e conduz cada um de nós à vida eterna ao Teu lado no céu.

Amém.

Kent Sutterer, Médico
Departamento de Emergência
Hospital Saint Joseph West

AGRADECIMENTOS

Os dois últimos anos têm sido um dos períodos mais difíceis, mas também mais emocionantes na vida da minha família. Estamos imensamente gratos pela honra e o privilégio de compartilhar esse milagre com o mundo inteiro. Oramos para que aqueles que leem nestas páginas o relato da intervenção de Deus possam ter a experiência de um Deus de amor e esperança, mas, sobretudo, um Deus que continua fazendo o que achamos que é *impossível*.

Dito isto, quero antes de mais nada oferecer todo o louvor e glória ao meu Deus e Salvador, Jesus Cristo, por ter enviado o Espírito Santo para atender à oração de uma mãe em desespero, assim restabelecendo a respiração e a vida do nosso filho morto. Não há nenhum detalhe de que Deus já não tenha previsto cuidar. Ele tratou de cada necessidade que se apresentou naqueles 16 dias, e foi muito além, quando John saiu do Centro Médico Infantil Cardeal Glennon andando com as próprias pernas, totalmente curado.

Eu poderia escrever outro livro sobre todos aqueles que tiveram um papel tão importante nesse milagre, mas devo aqui me limitar a uma ou duas páginas apenas. Considero estar falando pelos pais de Josh Rieger, Cindy e Kurt, e pelos pais de Josh Sander, Bob e Mary, quando digo que jamais seremos capazes de agradecer o suficiente aos socorristas que resgataram nossos filhos das águas geladas do lago Ste. Louise. Essas pessoas corajosas arriscam a vida diariamente pela nossa segurança. Não existem palavras para lhes agradecer por

SUPERAÇÃO: O MILAGRE DA FÉ

esse serviço de altruísmo. Nossa gratidão também a Jamie Rieger, a irmã de Josh Rieger, e a Ron Wilson, por chamar ajuda. E naturalmente a Josh Sander e Josh Rieger por terem imediatamente tentado ajudar John apesar dos riscos.

Obrigada à polícia de Lake St. Louis, especialmente Rick Frauenfelder e Ryan Hall, que pularam no lago gelado sem a roupa adequada, sem pensar na própria segurança, mas apenas em salvar a vida dos nossos garotos. E também um enorme obrigada aos outros policiais que estavam no local, que ajudaram tremendamente: Tyler Christeson, Cody Fry e o detetive sargento Bret Carbray.

Obrigada também aos bombeiros de Lake St. Louis, que tão rapidamente chegaram ao local e começaram a agir.

Obrigada ao comandante dos bombeiros de Wentzville, Mike Marlo, e sua doce esposa, Kathy, que têm sido excelentes amigos, apoiando nossa família.

Obrigada também aos bombeiros Joe Marrow e Mike Terranova, que entraram na água.

E por último, mas não menos importante, obrigada ao capitão Tommy Shine. Não há palavras para agradecer ao capitão Shine. Ele tem sido uma verdadeira bênção para nós desde que encontrou com tanta rapidez o corpo de John. Ele é o meu herói. Já dei muitas risadas com ele, que, além disso, ajudou John com sua inteligência e seu humor a superar a sobrecarga de atenção que se voltou para ele. Tommy, você é um em um milhão, e eu amo essa sua maneira de encarnar o espírito de "nunca desistir".

Obrigada aos heróis da ambulância Medic 9 de St. Charles, Jeremey Hollrah e sua equipe, que trabalharam incansavelmente para preparar e transportar nossos garotos para o hospital em velocidade recorde. Agradeço a Deus por cada um de vocês aqui mencionados ou não. Nós os honramos pelo excelente trabalho que fazem para servir à nossa comunidade.

À equipe do St. Joseph West. O que poderia eu dizer que ao menos chegasse perto de representar um agradecimento adequado? Alex Gibbons, enfermeira de John, você é muito querida. Keith Terry, você se esforçou tanto na reanimação cardiopulmonar de John, dizendo que ele não ia morrer assim nos seus braços, não. São *palavras incríveis de vida*! Dr. Sutterer, você é uma bênção de Deus, obrigada por não ter declarado a morte antes de eu chegar. Não há

Agradecimentos

palavras para expressar minha gratidão. Dr. Bauer e todos da equipe médica, obrigada pela incansável dedicação e por não terem desistido do meu filho. À querida enfermeira que ficou ao meu lado: você foi o meu anjo.

À equipe da UTI Pediátrica do Cardeal Glennon: *Vocês são o máximo!* Dr. Garrett, você é o médico mais bondoso, amável e cuidadoso: como é que fui capaz de não perceber? Deus o colocou exatamente onde precisava estar e agiu por seu intermédio para orientar e fazer o que era necessário para que John continuasse vivendo. Dr. Ream, você não só é um médico fantástico como serviu de alívio para minha ansiedade! Sabia sempre o que dizer para diminuir meu estresse. Até hoje me vem um sorriso aos lábios ao lembrar do seu senso de humor naqueles dias difíceis. Você e o Dr. Garrett trabalharam incansavelmente, dando o melhor pelo nosso filho. Dr. Carter e Dr. Gibbons, obrigada por nos terem acompanhado durante os últimos dias no hospital. Às enfermeiras da UTI: sua dedicação é digna de um prêmio. A toda a equipe do Hospital Cardeal Glennon, um grande *obrigada.*

Os amigos e a família são o esteio de qualquer comunidade. Obrigada a nossa família do basquete e aos treinadores, Kevin e seu pai. Obrigada, Nancy, Keith, Pat, Colleen e toda a equipe da Escola Cristã, assim como aos alunos e pais, que nos visitavam no hospital noite após noite. Obrigada aos nossos amigos, à família e às equipes da Igreja da Primeira Assembleia de Deus e das demais igrejas da região, que oraram e nos deram apoio, visitando no hospital e levando incontáveis refeições. Vocês jamais saberão o quanto ficamos gratos.

A Emma Riley e Chayla Gilkey, que passaram muitas noites me enviando as Escrituras e assim me ajudando a superar momentos difíceis. Eu amo vocês duas.

A Marie Glenville, Mama G., você é de ouro.

A Margret e Jeanenne, obrigada.

Minha irmã, Janice, e meu cunhado, Don. Pelo que vocês fizeram e sempre fazem, jamais repetirei o suficiente: eu amo vocês.

Eu amo meus filhos Joe, Tom, Charles e suas famílias. Vocês são incríveis, e é para mim uma bênção ter vocês como filhos.

SUPERAÇÃO: O MILAGRE DA FÉ

Obrigada às irmãs e à família de Brian: Miriam, Ken, Jane, Tom e Laura, Cheryl e Gary.

Obrigada a Dave e Sharon e sua família, e a Mark e Cathy. Amo vocês.

Obrigada, Melissa Fischer, por todas as noites que ficou comigo no hospital. A você e a Keri Munholand e às senhoras do nosso grupo de estudos da Bíblia — amo vocês.

Um enorme obrigada aos pastores Brad e Beth Riley, ou, como diria John, "Papai" e "Mamãe Riley". Somos muito gratos por Deus os ter trazido de volta à nossa vida e feito de nós parte da sua família. Também a Mark e Cami Shepard por amarem John, e pelo toque tão delicado de Megan Shepard. Amo vocês. Obrigada, também, Wayne e Arlene Hogue, por estarem sempre disponíveis.

Também quero agradecer ao reverendo Sammy Rodriguez por tudo o que fez para promover esse milagre e por nos pôr em contato com DeVon Franklin, o que nos permitiu compartilhar essa história com o mundo inteiro.

A Nena Oshman, da Dupree Miller, pelo excelente trabalho de agenciar nosso livro junto à Hachette/Faith Words: somos muito gratos por ter querido compartilhar nossa incrível história, foi mesmo uma aventura empolgante. Somos muito gratos à nossa editora, Christina Boys, da Hachette/Faith Words, pela extrema amabilidade no trabalho conosco para fazer deste livro o melhor possível.

Obrigada a Tim Vandehey por ter redigido a nossa proposta, o que garantiu um excelente contrato com a Hachette/Faith Words. Foi um prazer trabalhar com você.

Também gostaria de agradecer a Deus por nos enviar a incrível escritora Ginger Kolbaba, que redigiu um dos manuscritos mais abençoados em tempo recorde de oito semanas. Você é *o máximo*! Não me canso de agradecer a Deus por tê-la posto no nosso caminho. Você foi a pessoa ideal como companhia na guerra espiritual; é mesmo uma poderosa guerreira.

Também quero dizer o quanto sou grata ao meu marido, Brian, e ao meu filho John, por terem tocado as coisas em casa nos últimos meses, enquanto eu escrevia e participava de muitas teleconferências. Amo vocês dois de qualquer jeito.

Agradecimentos

Também tenho de agradecer às pessoas do mundo inteiro que oraram pela recuperação do nosso filho!

Kay Quinn, o que eu posso dizer? Você é o máximo dos máximos na reportagem. Sua cobertura da história de John na KSDK TV 5 foi de tirar o chapéu. Sua integridade não tem igual. Obrigada do fundo do coração!

Michelle Wilson, do *The 700 Club*, sou muito grata por Deus tê-la mandado para contar a história de John. Você é uma linda mulher de Deus.

Por fim, mas *certamente* não menos importante, obrigada ao pastor Jason Noble e a sua doce e linda esposa, Paula, e à família deles por nos terem apoiado ao longo desses últimos anos. Paula e Jason, obrigada pelas incontáveis horas de edição do nosso manuscrito, para que fosse verdadeiro e sem firulas. Jason, pelas incontáveis horas que passou no hospital e garantindo que esse processo servisse para constantemente nos botar para a frente. Obrigada por nos ter trazido até aqui e além daqui. Obrigada, obrigada, *obrigada*! Agradeço ao Senhor diariamente por tê-los enviado aqui para nos acompanhar nessa jornada. Que honra foi compartilhar essa experiência.

SOBRE AS AUTORAS

Joyce Smith nasceu em Wichita, Kansas, mas, em virtude do trabalho do pai em uma empresa de fabricação de ferramentas e moldes, cresceu em Ohio e morou em oito diferentes estados, além do Canadá e da Alemanha. Trabalhou durante vinte e cinco anos em contabilidade, mas considera que sua maior realização tem sido como esposa e mãe — um dos trabalhos mais difíceis, menos bem remunerados, mas com maiores recompensas. Ela e o marido, Brian (seu Príncipe Encantado), moram em St. Charles, Missouri. Têm quatro filhos maravilhosos e cinco netos adorados. Joyce se ocupa acompanhando os eventos escolares de basquete do filho John, gosta de ponto de cruz, crochê e decoração, e adora falar em público sobre o que Deus fez, e continuar a fazer, pela sua família.

Ginger Kolbaba é uma premiada escritora, editora e conferencista. Escreveu ou colaborou com mais de trinta livros, entre eles *Your Best Happily Ever After*, e mais de quatrocentos artigos de revista ou online. Envolvida com a indústria editorial há mais de duas décadas (ela começou *muito* jovem), Ginger foi editora das revistas *Today's Christian Woman* e *Marriage Partnership*, sendo editora fundadora de Kyria.com, a premiada fonte de informações da Christianity Today International. Para contatos, www.gingerkolbaba.com, Facebook.com/GingerKolbabaAuthor ou Twitter@gingerkolbaba.

Este livro foi composto na tipografia Minion
Pro, em corpo 11/16, e impresso em
papel off-white no Sistema Cameron da
Divisão Gráfica da Distribuidora Record.